ADAC Reiseführer

Portugal

von Michael Studemund-Halévy

W0345300

Intro

Unterwegs

Costa de Lisboa – der Rest ist Landschaft 137

Costa de Prata – der Zauber des Silbers 147

Portugal Kaleidoskop

Karten und Pläne

Service

Leserforum

Die Meinung unserer Leserinnen und Leser ist wichtig, daher freuen wir uns von Ihnen zu hören. Wenn Ihnen dieser Reiseführer gefällt, wenn Sie Hinweise zu den Inhalten haben – Ergänzungs- und Verbesserungsvorschläge, Tipps und Korrekturen – dann kontaktieren Sie uns bitte:

Redaktion ADAC Reiseführer
ADAC Verlag GmbH
Am Westpark 8, 81365 München
Tel. 089/76 76 41 59
verlag@adac.de
www.adac.de/reisefuehrer

Portugal Impressionen

Der Reiz des Widersprüchlichen

»Ich bin also bereit zuzugeben, dass Europa weiß, wo Portugal liegt, doch ich werde mir erlauben, weiterhin zu bezweifeln, dass dieses Europa weiß, was Portugal ist.« José Saramago

Je näher wir Portugal kommen, desto mehr kann man dem portugiesischen Romancier und Nobelpreisträger José Saramago (*1922) zustimmen. Portugal liegt an der **Peripherie** unseres Kontinents. Nur wenige europäische Länder sind mannigfaltiger, kaum eines ist weniger bekannt als das Land im äußersten Westen der Iberischen Halbinsel. Ein Land, das durch Geographie und Geschichte für viele Jahrhunderte im Abseits lag. Jahrhundertelang hat sich Portugal auf das **Meer** konzentriert und Europa den Rücken zugedreht. Erst jenseits der Ozeane fand es seine Größe und seinen Reichtum. Die viel zitierte These aber, dass in Portugal das *Goldene Zeitalter der Kultur* mit dem *Goldenen Zeitalter der Geschichte* zusammenfällt, ist eine Erfindung des 19. Jh., als Historiker die Epoche der portugiesischen **Übersee-Expansion** romantisierten. Wahr ist vielmehr, dass die Entdeckung neuer Welten Portugal erschöpft hatte und der **Reichtum an Kolonien** das Mutterland in die Armut trieb. Und ein Großteil der prachtvollen Bauten, die mit brasilianischem Gold buchstäblich überzogen waren, fiel dem katastrophalen *Erdbeben* von 1755 zum Opfer.

Entdecker einer anderen Welt

Ausländer, die im 19. Jh. nach Portugal kamen, notierten ihre Erlebnisse und Beobachtungen oft wie Forschungsreisende. So fremd und unverständlich erschienen ihnen dieses Land und seine Bewohner. Und so verdanken wir das Bild, das man sich von Portugal und den Portugiesen macht – und das nicht selten ein Zerrbild ist –, vor allem diesen frühen Reiseschriftstellern. Für den exzentrischen **William Beckford** war die portugiesische Aristokratie eine »degenerierte und effeminierte Rasse«, Lissabon mochte er auch nicht, da es, wie er fand, mit seinen »abscheulich steil ansteigenden oder abfallenden Gassen und seinen schändlichen kleinen

Kirchen weder den Reichtum noch die Würde einer Hauptstadt besaß«. Auch **Lord Byron** urteilte kaum freundlicher. Gnade fand vor seinen Augen allein die portugiesische Landschaft, besonders die Berglandschaft von Sintra in der Nähe von Lissabon. **Esther Bernhard** berichtete in ihren Briefen an die Herzogin von York von »geistlosen, ungebildeten« Portugiesen, und es fiel ihr schwer zu glauben, »dass sie sich in einer Hauptstadt und einer bürgerlichen Gesellschaft befindet«.

Krise im Wirtschaftswunderland

Diesem Land, das den Ausländern so fremd und unzeitgemäß erschien, kehrten auch viele Portugiesen den Rücken. Bis ins 19. Jh. hinein handelte es sich aber nie um Massenbewegungen. Erst im 20. Jh. stieg die **Auswanderung** sprunghaft an. Zwischen 1900 und 1954 emigrierten 1,4 Millionen Portugiesen nach Nord- und Südamerika, Kanada und Südafrika. 1955 bis 1988 folgten weitere 1,2 Millionen Menschen, die es hauptsächlich in europäische Staaten zog, vor allem nach Frankreich, Deutschland und in die Schweiz. Insgesamt leben mehr als 4 Millionen Portugiesen im Ausland. Erst nach der **Nelkenrevolution** 1974 wandte sich Portugal wieder Europa zu. Die Jahre seit der Revolution haben Portugal mehr geprägt als viele Jahrhunderte zuvor: Eine der ältesten Nationen Europas veränderte ihr Gesicht – und für viele ihrer

Oben: *Mittelalterliches Bilderbuchstädtchen – wie ein Adlerhorst erhebt sich Óbidos über der Costa de Prata*
Links: *Touristisches Muss – die bizarre Küstenlandschaft bei Praia da Rocha*

Verehrer auch ihre Seele. Eine Art Gründungsfieber erfasste das Land, das seit 1986 **EU-Mitglied** ist. Nirgendwo in Europa war in den 1990er-Jahren das wirtschaftliche Wachstum größer als in Portugal, die Arbeitslosenquote niedriger. Dennoch gestaltet sich die wirtschaftliche Entwicklung Portugals schwierig. Die Zahl der Analphabeten ist nach wie vor hoch. Und da sich die arbeits- aber auch kostenintensive Land- und Fischereiwirtschaft oft nicht lohnt, ist Portugal auf Importe angewiesen. Das Land kämpft besonders mit den Auswirkungen der weltweiten Finanzkrise 2008. Verluste beklagt vor allem die Autozulieferindustrie, während der Anteil des Tourismus am Bruttoinlandsprodukt wächst.

Landschaftliche Kontraste

Denkt der Reisende von heute an Portugal, fällt ihm gewöhnlich der **Algarve** und damit Sonne, Sand und Meer ein. Er weiß, dass Portugal nicht sehr groß ist, aber selten findet er den Weg in den Norden, den **Minho**, oder in den Nordosten, nach **Trás-os-Montes** und die **Beiras**. Außer Lissabon und Porto sind alle anderen Orte Kleinstädte oder größere Dörfer. »In Portugal erscheint alles kleiner. Die Proportionen nehmen einem nicht den Atem«, fand 1957 der deutsche Autor Helmut Brühl. In Portugal ist alles nah. Von Lissabon aus sind Coimbra, Tomar, Évora und Aveiro bequem in Tagestouren zu erreichen. Jede Region ist eine überschaubare Einheit. Die historischen Provinzen Minho und Douro, die nach Flüssen benannt sind, bilden die grüne Region **Costa Verde**. Östlich und südlich erstreckt sich das Bergland **Montanhas** mit den früheren Regionen Trás-os-Montes, Beira Alta und Beira Baixa. Das Alto und das Baixo Alentejo sowie der Osten des Ribatejo bilden die weite und ebene Landschaft **Planícies**. Nur der **Algarve**

Oben: *Bedeutender Wirtschaftsfaktor – Korkeichen im Alentejo*
Mitte: *Stierkampf auf portugiesisch – weiblicher Torero reitet in die Arena*
Rechts: *Im Reich der Bücher – die Universitätsbibliothek in Coimbra*

spielt eine Sonderrolle: Er ist die einzige Region, die nicht nach einem Fluss oder einem Berg benannt ist und deren Name an die arabische Vergangenheit Portugals erinnert. Al-Gharb, der Westen, nannten die Mauren ihre westlichen Gebiete auf der iberischen Halbinsel.

Reiches kulturelles Erbe

»Portugal ist Lissabon, der Rest ist Landschaft«: So hat der Romancier Eça de Queiróz im 19. Jh. das Verhältnis zwischen Stadt und Land beschrieben, und daran hat sich wenig geändert. Wer Portugal besucht, beginnt in der Regel mit **Lissabon**. Hier beeindrucken manuelinische Bauten wie das Hieronymitenkloster oder der Torre de Belém, die Stilelemente der Gotik und Frührenaissance verbinden mit exotischem, von den Entdeckungen der Seefahrer inspiriertem Dekor. Sehenswert sind auch die Kathedrale, das Castelo de São Jorge, die barocke Pracht der **Kirchen** und **Schlösser** mit ihren einzigartigen Kunstschätzen, die Azulejo-Tableaus und die herrlichen **Landsitze** der Umgebung. All dies macht den Reisenden vertraut mit dem, was ihm im ganzen Land auf Schritt und Tritt begegnen wird.

Auf dem Weg nach Europa

Portugal ist nicht länger ein Land der Bauern und Fischer, der Tagelöhner und Großgrundbesitzer. Rund ein Drittel aller Portugiesen lebt heute in den **Großräumen Lissabon** und **Porto**. Während die Geburtenrate Portugals seit Jahren rückläufig ist, steigt die Zahl der Einwohner der Distrikte Lissabon, Porto und Setúbal stark an. Die Landflucht geht ungebremst weiter. So wie die Portugiesen früher ihr Land nur verließen, um im Ausland Arbeit zu finden, die es in der Heimat nicht gab, kehrten sie auch ihrem Dorf, ihrer Stadt oder ihrer Region nur widerwillig den Rücken. Wohl deshalb ist **Reisen** im eigenen Land unter den Portugiesen, selbst bei der Jugend, heute noch wenig verbreitet. Aber beschränkten sich ihre Kenntnisse über den Rest der Welt einst auf das Nachbardorf und die nächste Stadt, so haben inzwischen das Fernse-

hen, neue Straßen, die Touristen sowie die nach der ›Nelkenrevolution‹ von 1974 aus den ehemaligen Kolonien ins Land strömenden *Retornados* die Ferne in den Alltag vieler Portugiesen geholt.

Vielfalt im Kleinen

Ein Land, dem seine früheren **Kolonien** jahrhundertelang näher lagen als seine eigenen Städte und Dörfer, ist auf europäisches Durchschnittsmaß geschrumpft: Braga im Norden erreicht man von Lissabon aus in knapp drei Stunden und Vila Real de Santo António an der spanischen Grenze liegt nur noch eine knappe halbe Autostunde von Albufeira entfernt.

Und dennoch: Je gründlicher man Portugal bereist, je besser man das Land zu kennen glaubt, desto größer und unergründlicher erscheint es dem Betrachter allein durch die augenfällige **Vielfalt seiner Landschaften** mit ihrem ganz eigenen Begriff von Weite. In Portugal differenziert die Natur die Lebensformen, gliedert das gesellschaftliche Gefüge und bestimmt selbst die Mentalität in den einzelnen Landesteilen. Und in den Städten, wo jedes *Bairro* seine **eigenen Konturen** hat, ist jeder Stadtteil ein Dorf für sich. Die Selbstständigkeit Portugals mag in der bewegten Geschichte des Landes mehr als einmal von außen bedroht gewesen sein. Seine **kulturelle Einheit** war es von innen nie. Eine Einheit, die in Portugal in der Vielfalt liegt und nicht in der Uniformität.

Nach dem Millennium

Die ›Schöne am Tejo‹, die von verklärungssüchtigen Autoren immer noch als eine Metropole der Melancholie beschrieben wird, erlebte am Ende des 20. Jh. die größte urbane Revolution seit dem Erdbeben von 1755. Für den Bau neuer Metro-Linien wurden Straßen aufgerissen und viele der herrlichen Jugend-

stil- und Art-Déco-Häuser abbegrochen – als Versprechen für eine lebenswerte Zukunft, die den Portugiesen von Monarchie und Diktatur lange Zeit vorenthalten worden war. Lissabon war 1994 Kulturhauptstadt Europas und 1998 Gastgeber der EXPO. Dafür wurde im Osten der Stadt ein Gebiet von 330 ha saniert, um dort den riesigen *Park der Nationen* zu schaffen. Hier befinden sich der spektakuläre Bahnhof *Gare do Oriente*, ein Einkaufszentrum der Superlative, das aufregende *Oceanário*, ein Jachthafen, neue Messe- und Kongreßgebäude, Restaurants, Cafés sowie Wohnungen.

Der Reiseführer

Dieser Band stellt **Portugal** mit seinen Sehenswürdigkeiten und Landschaften in sieben nach Regionen gegliederten Kapiteln vor. **Übersichtskarten** und **Stadtpläne** erleichtern die Orientierung. Besondere Empfehlungen zu Hotels, Restaurants, Sehenswürdigkeiten, Festen usw. bieten die **Top Tipps**. Den Besichtigungspunkten sind **Praktische Hinweise** mit Tourismusbüros sowie Hotel- und Restaurantadressen angefügt. **Portugal Aktuell A bis Z** bietet alphabetisch geordnet Nützliches von Informationen vor Reiseantritt über Essen und Trinken oder Feste und Feiern bis zu Verkehrsmitteln. Hinzu kommt ein umfassender **Sprachführer**. Ein **Kaleidoskop** informativer Kurzessays rundet den Band ab.

Links oben: *Kulinarische Genüsse in stimmungsvollem Ambiente – Cervejaria da Trindade in einem ehem. Kloster in Lissabon*
Links unten: *Höhepunkt gotischer Baukunst und Denkmal portugiesischer Geschichte – Mosteiro de Santa Maria da Vitória in Batalha*
Oben: *Moderne Akzente – Parque das Nações in Lissabon auf dem ehem. Areal der EXPO '98 mit Torre São Gabriel (links) und Centro Comercial Vasco da Gama (rechts)*
Rechts: *Nostalgische Gefühle – traditionelle Trambahnen in Lissabons steilen Gassen*

Geschichte, Kunst, Kultur im Überblick

Von Königen und Pionieren, Diktatoren und Revolutionären und dem Aufbruch in die Zukunft

Vor- und frühgeschichtliche Zeit

10 000–5000 v. Chr. Aus der Mittelsteinzeit stammen Grabstätten, in denen mehr als 200 Skelette gefunden wurden.

3000 v. Chr. Iberer dringen bis zum Algarve vor.

1000 v. Chr. Aus dem Osten rücken Kelten ein und vermischen sich mit den Iberern zu Keltiberern, auch Lusitanier genannt. Diese siedeln ursprünglich zwischen Durius (Douro) und Tagus (Tejo).

800 v. Chr. Griechen und Phönizier legen Handelsstützpunkte an der Atlantikküste an.

700 v. Chr. Lusitanier lassen sich im Süden des heutigen Portugal nieder.

535 v. Chr. Die Karthager übernehmen die Vorherrschaft beiderseits der Straße von Gibraltar.

Römische Herrschaft

218–201 v. Chr. Am Ende des 2. Punischen Krieges muss sich Karthago von der Iberischen Halbinsel zurückziehen, Rom tritt an seine Stelle. Römische Kolonisten gründen Städte, bauen Straßen, bringen Handwerk und nicht zuletzt ihre Sprache mit, aus der sich das Portugiesische entwickelt hat.

149–139 v. Chr. Die Römer unterwerfen die Lusitanier. Lusitanien wird Teil der römischen Provinz Hispania ulterior.

Sueben und Westgoten

5. Jh. Während der Völkerwanderung beenden Germanen die römische Herrschaft. Die Sueben erreichen die römische Provinz Lusitanien und schlagen die römischen Truppen vernichtend. Erstmals wird der Name Portucale erwähnt.

585 Die Westgoten unter König Leowigild erobern Lusitanien und vereinen es mit dem Reich von Toledo.

Maurische Invasion und Reconquista

711–718 Die Mauren setzen über das Mittelmeer und bringen nach nur sieben Jahren – mit Ausnahme der nördlichen Bergregionen – die gesamte Iberische Halbinsel unter ihre Kontrolle. Mit den Mauren halten Wissenschaft und Kultur in bisher nicht gekanntem Ausmaß Einzug in Europa. Der Handel blüht, die Landwirtschaft wird durch Bewässerung und neue Anbaumethoden revolutioniert. Das ehemalige Lusitanien steht nun unter der Oberherrschaft des Emirats von Córdoba. Silves wird Hauptstadt.

722 Asturien erobert das Gebiet zwischen Minho und Douro zurück, das seitdem Terra Portucalensis genannt wird.

868 Das Gebiet der späteren Grafschaft Portucale am Douro ist vollständig unter der Herrschaft der seit 718 aktiven christlichen Rückeroberung (Reconquista).

1035–65 Fernando I., Graf von Kastilien und León, leitet die eigentliche Reconquista ein.

Er findet den Seeweg nach Indien – Vasco da Gama (1467–1524) ▷

1095 Der landlose Heinrich von Burgund erhält anlässlich seiner Hochzeit mit Teresa, Tochter von Afonso VI. von León und Kastilien, und wegen seiner militärischen Dienste in der Reconquista die Grafschaft Portugal (zwischen den Flüssen Minho und Tejo) als Lehen.

Das Königreich Portugal entsteht

1139 Afonso Henriques erklärt sich nach seinem Sieg über die Mauren bei Ourique als Afonso I zum von León und Kastilien unabhängigen König Portugals (Dynastie Burgund).
1147 Afonso I. erobert Lissabon und Santarém von den Mauren.
1250 Afonso III. nimmt die Provinz Algarve ein und beendet damit die portugiesische Reconquista. Die Muslime sind endgültig vertrieben. Portugal erhält damit – bis auf kleine Änderungen – seine heutige territoriale Ausdehnung.
1267 Mit Spanien, das auf den Algarve verzichtet, wird die Grenze endgültig festgelegt.
1317 Der Christusritterorden wird gegründet, der 1319 die portugiesischen Besitzungen des aufgelösten Templerordens erhält.
1355 Inês de Castro, die mit dem Thronfolger Pedro heimlich verlobt ist, wird ermordet.
1367–83 Portugal und Kastilien bekriegen sich.
1385 Der illegitime Sohn Pedros I., der Großmeister des Aviz-Ordens, wird als João I. zum portugiesischen König gewählt (Dynastie Aviz).

Das Zeitalter der Entdeckungen

1415 Heinrich (›Henriques‹) der Seefahrer (1394–1460) nimmt an Portugals Eroberung der nordafrikanischen Stadt Ceuta teil.
1419–57 Heinrich der Seefahrer ist Gouverneur des Algarve. Er organisiert die

Vater der portugiesischen Entdeckungen – Heinrich der Seefahrer (1394–1460)

Entdeckungsfahrten entlang der westafrikanischen Küste. Madeira, die Azoren und die Kapverdischen Inseln werden entdeckt.
1487/88 Bartolomeu Dias umsegelt das Kap der Guten Hoffnung, muss aber kurz darauf umkehren.
1495–1521 Unter Manuel I. entstehen militäriche Stützpunkte und Handelsniederlassungen in Indien, Ostasien, Brasilien, Afrika und Arabien. Lissabon wird Mittelpunkt des Welthandels. Die *Ordenações Manuelinas* (Manuelinische Gesetzbücher) erscheinen. Die künstlerische Blütezeit findet ihren Niederschlag in der manuelinischen Architektur.
1497–99 Vasco da Gama entdeckt den Seeweg nach Indien.
1500 Pedro Álvares Cabral erreicht Brasilien, das zur wichtigsten Kolonie wird.
1506 Bei Massakern an den conversos (zum Christentum übergetretene Juden) in Lissabon werden über 4000 Neuchristen ermordet.
1519–22 Im Auftrag der spanischen Krone gelingt der Flottille des Portugiesen Fernão de Magalhães (Magellan) die erste Weltumsegelung und der Beweis, dass die Erde rund ist.
1521–57 Nach dem Tod Manuels I. setzt unter João III. der wirtschaftliche Verfall ein. Die Inquisition wird 1537 eingeführt, die Universität Coimbra an die Jesuiten übergeben.
1557 Portugiesen gründen in Macao die erste europäische Niederlassung auf chinesischem Boden. João III. stirbt. Die Regentschaft übernimmt sein Enkel Sebastião.
1578 Feldzug nach Nordafrika. König Sebastião I. fällt in der Schlacht von Alcácer-Quibir, sein Großonkel Kardinal Henriques besteigt den Thron.
1580 Mit dem Tod des kinderlosen Henriques II. erlischt die Aviz-Dynastie. Wegen Erbstreitigkeiten zwischen António, dem Prior von Crato und Sohn einer Neuchristin (Marranin), und Philipp II. von Spanien kommt es zur Schlacht auf den Azoren. Die Spanier erobern Portugal und halten das Land bis 1640 besetzt.

Spanische Fremdherrschaft

1580–1640 Die Könige von Spanien regieren Portugal in Personalunion.
1596 Die Engländer brennen Faro nieder.
1630 Holländer erobern Pernambuco (Brasilien), 1637 São Jorge da Mina (Guinea), 1641 São Tomé, Príncipe, Luanda, Malakka.

Wiedererlangte Unabhängigkeit: das Haus Bragança

1640 Der Herzog von Bragança erhebt sich gegen die Spanier und wird als João IV. zum König (1640–56) gekrönt.
1668 Ein Friedensvertrag zwischen Portugal und Spanien beendet die lang andauernden Restaurationskriege. Spanien erkennt die Unabhängigkeit Portugals an.
1703 Portugal schließt mit England den Methuen-Vertrag, durch den die Engländer Textilien nach Portugal

Maria II. da Glória, Königin von Portugal (1819–1853)

exportieren können und die Portugiesen Wein nach England.

1750–77 Unter José I. erreicht der aufgeklärte Absolutismus seinen Höhepunkt. Minister Marquês de Pombal (1699–1782) führt Reformen im Geiste der Aufklärung und des Merkantilismus durch.

1755 Am 1. November zerstört ein Erdbeben, gefolgt von Flutwellen und Bränden Lissabon. Mehr als 30 000 Menschen werden dabei getötet. Nach der Katastrophe organisiert Pombal den Wiederaufbau der portugiesischen Hauptstadt.

Napoleonische Kriege und englisches Protektorat

1807–11 Frankreich besetzt das Land, der Hof flüchtet nach Brasilien. Im Vertrag von Fontainebleau wird Portugal in drei kleine Königreiche aufgeteilt.

1808 Ein Aufstand in Olhão wendet sich gegen die napoleonischen Truppen.

1810/11 Briten befreien das Land und herrschen bis zur Rückkehr des Königs aus dem Exil.

Konstitutionelle Monarchie

1820 In Porto erhebt sich eine Revolution mit der Forderung nach einer liberalen Verfassung.

1822 Portugal wird konstitutionelle Monarchie, Brasilien erlangt seine Unabhängigkeit und wird unter Pedro I. Kaiserreich. Portugal verliert damit seine wichtigste Kolonie.

1828 Pedros Bruder Miguel setzt die Verfassung außer Kraft und lässt sich zum König ausrufen.

1832–34 Zwischen den Miguelisten und den Liberalen, die von Pedro angeführt werden, bricht ein Bürgerkrieg aus. Landung Pedros I. in Portugal. Miguels Flotte wird vor dem Cabo de São Vicente geschlagen. Im Vertrag von Évora Monte wird die konstitutionelle Monarchie wieder hergestellt und Miguel wird verbannt.

1836 Maria II. da Glória heiratet Ferdinand von Sachsen-Coburg-Gotha.

1908 König Carlos I. und Kronprinz Dom Luís Filipe werden ermordet. Manuel II. besteigt den Thron.

1910 Manuel II. wird zur Abdankung gezwungen und flieht nach Großbritannien. Ausrufung der Republik am 5. November, der Historiker Teófilo Braga wird Präsident der provisorischen Regierung.

Die Republik

1910–26 Die junge Republik verliert schnell die Unterstützung der Bevölkerung. In 16 Jahren lösen sich 45 Regierungen ab.

1911 Die Republik gibt sich eine Verfassung. Die Universitäten von Lissabon und Porto werden gegründet.

1914–18 Zunächst neutral, nimmt Portugal ab 1915 aufseiten der Entente am Ersten Weltkrieg teil. Diktatur des Sidónio Pais.

1926/27 Nach dem Militäraufstand unter General Gomes da Costa am 28. Mai wird Portugal ein autoritärer Ständestaat (Militärdiktatur). General Fragoso Carmona wird Präsident der Republik. Es beginnt eine 48 Jahre währende Diktatur.

Das große Erdbeben von 1755 legt Lissabon in Schutt und Asche ▷

Die jubelnde Bevölkerung schmückt die Gewehrläufe der Soldaten mit Nelken zur Feier der unblutigen Revolution im April 1974

Der faschistische Staat

1928 Der Wirtschaftsprofessor António de Oliveira Salazar beginnt als Finanzminister mit der Sanierung des bankrotten Staates.
1930 Es wird die allein zugelassene faschistische Nationale Union (União Nacional) gegründet.
1931 Eine Geheimpolizei wird installiert.
1932 Salazar wird Ministerpräsident. Entwurf einer neuen Verfassung nach faschistischem Vorbild. Streiks und Gewerkschaften werden verboten.
1933 Die Verfassung des Estado Novo (Neuer Staat) tritt in Kraft, sie verleiht dem Ministerpräsidenten diktatorische Vollmachten.
1939–45 Im Zweiten Weltkrieg bleibt Portugal neutral, überlässt aber den Alliierten Stützpunkte auf den Azoren.
1949 Portugal wird Gründungsmitglied der NATO. Unabhängigkeitsbewegungen im Kolonialreich (Angola, Moçambique, Portugiesisch-Guinea) werden unterdrückt.
1961 Eine Revolte der Armee scheitert. Am 18. Dezember marschieren indische Truppen in die portugiesischen Enklaven Goa, Damão und Diu ein. Portugal erkennt die Annexion erst 1974 an.
1968 Salazar erleidet einen Schlaganfall und wird von Marcelo Caetano abgelöst, der nur kurze Zeit einen liberaleren Kurs einschlägt.

Die Nelkenrevolution

1974 Die unblutige ›Revolution der Nelken‹ am 25. April unter General António Spínola, die ihren Namen den Blumen verdankt, die den aufständischen Soldaten von der begeisterten Volksmenge in die Gewehrläufe gesteckt wurden, beendet die am längsten dauernde Diktatur Europas. Es bildet sich eine linksdemokratische Regierung unter Vasco dos Santos Gonçalves.
1975 Prokommunistische Militärs regieren. Ein Rechtsputsch unter General Spínola scheitert. Verstaatlichung der Wirtschaft und Einleitung einer Agrarreform. Die Überseeprovinzen werden unabhängig. 800 000 Rückwanderer (retornados) lassen sich wieder in Portugal nieder. Macao wird autonom unter portugiesischer Souveränität (bis 1999).

Das demokratische Portugal

1976 Die Sozialisten siegen zwar bei den Parlamentswahlen, erlangen aber keine Mehrheit. Der Sozialist Mário Soares wird Premierminister (1976–78 und 1983–85), General Eanes Präsident.
1978 Die Sozialisten, die seit 1977 in Koalition mit dem Demokratischen und Sozialen Zentrum (CDS) regieren, scheitern an politischen und wirtschaftlichen Problemen. Eanes ernennt den Konservativen Carlos Mota Pinto (PSD) zum Premierminister.
1986 Portugal wird Vollmitglied der EG. Der ehemalige Premierminister Mário Soares wird Staatspräsident.
1987 Bei den Parlamentswahlen erreichen die konservativen Sozialdemokraten mit Cavaco Silva mehr als 50 % der Stimmen.
1992 Portugal führt für sechs Monate den EG-Vorsitz. Das Land entwickelt sich immer mehr zu einer Dienstleistungsgesellschaft (rund 60 % des Bruttoinlandsprodukts). Dabei spielt der Tourismus eine wichtige Rolle.
1995/96 Die Sozialisten gewinnen die Parlamentswahlen; im Januar wird Jorge Sampaio zum neuen Präsidenten gewählt.
1998 In Lissabon findet die Weltausstellung EXPO '98 statt.
2004 Portugal ist das Gastgeberland der Fußball-Europameisterschaft.
2006 Mit dem früheren Premierminister Aníbal Cavaco Silva (PSD) wird zum ersten Mal ein Nichtsozialist Präsident von Portugal.
2007 In der zweiten Jahreshälfte übernimmt Portugal die EU-Ratspräsidentschaft.
2009 Bei den Parlamentswahlen gewinnen die Sozialisten (PS) mit Premierminister José Sócrates wie 2005 mit deutlicher Mehrheit.
2010 Papst Benedikt XVI. besucht im Mai Lissabon, Porto und Fátima.

Sie soll Europas schönstes Gestade sein – die Felsküste im Westen des Algarve

Unterwegs

Costa Verde – grüne Gärten ohne Ende

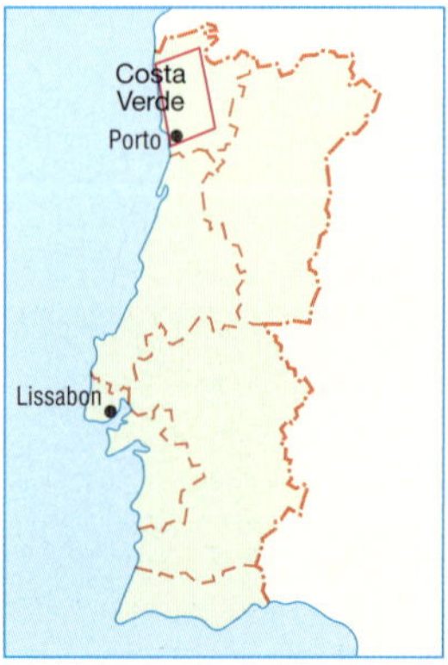

Portugals ›grüne Küste‹ macht ihrem Namen alle Ehre: Hinter den ausgedehnten **Sandstränden** erstreckt sich eine vegetationsreiche und fruchtbare Landschaft. Hier wachsen Obst, Gemüse und vor allem Rebstöcke, die die weltberühmten **Portweine** hervorbringen. Im Norden wurde Portugal gegründet. Deshalb drängen sich auf engem Raum geschichtsträchtige **Herrensitze** (*Quintas*) und **Kirchen**. Der gebirgige Osten ist karg und urwüchsig, in den abgelegenen **Bergdörfern** scheint die Zeit stehen geblieben zu sein. Ein Wahrzeichen dieser Landschaft sind die *Espigueiros*, steinerne Vorratsspeicher für Mais und Korn. Hauptstadt der Costa Verde ist die weltoffene, lebendige Handelsstadt **Porto**, die stolz ist auf ihre Tradition und ihre Kaufleute. Die reiche Geschichte und bauliche Schönheit brachten Portos Altstadt 1996 auf die Liste des UNESCO-Weltkulturerbes.

1 Porto

Plan Seite 20

Kühle Kaufmannsstadt mit goldüberzogenen Kirchen und kühnen Brückenkonstruktionen.

Am rechten Ufer des Douro und über den **Granithügeln** wächst die Stadt den Hang empor. Neben Lissabon ist Porto mit seinen etwa 250 000 Einwohnern die einzige portugiesische **Großstadt**. Sie selbst sieht sich als heimliche Hauptstadt des Landes und hat es nie verwunden, dass Portugal von Lissabon aus regiert wird. Immerhin trägt das Land den Namen der Stadt, und Portos imposante **Viadukte** und **Brücken** geben eher das Bild einer urbanen Metropole ab, als man dies von Lissabon behaupten könnte. Ein Sprichwort besagt, dass in Porto das Geld verdient wird, das die Lissabonner mit lockerer Hand ausgeben. Und während sich Lissabon rundum herrschaftlich präsentiert, ist Porto eine von **kaufmännischer Nüchternheit** geprägte, bürgerlich-weltoffene ›urbane Republik‹. Paläste fehlen im Stadtbild, dafür gibt es überall **Handelskontore**, Banken und Juwelierläden. Die Portuenser bekennen sich stolz zu ihrer Bescheidenheit und nennen herablassend jeden, der weiter südlich wohnt, einen *Marroco*, einen Marokkaner. Mit Stolz tragen sie die von den Lissabonnern verliehene Bezeichnung **Kaldaunen-Esser** (*Tripeiros*). Denn immerhin war es Heinrich der Seefahrer, der berühmteste Sohn der Stadt, der ihnen diesen ›Schimpfnamen‹ auferlegte. Er überließ

Das Herz der Hafenstadt Porto schlägt am Duoro ▷

ihnen nur die Innereien, die ›Tripas‹, weil er das wertvollere Fleisch für seine berühmte *Ceuta-Expedition* (1415) brauchte.

Gleichwohl hatten die Portuenser noch einen Trumpf – ihren vorzüglichen **Portwein**, in den sich schon der römische Historiker M.T. Varro verliebt haben soll. Der Portwein machte Porto zu einer von den Engländern geprägten Barockstadt: Im 18. Jh. waren über 15 % der 60 000 Einwohner Engländer.

Geschichte Von den Griechen wurde im 3. Jh. v. Chr. ein kleiner **Handelsplatz** errichtet, den diese *Kalos* (griech. schön) nannten. *Portus cale*, ›schöner Hafen‹, nannten die Römer eine Keltensiedlung wenige Kilometer vor der Mündung des Douro in den Atlantik. Gegen Ende ihrer Herrschaft vereinigten die Römer beide Orte. 540 machten die Westgoten die Stadt zur Festung und zum **Bischofssitz**. 797 wurde sie von Al-Mansur erobert und ausgebaut. Zwischen 716 und 868 und von 997 bis 1050 stand Porto unter maurischer Herrschaft, bevor das Gebiet nach der *Reconquista* 1092 endgültig an Spanien fiel. Im 11. Jh. belehnte Afonso VI., der Sohn Ferdinands von Kastilien, den Grafen Heinrich von Burgund mit der abgelegenen Provinz in der nordwestlichen Ecke der Iberischen Halbinsel.

Besichtigung Am besten ist es, sich Porto zu erwandern. Vier Spaziergänge stehen zur Auswahl. Der erste führt durch die **Altstadt** zwischen Fluss und Kathedrale, der zweite in die **östliche Innenstadt**, der dritte in die **westliche Innenstadt** und der vierte über den Douro nach **Vila Nova de Gaia**.

Altstadt

Der Fluss spiegelt das facettenreiche Stadtbild wider, das die UNESCO 1996 zum Weltkulturerbe erklärte. An den Kais der Ribeira machen keine Handelsschiffe mehr fest. Heute liegen dort die kleineren und größeren Privatjachten und die zu Werbezwecken gecharterten *Barcos rabelos* der Portweinkompagnien. Vom Ufer des Douro steil nach oben zieht sich die **Ribeira**, das älteste Viertel von Porto. Hier schlägt das Herz der Hafenstadt, hier hat sich der Charme der nordportugiesischen Metropole am besten erhalten. Gleichwohl ist es das Viertel der armen Leute, die immer noch in den über 3000 verwinkelten, eng beieinander stehenden Häusern wohnen. Allerdings haben inzwischen auch hier immer mehr Boutiquen, Galerien und gehobene Restaurants die alten Mieter verdrängt.

Der Bummel sollte an der *Ribeira* beginnen. Die rechteckige und symmetri-

sche **Praça da Ribeira** geht auf einen Entwurf des englischen Konsuls Whitehead (1728–1802) zurück, der zwischen 1780 und 1784 den Platz nach dem Vorbild des *Terreiro do Paço* in Lissabon anlegen ließ. Von ihm stammt auch die **Feitoria Inglesa**, die englische Handelsniederlassung im oberen Abschnitt der *Rua de São João*. Aber auch mit moderner Fliesenkunst schmückt sich das alte Viertel: Von Júlio Resede stammt das Tableau ›Ribeira Negra‹ (Schwarzer Fluss, 1986). Oberhalb der Praça da Ribeira liegt das alte Viertel **Barredo** mit seinen malerischen Gassen, das behutsam restauriert wurde.

Über die *Rua da Fonte Taurina* und die *Rua da Alfândega Velha* gelangt man nordwestlich der Praça da Ribeira zur **Casa do Infante** 1, einem alten Zollhaus aus Granitquadern mit einem gotisch-manuelinischen Portal, in dem Heinrich der Seefahrer geboren worden sein soll. Heute ist hier das **Arquivo Histórico** (Stadtarchiv) untergebracht. Dann folgt man der *Rua do Infante Dom Henrique* bis zur prächtigsten aller Kirchen Portos, die wegen ihrer vergoldeten Schnitzereien auch *Igreja de Ouro*, Goldene Kirche, genannt wird. Der Bau der gotischen Konventkirche **Igreja de São Francisco** 2

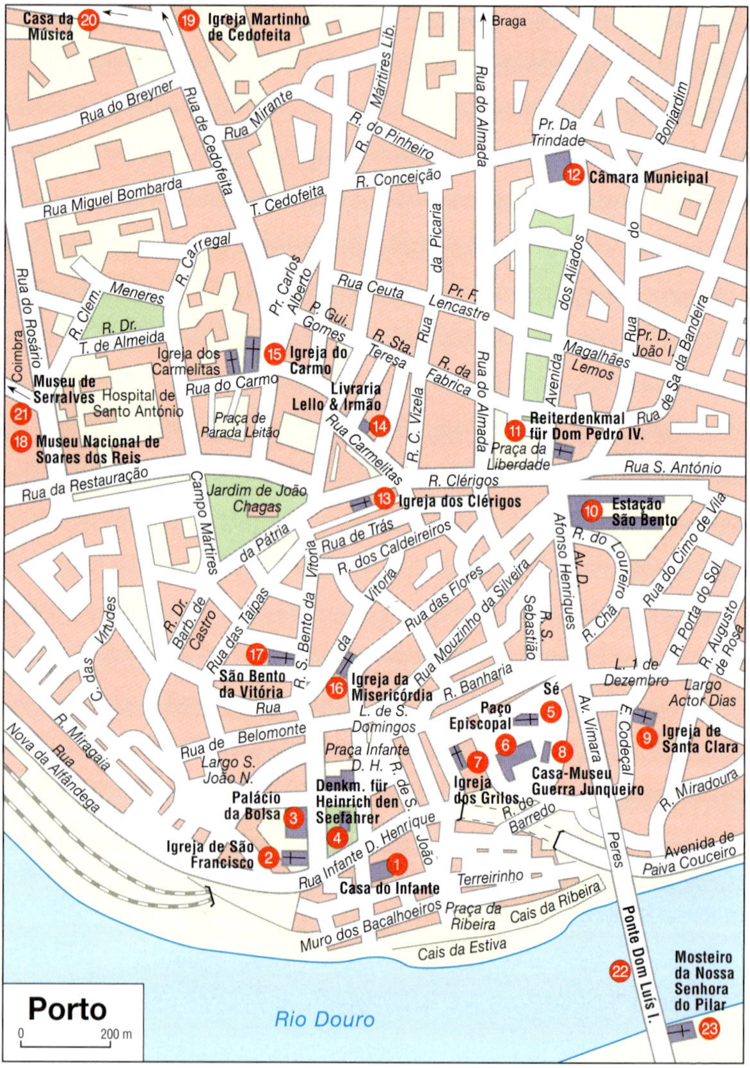

(Mai–Aug. tgl. 9–19, Nov.–Febr. 9–17, sonst 9–18 Uhr) soll der Überlieferung nach bereits im Jahr 1245 begonnen haben. Vollendet wurde sie nachweislich erst 1410. Wegen weitreichender barocker Umgestaltungen im 17. und 18. Jh. sowie wegen eines Brandes im Jahr 1883 ist vom ursprünglichen Bau – bis auf das romanische *Portal* und die frühgotische *Rosette* – nicht mehr viel übrig geblieben. Ende des 17. Jh. wurden Decke, Altäre, Säulen, Ornamente und Rundbögen mit brasilianischem Gold überzogen, sodass man fast von einem Verzierungswahn sprechen könnte. Rechts neben dem Eingang steht in einer Nische die *Granitstatue* des hl. Franziskus. Darunter befindet sich ein mittelalterlicher romanischer *Sarkophag* mit der Liegefigur eines Soldaten, der in seiner linken Hand ein Schwert hält. Den dreischiffigen Innenraum erhellt eine schöne Fensterrose. In der *ersten rechten Seitenkapelle* verfehlt das von dem Holzschnitzer Manuel Pereira da Costa Noronha geschaffene *Altarbild* (1751) seine drastische Wirkung nicht: Marokkanische Scharfrichter sind gerade dabei, portugiesische Missionare zu köpfen. Das *Renaissancegrab* (rechte Chorkapelle) des mit Albrecht Dürer befreundeten Kaufmanns Francisco Brandão Pereira (†1528) wird von drei Löwen getragen. Das *linke Seitenschiff* zeigt einen exzellenten aus Holz geschnitzten *Stammbaum Christi* von Filipe Sousa und António Gomes (1718). Vermutlich ist das Werk die Kopie einer Arbeit aus dem 17. Jh. Der polychrome Baum besteht aus 12 Bildern. Er stellt die Könige von Juda dar, die sich auf die Äste eines Stammes stützen, der aus dem liegenden Körper von Jesse wächst. An der Spitze des Baumes steht eine Skulptur, welche die Jungfrau mit Kind und dem hl. Josef zeigt. Die düster-makabren **Katakomben** der Kirche dienten in der ersten Hälfte des 19. Jh. als Begräbnisplatz. Die Verstorbenen wurden nicht nur im Mauerwerk begraben, sondern auch unter den Holzbohlen des Fußbodens. Rechts neben der Kirche befindet sich ein kleines *Museum für Sakrale Kunst* (tgl. 9–16.30 Uhr). Ergreifend sind die gotische Anna-Statue und ein Gemälde des einheimischen Malers Francisco Vieira (1799).

Im benachbarten **Palácio da Bolsa** 3 (www.palaciodabolsa.pt, April–Okt. tgl. 9–19, Nov.–März tgl. 9–13, 14–18 Uhr, Führungen in Portugiesisch, Englisch, Französisch und Spanisch) verkörpert die wirt-

Beliebtes Fotomotiv: die Barcos rabelos

Hochprozentiger Exportschlager

Die Rebsorten, aus denen der berühmte **Portwein** gewonnen wird, wachsen an den Steilhänge am Oberlauf des Douro. Das älteste Weinbaugebiet der Welt wurde 1756 von der königlichen ›Companhia das Vinhas do Alto Douro‹ gegründet. Zum besonderen Geschmack des Weins tragen die **Schieferböden** bei: Sie halten Feuchtigkeit und speichern Wärme.

Die Gärung der Trauben wird durch Zugabe von **Weingeist** unterbrochen. Daraus resultieren der hohe Alkoholgehalt und die Haltbarkeit. Zur Lagerung wird der Portwein nach **Vila Nova de Gaia** bei Porto gebracht. Früher transportierte man die Fässer auf dem Douro in den charakteristischen **Barcos rabelos** mit ihren weißen Rahsegeln. Heute fahren Lastwagen den Wein nach Porto, wo er je nach Qualität in Holzfässern zwischen zwei und 50 Jahren reifen muss. Wer in Muße die verschiedenen Geschmacksrichtungen des Portweins kennenlernen will, ist im **Solar do Vinho** in Porto (Rua Entrequintas 220, Tel. 226 08 47 49, Mo–Sa 14–24 Uhr) willkommen, wo über 200 verschiedene Sorten des edlen Tropfens kredenzt werden. Sehr informativ ist auch ein Besuch im Portweinmuseum **Museu do Vinho de Porto** (Rua de Monchique 45, Tel. 222 076 300, Di–So 10–12.30, 14–17.30 Uhr)..

schaftliche Macht der Stadt. Die Börse ist seit 1844 Sitz der *Associação Comercial do Porto* und wurde nach einem Entwurf des Architekten Joaquim da Costa Lima über den Resten eines niedergebrannten Franziskanerklosters errichtet. Die Mitglieder legten sich selbst eine Steuer auf und sammelten auf diese Weise das Geld für den Bau. Das palastartige Gebäude mit neoklassizistischer Fassade und zentralem Uhrenturm wirkt übertrieben pompös. Im Treppenhaus befinden sich Büsten von Teixeira Lopes und Soares dos Reis. Der ovale **Maurische Saal** (*Salão árabe*), dessen Bau fast 20 Jahre in Anspruch nahm, stammt von Gonçalves de Sousa, der sich von der Alhambra in Granada inspirieren ließ: 32 Säulen und eine wunderschöne, in Blau-, Gold- und Rottönen gehaltene Decke schmücken den zweigeschossigen Saal mit seinen prächtigen Fenstern und Accessoires arabischer Wohnkultur. Es gibt außerdem einen Saal, der im Stil der französischen Renaissance gestaltet ist, sowie die **Sala Dourada**, einen Porträtsaal mit den Bildnissen der letzten Könige aus dem Hause Bragança.

Gegenüber steht inmitten eines kleinen Parks an der *Praça do Infante Dom Henrique* das **Denkmal für Heinrich den Seefahrer** 4, das der Bildhauer Tomás Costa um 1900 gestaltete. Am gewaltigen Sockel des Standbilds sieht man die allegorischen Figuren ›Triumph der portugiesischen Seefahrer‹ sowie eine weibliche Gestalt, die den unerschütterlichen Glauben der Entdecker symbolisieren soll. Auf der anderen Seite des Platzes seite liegt die 1883 errichtete ehem. Markthalle **Mercado de Ferreira Borges** mit strengen und vorzüglich restaurierten Eisen-Glas-Fassaden. Heute wird das Gebäude für dieverse Veranstaltungen genutzt.

Auf dem 70 m hohen Granithügel *Pena Ventosa* erhebt sich weithin sichtbar die **Sé** 5 (Tel. 222 05 90 28, April–Okt. Mo–Sa 9–12.15, 14.30–18, So 14.30–18, Nov.–März bis 17.15 Uhr), die Kathedrale von Porto. Sie wurde im Lauf der Jahrhunderte leider so häufig umgebaut, dass vom romanischen Charakter des Bauwerks nur noch wenig ursprünglich ist. Romanisch sind heute nur noch die Rosette über dem frühbarocken Portal an der **Westfassade** [A], die beiden mächtigen Eingangstürme (ausgenommen die Kuppelaufbauten), der Zinnenkranz am Querhaus sowie die Langhausmauern und die Sakristei. Begonnen wurde mit dem Bau etwa um 1113. Der gewaltige *Innenraum* über kreuzförmigem Grundriss weist drei Schiffe mit romanisch-gotischen Arkaden auf. Die 56,5 m lange und 14 m breite Basilika mit Querschiff, Chorumgang und drei Chorkapellen erinnert trotz der Umbauten an die normannischen Wehrkirchen. Der rechteckige **Chor** [B] wurde zwischen 1606 und 1610 unter Bischof Gonçalo de Morais im Stil der Renaissance errichtet. Besonders schön sind der holzgeschnitzte, vergoldete **Hauptaltar** [C] von Nicolau Nasoni (um 1727) sowie

Sé

A Westfassade
B Chor
C Hauptaltar
D Sakramentskapelle
E Capela de Nossa Senhora da Piedade
F Sakristei
G Kreuzgang
H Loggia

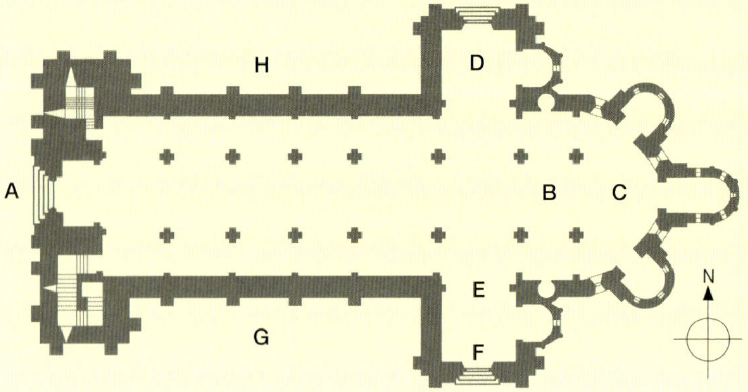

›Arm der Gerechtigkeit‹ – Pelourinho (Schandpfahl) auf dem Platz vor der Kathedrale

die Kassettendecke aus Granit und Marmor. In der **Sakramentskapelle** [**D**] im linken Querhausarm, die mit einem schmiedeeisernen Gitter (*Reixa*) verschlossen ist, befindet sich der aus 800 kg reinen Silbers getriebene prachtvolle *Retablo do Sacramento*. Er wurde 1632 und 1732 von Manuel Teixeira, Manuel Guedes und Bartolomeus sowie weiteren portugiesischen Künstlern hergestellt. Die *Wandmalereien* der Sakramentskapelle werden Nicolau Nasoni zugeschrieben. Im rechten Querhausarm steht in der **Capela de Nossa Senhora da Piedade** [**E**] die Statue der Senhora de Vendoma (16. Jh.). Sie erinnert an die Ankunft der Franzosen (10. Jh.) aus der Tourraine und gab der Stadt den Namen einer ›Cidade da Virgem‹ (Stadt der Gottesmutter). Rechts daneben befindet sich der Eingang zur **Sakristei** [**F**], in der marmorne Reliefs und einige Gemälde aufbewahrt werden. Durch eine Barockpforte gelangt man vom rechten Seitenschiff aus in den kleinen, 1385 errichteten **Kreuzgang** [**G**] mit gotischen Spitzbogen und einem hohen gotischen Kreuz. Die kostbaren *Azulejo-Paneele* an den vier Arkaden mit Motiven aus den ›Metamorphosen‹ von Ovid sowie aus dem ›Hohe Lied‹ Salomos stammen von António Vital Rifarto (1727–33). Leider sind einige Fliesen stark beschädigt. Vor dem nördlichen Seitenschiff, dort, wo Nicolau Nasoni 1736 eine **Loggia** [**H**] anfügte, befindet sich das Reiterstandbild des aus Galicien stammenden Ritters Vímara Peres, der Porto 868 von den Mauren befreite und die Grafschaft Portucale, die Keimzelle Protugals, gründete.

Auf dem riesigen Terrassenplatz vor der Kathedrale steht ein spätbarocker **Pelourinho**, ein Schandpfahl, mit einem gewundenen und bekrönten Säulenschaft. Zum Fluss hin begrenzt den Platz der von Nicolau Nasoni 1771 errichtete dreistöckige **Paço Episcopal** 6 (Bischöflicher Palast). Repräsentativ sind die marmorgerahmten Fenster und Türen sowie das grandiose barocke Treppenhaus. Vom Platz bietet sich zudem ein reizvoller Blick über den Fluss und die Portweinlagerhäuser von Vila Nova de Gaia sowie über die Igreja dos Clérigos. Steigt man die Stufen in die Altstadt westlich der Sé hinunter, erhebt sich inmitten eines Labyrinths aus engen Gassen und schmalbrüstigen Häusern die **Igreja dos Grilos** 7 (bzw. São Lourenço, Di–Sa 10–12, 14–17 Uhr). Ihren Namen verdankt die 1560–77 errichtete ›Grillenkirche‹ den Barfüßigen Augustinern, die wegen ihrer braunschwarzen Ordenstracht im Volksmund *Grilos* (Grillen) hießen. Die nach Plänen von Baltasar Álvares erbaute Anlage gilt als eine der herrlichsten Barockkirchen Portugals. Ihre *Fassade* ist harmonisch gegliedert, der dreifache Giebel ist mit Voluten verziert. Besonders schön sind die etwas zurückgesetzten, mit Trompenkuppeln geschmückten *Glockentürme*. Im einschiffigen, kreuzförmigen *Innenraum* wird das wuchtige Granitgewölbe aus 72 Kassetten von dorischen Pfeilern getragen. Zwei Elefantenfiguren stützen den rötlichen Marmorsarkophag in der *Capela-mor*. In ihm befindet sich die Liegefigur des Jesuitenpaters Luís Álvares de Távora, des Kirchengründers. Im *Querschiff* beeindruckt ein herrliches Talha-Dourada-Retabel (18. Jh.) mit der Darstellung ›Jesus im Tempel‹.

Ebenfalls unterhalb der Kathedrale befindet sich das **Casa-Museu Guerra Junqueiro** 8 (Rua de Dom Hugo 32 Tel. 222003689, Di–So 10–12.30, 14–17.30 Uhr). Das angeblich nach Plänen von Nicolau Nasoni entstandene Haus, in dem der Schriftsteller und Kunstsammler Abílio Manuel de Guerra Junqueiro 1850–1923 wohnte, birgt neben portugiesischen Möbeln und flämischen Gobelins (16. Jh.) ausgezeichnete Gemälde, eine Krippe sowie kunstgewerbliche Arbeiten (16.–18. Jh.) – vor allem aber hispano-maurische Keramiken des 15. und 16. Jh.

Östliche Innenstadt

Im Osten der *Avenida Afonso Henriques* erhebt sich die **Igreja de Santa Clara** 9 (Largo 1º de Dezembro, Mo–Fr 9.30–12, Sa 15–19, So 10–12 Uhr) steht. Die ursprünglich gotische, 1416 von João I. gestiftete Klosterkirche wurde im 16. Jh. im Stil der Renaissance erneuert. Dabei wurde das manuelinische *Spitzbogenportal* mit Säulenpilastern, Medaillons und Nischenfiguren neu gestaltet. Die Pforte, die von zwei spiralförmigen Steinsäulen flankiert und von einer Mariensäule (1697) bekrönt ist, führt in die Klosterräume. Im *Inneren* ist das gotische Gewölbe besonders beachtenswert. Es wurde prunkvoll mit vergoldeten Stuckaturen verziert. Man sieht

Historischer Alltag auf Azulejos – der Bahnhof São Bento ist ein Gesamtkunstwerk

Rocaillen in allen Formen, Rippen mit Blümchen und Laubwerk, und die bemalte Decke wirkt wie ein riesiger, heiterer Bauernschrank.

Weiter nördlich, wo bis 1895 das Kloster São Bento da Avé-Maria stand, befindet sich seit 1915 der Hauptbahnhof **Estação São Bento** 10. Seine Eingangshalle schmückte Jorge Colaço 1930 mit außergewöhnlichen Azulejo-Bildern. Neben einigen ländlichen Szenen entdeckt man bedeutende Ereignisse der portugiesischen Geschichte sowie Bilder aus dem Bereich des Transportwesens, von der Entwicklung des Rades bis zur Eisenbahn – was die Wartezeit auf einen Zug erheblich verkürzt. Fassade und Eingangswand tragen die besten Werke: ›Marienprozession von Lamego‹ und ›Pilgerzug zu Ehren von São Torcato in Guimarães‹.

An der nahen *Praça da Liberdade* beginnt das geschäftige Zentrum der Stadt. Wenn am 24. Juni die *Festa de São João* gefeiert wird, drängen sich hier und in den umliegenden Straßen Hunderttausende. Die ausgelassenen Portuenser hauen sich dann mit Schaumstoffhämmern gegenseitig auf die Köpfe. Seit 1866 steht auf dem Platz das **Reiterdenkmal für Dom Pedro IV.** 11. Es erinnert an den Bürgerkrieg um den portugiesischen Thron zwischen Pedro, der von 1822–31 als Pedro I. Kaiser von Brasilien war, und seinem Bruder Miguel. Den Machtkampf illustrieren zwei historisierende Basreliefs am Marmorsockel. Die *Praça da Liberdade* geht über in die breite, mit stattlichen Gebäuden gesäumte *Avenida dos Aliados*, die zu der aus Granit erbauten **Câmara Municipal** 12 (Neues Rathaus) führt. Ein 70 m hoher Turm überragt das mit eleganten rosafarbenen Marmorsäulen (1920) geschmückte Gebäude im Stil nordfranzösischer und flämischer Paläste. Im *Sitzungssaal* illustriert ein 4 x 3 m großer Wandteppich von Camarinha (1950) die wichtigsten historischen Ereignisse der Stadt. Vor dem Rathaus wurde zum 100. Todestag des Dichters Almeida Garrett (1799–1854) eine Statue von Barata Feio aufgestellt.

Westliche Innenstadt

Ein schlanker Glockenturm ist das markanteste Bauwerk der Innenstadt. Der mit 76 m höchste Kirchturm Portugals diente früher Seeleuten als Peilpunkt. Er gehört zur prachtvollen Barockkirche **Igreja dos Clérigos** 13 (tgl. 8.45–12.30, 15.30–19 Uhr), die Nicolau Nasoni 1732–48 über elliptischem Grundriss errichtete. Die einschiffige Klerikerkirche besitzt eine harmonische zweistöckige *Barockfassade* und eine doppelte Freitreppe. Im *Inneren* sieht man ein schönes *polychromes Retabel* von Manuel Santos Porto (1780). Die Gräber von Nicolau Nasoni († 1773) und Kardinal Tomás de Almeida, welcher der Kirche 1752 eine Urne mit Reliquien des Märtyrers Innozenz schenkte, befinden sich in der Krypta. Der sechsstöckige Turm **Torre dos Clérigos** (Aug. tgl. 10–19, Mai–Juli und Sept./Okt. tgl. 9.30–13, 14.30–19, Nov.–April tgl. 10–12, 14–17 Uhr) ist mit der Kirche verbunden. Steigt man die 240 Stufen zur Plattform hinauf, hat man einen schönen Blick auf den *Campo dos Mártires da Pátria*, den verschwenderisch mit Blumen bepflanzten *Jardim de João Chagas* und auf Vila Nova de Gaia.

Ehrwürdig und ungewöhnlich: Verkaufsräume der Buchhandlung Livraria Lello & Irmão

Hinter der bezaubernden Jugenstilfassade in der Rua das Carmelitas 144 liegen die Verkaufsräume der ältesten Buchhandlung von Porto, der 1906 gegründeten **Livraria Lello & Irmão** 14 (Tel.

222 018 170, Mo–Fr 10–19.30, Sa 10–19 Uhr, http://lelloprologolivreiro.com.sapo.pt). Die in den ersten Stock führende Freitreppe ist eine ungewöhnliche Augenweide. Folgt man der Straße etwas weiter gelangt man zu zwei Kirchen unter einem Dach: Links befindet sich die 1619–28 erbaute **Igreja dos Carmelitas**, rechts die 1756–68 errichtete Kirche **Igreja do Carmo** 15 (Mo–Fr 8–12 und 14–17, Sa 8–12 Uhr). Letztere hat eine schöne *Fassade* mit Rocaille, Zinnen, barocken Fenstern und Evangelistenstatuen. Seit 1912 schmückt ein wandfüllendes blau-weißes *Azulejo-Tableau* mit der Darstellung ›Versammlung der Christen auf dem Berg Karmel‹ ihre Ostseite. *Innen* besitzen beide Gotteshäuser prachtvolle Talha-Dourada-Altäre, die für Portugal typischen vergoldeten Holzschnitzarbeiten.

Richtung Altstadt verdient eine weitere Kirche Aufmerksamkeit, die 1555–90 erbaute und 1749/50 grundlegend umgestaltete **Igreja da Misericórdia** 16 (Rua das Flores 5, Tel. 222 074 710, www.scmp.pt, derzeit wegen Restaurierung geschl.). Bemerkenswert ist neben der hohen zweistöckigen Fassade der weiß-blaue Azulejo-Schmuck am Tonnengewölbe und an den Seitenwänden. Im nebenan gelegenen ehem. Krankenhaus **Santa Casa da Misericórdia** hängt das berühmte Gemälde ›Fons Vitae‹ aus dem 16. Jh., über dessen Urheberschaft viel spekuliert wurde. Manuel I. schenkte das 2,70 x 2,10 m große Bild der Kirche um 1520. Es zeigt einen mit dem Blut Christi gefüllten Brunnen, aus dessen Mitte Christus am Kreuz – zwischen Maria und Johannes – emporragt. Am Brunnenrand knien Manuel I., seine zweite Frau Maria und deren Kinder.

Auch die westlich der Casa da Misericórdia im 17. Jh. anstelle einer Synagoge erbaute zweitürmige Renaissancekirche **São Bento da Vitória** 17 lohnt einen Besuch. Sehenswert sind der Hauptaltar mit vergoldetem Schnitzwerk sowie das Chorgestühl (17. Jh.) mit Szenen aus dem Leben des hl. Benedikt.

Der *Palácio dos Carrancas* im Westen der Stadt beherbergt das **Museu Nacional de Soares dos Reis** 18 (Rua Dom Manuel II., Di 14–18, Mi–So 10–18 Uhr, www.mnsr-ipmuseus.pt). Das Gebäude wurde 1795 als erster königlicher Palast im ›republikanischen‹ Porto errichtet. In drei Abteilungen werden hier vorgeschichtliche und römische Fundstücke, vor allem Architekturfragmente, ausgestellt. Darüber hinaus sind *Porzellan*, darunter Exponate aller nordportugiesischen Manufakturen, auch seltene Stücke aus dem 17. Jh., *Möbel*, *Textilien* und *Goldschmiedearbeiten* zu sehen. Ein museales Highlight ist die im 14./15. Jh. in Italien gefertigte Büste des hl. Pantaleão, des im 4. Jh. enthaupteten Märtyrers und Stadtpatrons. *Meisterwerke* europäischer und portugiesischer *Malerei* werden in der Pinakothek präsentiert, ebenso Gemälde der portugiesischen ›Primitiven‹ (Gaspar Vaz, Vasco Fernandes, Cristóvão de Figueiredo). Außerdem erhält man einen guten Überblick über die portugiesische Malerei des 19. und 20. Jh. anhand der Arbeiten von Henrique Pousão, Columbano, Malhôa, Lupi und Abel Salazar. In den Sälen 16 und 18 des 1. Stockwerks findet man Arbeiten des Bildhauers und Malers *Soares dos Reis* (1847–1889). Nach ihm ist das Museum benannt. Ebenfalls im 1. Stock steht die Marmorskulptur ›Der Verbannte‹, die zu den bedeutendsten portugiesischen *Skulpturen* des 19. Jh. gehört. Das 2. Stockwerk ist *asiatischen Exponaten* vorbehalten. Es werden beispielsweise japanische Namban-Wandschirme, Miniaturen und Fayencen gezeigt

Einen Abstecher wert ist die nördlich gelegene **Igreja Martinho de Cedofeita** 19 (Largo do Priorado, Tel. 222 005 620), angeblich eine der ältesten Kirchen der Iberischen Halbinsel. Die Bischof Martin von Tours gewidmete Kirche soll der Legende nach 559 vom Suebenkönig Teodomiro gegründet und vom Araber Al-Mansur zerstört worden sein. Es heißt: Gregor von Tours soll einst vom suebischen Herrscher gebeten worden sein, beim hl. Martin für seinen kranken Sohn zu bitten. Nachdem der Kranke geheilt wurde, trat der dankbare König zum Christentum über und stiftete eine Kirche. Und weil der Bau wie durch ein Wunder in kürzester Zeit fertig gestellt wurde, bekam die Kirche den Namen *Cedofeita*, ›die rasch Erbaute‹. Der schmale einschiffige kapellenartige Bau besteht aus grauem Granit. Das Gotteshaus besitzt ein romanisches, dreibogig gerahmtes *Hauptportal* mit zoomorphen Kapitellen. Zu den außergewöhnlichsten romanischen Kunstzeugnissen Portugals zählt das *Tympanon* des *Nordportals*. Es erinnert an das skulptierte Relief von Milreu (heute im *Museum Machado de Castro* in Coimbra): Das apokalyptische Lamm wird eingeschlossen von zwei Kreisen, die eine Spirale bilden. Das

Architekturikone der Moderne: Die Casa da Música entwarf der Holländer Rem Koolhaas

Lamm ist nach rechts gewendet, ohne den Kopf nach dem Kreuz zu drehen, ein Zeichen des Sieges und der Erlösung. An einem der Kapitelle des Portals streckt eine menschliche Gestalt ihre Arme zum Gebet aus. Sie wird von einem Stier (oder einem gehörnten Ochsen) mit dem Maul gepackt. Diese Darstellung könnte eine Anspielung auf die Gefahr des Islams sein oder ein Symbol für die Seele, die sich von der Sünde befreien will.

Auch die Attraktionen der Moderne liegen fernab vom Zentrum. Dazu gehört seit 2005 die futuristische **Casa da Música** 20 (Rotunda da Boavista, Tel. 220 12 02 20, www.casadamusica.com, Führungen in Englisch tgl. 16, in Portugiesisch 11 und 16 Uhr), des holländischen Architekten Rem Koolhaas. Der polygonale Klangkristall aus weißem Beton erhebt sich über einem mit edlen Travertinplatten gepflasterten weiten Platz, die Stufen der steilen Treppe leuchten nachts neongrell. Innen überraschen schräge Baukörper, die sich überschneiden und ineinander übergehen. In der Casa da Música genießen Musikliebhaber die Konzerte des *Orquestra Nacional do Porto*, zudem Rock- und Pop-Konzerte, Jazz Sessions sowie experimentelle Musikaufführungen.

Die *Avenida da Boavista* führt in westlicher Richtung zu einem ausgezeichneten Museum für zeitgenössische Kunst. Das **Museu de Serralves** 21 (Di–Fr 10–17, Sa/So 10–19 Uhr, www.serralves.pt) zeigt in einer eleganten Villa aus den 1930er-Jahren und dem 1999 errichteten Ausstellungsgebäude des berühmten portugiesischen Architekten Álvaro Siza Vieira internationale und nationale Künstler der Gegenwart. Eine glückliche Symbiose zwischen Kunst und Natur stellt der großzügig gestaltete Park dar.

Jenseits des Douro

Die eiserne, 1881–85 durch Teófilo Seyrig errichtete Bogenbrücke **Ponte Dom Luís I.** 22 verbindet den Nordteil Portos mit dem Südteil. Die frei gespannte, doppelte Brücke aus 3000 t Eisen besteht aus einer Fahrebene in 60 m und einer ebenfalls befahrbaren unteren Ebene in 10 m Höhe. Unten ist die Brücke 174 m lang und 8 m breit, oben beträgt die Länge knapp 400 m, die Breite 6 m. Über die obere Fahrbahn gelangt man zum **Mosteiro da Nossa Senhora do Pilar** 23. Das Kloster wurde nach Plänen von Filippo Terzi zwischen 1540 und 1602 erbaut. Im Inneren gliedern 36 schlanke dorische Pilaster eine beeindruckende *Rotunde* von 20 m Durchmesser mit kassettiertem Kuppelgewölbe und siebenfenstriger Laterne. Von der *Kuppel* aus hat man einen herrlichen Blick auf die Altstadt.

Abendstimmung am Fluss – Ausflugsschiffe am Cais da Estiva

Der Vorort **Vila Nova de Gaia**, dessen Name das griechische Wort *Kalos* (schön) bewahrt, besitzt nicht nur beachtliche Kirchen und Klöster, sondern lockt vor allem mit zahlreichen **Portweinkellern**. Beinahe alle Portweinproduzenten bieten täglich Besichtigungen ihrer Lager und Weinproben an. Wer den *Tonoeiros*, den Böttchern, bei der Herstellung der typischen *Pipas* (Weinfässer) zuschauen möchte, muss bis nach *Paredes da Cima* im Douro-Tal fahren.

Ausflüge

TOP TIPP An der N 106-3, 10 km südwestlich von Penafiel, liegt die **Igreja Conventual de Paço de Sousa** – eine der schönsten romanischen Klosterkirchen des Landes. Der 1088 errichtete dreischiffige Granitbau gehörte ehemals zu einem Benediktinerkloster, von dem nur noch Teile des Kreuzgangs erhalten sind. Im Inneren der Kirche steht der *Sarkophag des Egas Moniz* (1080–1146), Vertrauter und Erzieher von Afonso Henriques und eine der bedeutendsten Persönlichkeiten der portugiesischen Geschichte: Weil sein Herr nach der Schlacht bei Mamede (1127) wortbrüchig geworden war, begab er sich mit seiner Familie freiwillig und mit einem Strick um den Hals in die Gewalt des kastilischen Königs Alfonso VII. Der Spanier verzieh dem aufrechten Moniz, der später bestimmte, nach seinem Tod in der Klosterkirche des Mosteiro do Salvador de Paço de Sousa beigesetzt zu werden. Die *Reliefplatten* des von Löwen getragenen Sarkophags schildern Episoden aus seinem Leben.

Wenige Kilometer nördlich von Porto, in der Nähe der N 13, stand einst das Benediktinerkloster **Leça do Bailio**, von dem nur noch die imposante Kirche erhalten ist. Das ursprünglich romanische Gotteshaus wurde 1330 im gotischen Stil umgebaut, geblieben ist die *Fassade* mit kräftigen Strebepfeilern und der *Turm*. Im *Inneren* sollte man die acht Pfeiler mit figurengeschmückten Kapitellen beachten. Den Sarkophag im Chor sowie das herrliche Taufbecken (1515) schuf Diogo Pires-o-Moço: An der Basis des Oktogons winden sich acht teuflische Tiere. Unter einem Schutzdach aus Beton, etwa 100 m von der Kirche entfernt, steht ein **Kreuz** (1514), das ebenfalls von Pires-o-Moço stammt.

Praktische Hinweise

Information

Posto de Turismo Ribeira, Rua do Infante D. Henrique 63, Porto, Tel. 222 06 04 12, www.visitporto.travel

Posto de Turismo Casa da Câmara, Terreiro da Sé, Porto, Tel. 223 32 51 74

Posto de Turismo Central, Rua Clube dos Fenianos 25, Porto, Tel. 223 39 34 72

Porto Card

Die Porto Card bietet freie Fahrt mit den meisten Metro-, mit allen Bus- und Straßenbahnlinien sowie mit der Guindais-Funicular, freien oder vergünstigten Eintritt in Museen sowie zahlreiche Ermäßigungen bei Veranstaltungen, Rundfahrten, in Restaurants und Geschäften. Sie ist in den Filialen des Posto de Turismo für 1, 2 oder 3 Tage erhältlich.

Portweinkellereien

Gegenüber vom *Cais da Ribeira*, am Ufer von *Vila Nova de Gaia*, können Besucher das Geheimnis des Portweins erkunden. Die Kellereien *(Caves do Vinho do Porto)* sind im Allgemeinen Mo–Fr 10–18 und Sa 10–13 Uhr geöffnet.

Cálem, Avenida Diogo Leite 344, Porto, Tel. 223 74 66 60, www.calem.pt

Burmester, Rua Barrão de Forrester 73, Porto, Tel. 223 74 72 90, www.burmester-porto.pt

Ramos Pinto, Avenida Ramos Pinto 400, Porto, Tel. 223 70 70 00, www.ramospinto.pt

Sandeman, Largo Miguel Bombarda 3, Porto, Tel. 223 74 05 33, www.sandeman.com

Schifffahrten

Am **Cais da Estiva** bieten zahlreiche Ausflugsschiffe 1-2 stündige Flussrundfahrten oder Tagestouren mit Mittag- oder Abendessen an.

Hotels

********Infante de Sagres**, Praça Filipa de Lencastre 62, Porto, Tel. 223 39 85 00, www.hotelinfantesagres.pt. Um 1900 im Stadtzentrum im Belle-Époque-Stil errichtetes Hotel mit exquisitem Restaurant.

******Hotel Fénix**, Rua Gonçalo Sampaio 282, Porto, Tel. 226 07 18 00, www.hfhotels.com. Die Betonfassade täuscht. Dahinter steckt ein modern-komfortables Hotel – nahe der Casa da Música.

*****Grande Hotel do Porto**, Rua de Santa Catarina 197, Porto, Tel. 222 07 66 90, www.grandehotelporto.com. Geschmackvoll renoviertes Hotel in der Fußgängerzone-mit Tradition seit 1880.

*****Hotel Internacional**, Rua do Almada 131, Porto, Tel. 222 00 50 32, www.hi-porto.com. Kleines, zentral gelegnes Hotel in einem ehem. Kloster.

Restaurants

Café Majestic, Rua de Santa Catarina 112, Porto, Tel. 222 00 38 87, www.cafemajestic.com. Traditionsreiches Belle-Epoque-Café mit guten Snacks (So gschl.).

Dom Manoel, Avenida de Montevideu 384, Porto, Tel. 226 17 01 79. Hier in Foz gibt es vor allem Fisch und Krustentiere. Speisen mit Blick aufs Meer (So geschl.)

Dom Tonho, Cais da Ribeira 13–15, Porto, Tel. 222 00 43 07, www.dtonho.com. Musiker Rui Veloso bietet exzellente regionale Küche aus 13 Landschaften Portugals.

Portucale, Rua da Alegria 598, Porto, Tel. 22 57 07 17. Dieses heimische Spezialitätenrestaurant ist ausgezeichnet.

In den repräsentativen Geschäftsräumen der alteingesessenen Portweinfirma Ramos Pinto

Tripeiro, Rua de Passos Manuel 195, Porto, Tel. 222 00 58 86, www.restaurantetripeiro.com Immer überfüllt, übergroße Portionen. Absolutes Muss (So geschl.).

2 Vila do Conde

Beliebter Badeort und Zentrum der Spitzenklöppler.

Die von den Römern am Rio Ave gegründete ›Stadt des Grafen‹, die 27 km nördlich von Porto liegt, wurde 953 erstmals urkundlich erwähnt. Sancho I. schenkte sie 1209 seiner Geliebten *Ribeirinha* (Dona Maria Paes Ribeira). An die einstige Bedeutung von Vila do Conde als Hafenstadt erinnern nur noch einige kleine Werften. Heute wird der hübsche Fischerort vor allem wegen seiner nahen, wenig touristischen Strände besucht.

Auf einem Hügel hoch über dem Rio Ave, wo einst das römische Kastell und später vermutlich die gräfliche Burg stand, erhebt sich das mächtige ehem. Karmeliterinnenkloster **Mosteiro de Santa Clara**. Zu besichtigen ist lediglich die Klosterkirche mit der eindrucksvollen *Capela da Conceição*, die man durch einen manuelinischen Torbogen betritt. Die quadratische Seitenkapelle wurde 1525 nördlich des Langhauses angebaut. Im Inneren ist das mit Familienwappen dekorierte Sternengewölbe besonders sehenswert. Hier stehen auch die prachtvoll gearbeiteten *Sarkophage* der beiden Stifter Dona Teresa Martins de Meneses aus der Familie jener königlichen Geliebten und Dom Afonso Sanches, ihr Gemahl und illegitimer Lieblingssohn von Diniz I. Die *Liegefiguren* (1526) erinnern an das berühmte königliche Liebespaar von Alcobaça, Inês und Pedro [s. S. 152]. An den Seitenflächen findet man kunstvolle *Basreliefs* mit Szenen aus dem Leben und der Passion Christi sowie Szenen aus dem Marienleben. Im *nördlichen Querhausarm* steht der auf Löwen gesetzte wappengeschmückte Sarkophag der Dona Brites Pereira († 1414), Tochter des hl. Nuno. Unmittelbar südlich der Kirche trifft man im Arkadenhof, einem Teil des alten Kreuzgangs, auf einen fein gearbeiteten, zweischaligen *Renaissancebrunnen*.

Die Altstadt von Vila do Conde wird von der wehrhaften Pfarrkirche beherrscht

Am Marktplatz in der Altstadt erhebt sich die **Igreja Matriz de São João Baptista**. Ein mächtiger, breiter Glockenturm vor dem linken Seitenschiff erdrückt fast die Fassade der düster und streng wirkenden Kirche, die 1500–14 über kreuzförmigem Grundriss mit Seitenapsiden und Zinnenkranz errichtet wurde. Das prunkvolle *manuelinische Hauptportal* mit Figurenkapitellen wird João de Castilho, einem der Hauptvertreter manuelinischer Baukunst, zugeschrieben. Im Tympanon unter einem Baldachin – eingefasst von den Symbolen der Evangelisten – steht die Statue des Stadt-und Kirchenpatrons Johannes des Täufers. Der dreischiffige *Innenraum* mit polygonaler Apsis zeigt den ganzen Reichtum der Kirche: Balkendecke im Langhaus, schräge Holzdecken der Seitenschiffe – im Mudéjar-Stil durch Balken in Einzelflächen gegliedert – reiche Gewölbe im Chor und in den Seitenapsiden sowie die mit polychromen Azulejos ausgekleidete *Capela dos Marinheiros* aus dem 16. Jh. Sehenswert ist auch das manuelinische *Taufbecken* mit anthropomorphen und vegetabilen Motiven, ebenso eine vergoldete Holzkanzel (spätes 17. Jh.). In den beiden *Querschiffkapellen* sind die Talha-Dourada-Altäre mit schönen Gemälden (Ende des 17. Jh.) eine Besichtigung wert.

Vor der Kirche kündet ein pittoresker **Pelourinho** (1582) mit gedrehtem Säulenschaft und dem ›Arm der Gerechtigkeit‹ von der Macht des Staates. Das um 1714 von Filippo Terzi auf 999 Bogen errichtete, 7 km lange und ausgezeichnet erhaltene **Aquädukt**, das von Terroso (Póvoa de Varzim) bis zum Kloster führt, endet hinter der Apsis.

Das kleine **Kunsthandwerkszentrum** (Rua 5 de Outubro, Tel. 252 24 84 73, Mo–Sa 9–12 und14–18 Uhr) sowie zahlreiche Souvenirgeschäfte erinnern an die hiesige

Nationales Symbol – der Hahn von Barcelos

Tradition des **Spitzenklöppelns**, für deren Pflege 1912 sogar eine eigene Schule eingerichtet wurde.

Ausflüge

An der N 206, 10 km nordöstlich von Vila do Conde, steht in *Rio Mau* an der Stelle eines frühchristlichen Heiligtums aus dem Jahr 597 die einschiffige romanische Klosterkirche **São Cristóvão**, die zu einem heute nicht mehr vorhandenen Augustinerkloster gehörte. Um 1151 wurde der schlichte Bau aus dunklem Granit errichtet, mit Ausnahme der erst später angefügten und mit Blendarkaden verzierten quadratischen Apsis. Bemerkenswert ist vor allem der Skulpturenschmuck: Das Tympanon des Westportals zeigt einen Bischof mit Stab und Mitra, der segnend die Hand erhebt. Im Tympanon des Nordportals bekämpfen sich zwei Fabeltiere. Die Kapitelle am Triumphbogen stellen Szenen aus der portugiesischen Geschichte dar.

An der N 206, 4 km nördlich von Rio Mau, trifft man auf die Kirche von **São Pedro de Rates**, eine der kunstgeschichtlich bedeutendsten Kirchen Portugals. Das romanische Gotteshaus wurde vermutlich zu Beginn des 12. Jh. von burgundischen Cluniazensermönchen errichtet. Der hl. Pedro soll mit eigenen Händen das *Oratorium* von Rates erbaut haben, bevor er am Fuß des Altars durch römische Soldaten den Märtyrertod erlitt. Besonders eindrucksvoll ist das *Hauptportal* mit dem vorzüglich gearbeiteten Figurenschmuck; das Südportal zeigt mozarabische Ornamentik. Im Kircheninneren sind neben figürlichen Säulenkapitellen vor allem die Steinskulpturen am romanischen Taufbecken sehenswert (Ende 12. Jh.).

i Praktische Hinweise

Information

Posto de Turismo, Avenida 25 de Abril 103, Vila do Conde, Tel. 252 24 84 73, www.cm-viladoconde.pt

Hotel

******Estalagem do Brasão**, Avenida João Canavarro, Vila do Conde, Tel. 252 64 20 16, www.estalagemdobrazao.com. Gediegens Hotel mit komfortablen Zimmern in zentraler Lage.

Restaurant

Pensão Patarata, Cais Lavandeiras 18, Vila do Conde, Tel. 252 63 18 94. Das sympathische Lokal, das auch einige Zimmer zur Übernachtung anbietet, wird auch von Einheimischen gern besucht.

3 Barcelos

Der Wochenmarkt in Barcelos gilt als einer der größten in ganz Europa.

Donnerstags gehört die Stadt den Händlern und den Bauern, Holzschnitzern und Winzern, die auf dem **Campo da Re-**

Viana do Castelo – das portugiesische Rothenburg ob der Tauber ▷

pública, dem Marktplatz von Barcelos (5000 Einw.) ihre Töpfe und Körbe, Leintücher und Strohhüte, ihr Gemüse und Obst feilbieten. Die Korbflechter aus Vila Boa, Remelhe und Martim, die Töpfer aus Manhente, Galegos de Santa Maria und Lama, die Schnitzer aus São Paio de Carvalho – sie alle verlassen für diesen Markttag ihre Dörfer und kleinen Werkstätten.

Barcelos ist reich an Geschichte und Geschichten: Die **Legende vom Hahn**, der den Triumph der Gerechtigkeit verkündet, lässt sich beispielsweise bis ins 14. Jh. zurückverfolgen, als ein junger Mann aus Galizien für ein Verbrechen gehängt werden sollte, das er nicht begangen hatte. In seiner Not wandte er sich an die Jungfrau Maria und den hl. Jakob. Mit dem Mut der Verzweiflung rief er den gerade speisenden Richtern zu: »Dies gebratene Huhn wird zu krähen anfangen, wenn ich die Wahrheit sage.« Der Hahn krähte, und aus Dankbarkeit ließ der junge Mann dort, wo in Barcelos der Galgen stand, eine steinerne **Statue** für seinen gefiederten Retter errichten.

Der *Campo da República* ist der Mittelpunkt des Lebens in Barcelos und zugleich einer der größten Marktplätze Portugals. An der Nordseite der Praça befindet sich die einschiffige Klosterkirche **Igreja do Terço** (1705). Die *Kassettendecke* illustriert auf 55 Bildtafeln Szenen aus dem Leben des hl. Benedikt von Nursia. An den *Seitenwänden* findet man 14 großformatige Azulejo-Tableaus (1720) mit Szenen aus der Vita des Heiligen, die António de Oliveira Bernardes zugeschrieben werden. Die reich mit Blumen, Vögeln, Engeln und geometrischen Mustern verzierte *Steinkanzel* stammt von Gabriel Rodrigues, die Fliesen in der *Capela-mor* werden dem anonymen Fliesenkünstler PMS zugeschrieben.

Auf den Ruinen einer manuelinischen Kapelle steht etwas weiter in südwestlicher Richtung die italienisch inspirierte, oktogonale **Igreja do Bom Jesus da Cruz** (17. Jh.) mit ihrer ausladenden Granitkuppel (10 m Durchmesser), zwei kleinen Türmchen sowie einer umlaufenden Balustrade. Barocke Talha-Dourada-Altäre, zwei Porträts der Könige Fernando II. und Luís I. sowie Azulejo-Friese mit Szenen aus dem Leben des São Bento zieren den marmorgeschmückten *Innenraum* des Gotteshauses. Neben der Kirche erhebt sich die aus mächtigen Granitblöcken erbaute quadratische **Torre de Menagem**. Ihre 2 m starken Mauern sind Reste der mittelalterlichen Stadtbefestigung aus dem 15. Jh. Heute sind hier die Tourismusinformation sowie eine kleine Kunsthandwerksausstellung untergerbracht.

Geht man vom Turm bergab in die pittoreske Altstadt, gelangt man zum mittelalterlichen, nicht mehr vollständig erhaltenen Palast *Paços dos Condes de Bragança* (15./16. Jh.), in dem das **Museu Arqueológico** (Sommer tgl. 9–19, Winter bis 17.30 Uhr) untergebracht ist. Es zeigt Exponate aus der Region von der Römerzeit bis zum Mittelalter. Höhepunkt der Sammlung ist der *Cruzeiro do Senhor do Galo*, ein Wegkreuz aus dem 14. Jh., das auf die Legende vom krähenden Hahn verweist.

Nahebei in der Rua Cónego Joaquim Gaiolas lohnt das **Museu de Olaria** (Di–So 10–12.30, 14–18 Uhr) mit seiner Kollektion von Töpferwaren für den Hausgebrauch und bunten glasierten Keramikhähnen einen Besuch. Neben dem Museum steht die **Igreja Matriz**, die ursprünglich im 13. Jh. erbaut und später mehrfach

umgestaltet wurde. Besonders eindrucksvoll sind das romanische Portal mit fantastischer Fensterrose sowie ein graziles Chorgewölbe im Inneren der üppig dekorierten Kirche. Unweit der Igreja Matriz flankieren zwei Türme den gotischen **Solar dos Pinheiros** (1448). Der Adelspalast besitzt eine lange Fassade, ein gotisches Portal sowie einen Arkadenhof. Zwischen dem Museum und dem Solar ragt ein gotischer **Pelourinho** (Schandpfahl) mit sechskantiger Säule und laternenähnlichem Aufsatz (15. Jh.) empor. Ein weiteres sehenswertes Turmhaus ist die **Torre dos Azevedos** (16. Jh.), der Ende des 18. Jh. Seitenflügel angesetzt wurden.

i Praktische Hinweise

Information

Posto de Turismo, Torre de Menagem, Largo Dr. José Novais 8, Barcelos, Tel. 253 81 18 82, www.cm-barcelos.pt

Hotel

*****Residencial Dom Nuno**, Avenida Dom Nuno Álvares Pereira 76, Barcelos, Tel. 253 81 28 10, www.residencial-dnuno.com. Gilt nach wie vor als erstes Haus am Platz.

4 Viana do Castelo

TOP TIPP

Die ›schöne Stadt‹ an der Mündung des Rio Lima besitzt zahlreiche Bauten aus Renaissance und Barock, bietet aber auch lange Sandstrände.

Die Schönheit dieser Gegend wird seit langer Zeit schon von allen gepriesen, die hierher kamen. Eine **Legende** erzählt, dass die erste Zenturie, die an den Ufern des Flusses Lima ankam, so überwältigt war von der Schönheit des Ortes, dass sie nicht wagte, den Fluss zu überqueren. Die Männer fürchteten außerdem, ihr Gedächtnis zu verlieren, in der Annahme, es handle sich um **Lethe,** den mythologischen Fluss des Vergessens. Erst als der Befehlshaber mit erhobenem Schwert ins Wasser stieg, folgten die Soldaten.

Die Stadt mit dem ursprünglichen Namen *Viana da Foz do Lima* wurde 1258 von Afonso III. (1248–1279) gegründet. Ihr Reichtum zog sowohl Spanier als auch Piraten an, sodass im 16. Jh. an der Flussmündung ein **Bollwerk**, die Rochetta, zur Verteidigung errichtet wurde. Heute leben etwa 40 000 Einwohner in Viana.

Die im Stadtzentrum gelegene **Praça da República** ist sicherlich einer der malerischsten mittelalterlichen Plätze Portugals, wenn nicht sogar der Iberischen Halbinsel. Die Praça geht auf den kunstsinnigen Manuel I. zurück, der oft und gern in der Stadt weilte. Häufig entdeckt man die manuelinischen Dekorationen an Türrahmen und Säulen. Oft kopiert, aber nie erreicht: der elegante dreischalige **Renaissancebrunnen** (1553) von João Lopes-o-Velho. Ein wahres Schmuckstück ist die im frühen 16. Jh. aus düsteren Granitquadern errichtete, zinnengekrönte und mit den Symbolen Manuels I. geschmückte Fassade des **Paço do Concelho** (Altes Rathaus). Unter den Arkaden wurde einst Brot verkauft, im obersten Stockwerk tagte der Stadtrat. Südöstlich der Praça steht die in der 1. Hälfte des 15. Jh. erbaute und im 19. Jh. umgestaltete, von zwei zierlichen zinnengekrönten Fassadentürmen flankierte Hauptkirche des Ortes, die **Igreja Matriz**. Das *Portal* beeindruckt mit einer Christusfigur im Bogenfeld und einer Fensterrose. Im Inneren sind mehrfarbige Holzskulpturen, ein Taufstein und in der barocken Sakristei eine herrliche Holztruhe zu bewundern. Auch die reich *verzierte Holzdecke* sowie ein kostbares Gemälde mit der Taufe Jesu sind sehenswert.

Neben der Kirche steht die im 15. Jh. erbaute und mit Wappen verzierte **Casa de João Lopes-o-Velho**. Nördlich der Praça liegt der Komplex des ehemakligen Armenhauses *Misericórdia*, daneben die eigenwillige **Igreja da Misericórdia** (16. Jh., restauriert 1714). Vom Baumeister wurden die strengen Geraden unterbrochen, indem Loggien in die Fassade gehängt und Arkaden integriert wurden, die von Atlanten und Karyatiden getragen werden. Der *Innenraum* ist ein wahrer Rausch aus barockem Talha Dourada und Azulejos von António und Policarpo de Oliveira Bernardes. Östlich der Praça errichtete Frei Julião Romero, einer der bedeutendsten Baumeister in Nordportugal, ein Juwel der portugiesischen Renaissance: die **Igreja de São Domingos** (1566–75). Sie besitzt eine strenge Fassade sowie bemerkenswerten Talha-Dourada-Schmuck im rechten Kirchenschiff. Am Platz vor dem Gotteshaus befindet sich in einem Stadtpalais aus dem 18. Jh. das interessante **Museu Municipal** (Juni–Sept. Di–So 10–13, 15–19, sonst bis 18 Uhr). Das Stadtmuseum beeindruckt vor allem mit seiner Porzellan- und Keramiksammlung, darunter Azulejogemälde und Stücke aus dem 17. Jh. von der in Viana einst ansässigen Manufaktur, sowie mit Mobiliar aus den ehemaligen Kolonien.

Viana hat bezaubernde Straßen mit vielen denkmalgeschützten Häusern und wertvoller Bauplastik, wie etwa die Rua do Tourinho, Rua Gago Coutinho, Rua da Bandeira, Rua do Poço, Rua de São Pedro und Rua de Viana. Unter den Barockpalästen ist vor allem die **Casa dos Malheiros Reimões** zu erwähnen, die André Soares 1758 erbaute (Rua Gago Coutinho). In der Rua de São Sebastião stehen sehenswerte klassizistische Gebäude.

Ausflüge

Zwischen Caminha und der spanischen Grenze locken kilometerlange einsame **Sandstrände**. Ideal zum Strandhopping ist die Eisenbahn von Viana do Castelo nach Caminha – jeder Stopp ein Bade-Genuss!

Der **Monte Santa Luzia** gibt der Landschaft um Viana ein unverkennbares Profil. Auf den Gipfel 4 km nordöstlich der Stadt baute man in den 1920er-Jahren – im Stil der Pariser Sacre-Cœur – eine eklektizistisch geratene **Wallfahrtskirche**. In der Nähe findet man die Ruinen der vorrömischen Siedlung **Cidade Velha de Santa Luzia**, Vorläuferin des heutigen Viana. Die Wanderung zum Gipfel führt entlang einer museumsreifen Seilbahn durch Eukalyptus- und Pinienwälder.

i Praktische Hinweise

Information

Posto de Turismo, Rua do Hospital Velho/ Praça da Erva, Viana do Castelo, Tel. 258 82 26 20, www.cm-viana-castelo.pt

Hotels

*****__Casa Melo Alvim__, Avenida Conde da Carreira 28, Viana do Castelo, Tel. 258 80 82 00, www.meloalvimhouse.com. Zentral gelegenes Haus aus dem 16. Jh. mit gemütlichen Zimmern und modernem Komfort.

TOP TIPP ***__Casa da Torre da Nossa Senhora das Neves__, Largo da Casa da Torre das Neves, Vila de Punhe, (10 km südöstl. von Viana do Castelo), Tel. 258 77 13 00, www.casatorredasneves.com. Hinter den meterdicken Mauern des Herrenhauses verbergen sich vier Zimmer und eine Suite mit Zugang zum idyllischen Garten. Gefrühstückt wird im Anbau am Pool, diniert im vornehmen Speisesaal.

Wehrhaft und trutzig – die zinnenbewehrte Kollegiatskirche Igreja Matriz von Caminha

Restaurant

O Manel, Rua do Hospital Velho 80, Viana do Castelo, Tel. 258 82 28 85. Das kleine Restaurant ist berühmt für sein Leitão assado (gegrilltes Spanferkel). Unbedingt einen Bagaço caseiro (hausgebrannten Trester) probieren.

5 Caminha

Grenzstadt mit Blick auf Spanien.

Dort, wo der *Rio Coura* und der spanisch-portugiesische Grenzfluss *Minho* zusammenfließen, liegt das verschlafene **Fischerstädtchen** Caminha. Die einst stark befestigte Stadt, die wegen ihrer strategischen Lage – südwestlich der spanischen Feste Santa Tecla – Stützpunkt der Verteidigung Nordportugals gegen Galizien war, lockt heutzutage zahlreiche Touristen an. Zum einen besitzt der Ort eine der interessantesten Kirchen Portugals, ferner befinden sich südwestlich von Caminha mehrere attraktive **Strände**, wie die *Praia de Moledo,* die *Praia do Pirata* oder die von *Vila Praia de Âncora.*

Der Torbogen des Uhrturms führt zur **Igreja Matriz.** Zwischen 1480 und 1556 errichteten im Auftrag der Bürger der Stadt – und auf deren Kosten – die aus Galizien und dem Baskenland stammenden Architekten Pêro Galego, João und Tomé de Tolosa, Francisco Fial und Diogo Eanes die *Festungskirche* im spätgotischen Stil. Apsis und Apsidiolen sind manuelinisch, die Westfassade und der trutzige, zinnengekrönte Turm wurden im Renaissancestil gebaut. Der dreischiffige Bau mit polygonaler Apsis und seitlich an die Hauptfront gesetztem Turm gehört zu den herrlichsten Anlagen aus der Übergangszeit von der Spaätgotik zur Frührenaissance in Nordportugal. Zwei Strebepfeiler mit Fialentürmchen gliedern das Portal der *Renaissancefassade* bis hoch über die Giebel. Darüber liegen ein üppig ornamentierter *Fries* aus Grotesken und Engelsköpfen, eine ornamental gefasste *Rose* und am Giebelkreuz ein Lamm Gottes. Ein *Wasserspeier* in der nördlichen Ecke der Apsis entblößt – ähnlich wie bei der Sé von Guarda – sein Hinterteil. Die Figur streckt es in Richtung der Spanier, die als die Erzfeinde der Portugiesen gelten. Die Statue der von Engeln flankierten *Nossa Senhora dos Anjos* mit dem Kind befindet sich im dreieckigen Giebelfeld der Fassade, darüber die Statue des gekreuzigten Christus. Das 45 m lange, 16,5 m breite und 16 m hohe *Kirchenschiff* besitzt die vielleicht schönsten geschnitzten Holzdecken Portugals: Aus dreizehn achteckigen Paneelen sowie oktogonalen maurischen Zapfen besteht die *Decke* aus Ahornholz. Geschnitzte Decken im Mudéjar-Stil mit geometrischen Verschlingungen schmücken die 9 m hohen *Seitenschiffe*. Links vom Eingang steht ein hervorragend gearbeiteter *Taufstein* im manuelinischen Stil. Die *Capela dos Mareantes* (Anfang 16. Jh.) bewahrt ein bemerkenswertes Bild des gekreuzigten Christus, das angeblich von den Fischern aus dem Meer geborgen worden sein soll. Darüber hinaus sieht man eine überlebensgroße *Christophorus-Statue*. Mit den typischen portugiesischen Fliesen sind die Wände der Kapelle verkleidet.

An der von alten Linden bepflanzten **Praça do Conselheiro Silva Torres** stehen mehrere kunsthistorisch bedeutsame Bauten wie etwa der zweistöckige, manuelinische **Paço do Concelho** (Rathaus) aus dem 17. Jh. mit Laubengang und einer imposanten Kassettendecke im Sitzungssaal. Sehenswert ist auch der um 1490 vom galizischen Adeligen Inigo Lopes de Anuncibay errichtete gotische **Palácio dos Pitas** mit einem merkwürdig stilisierten Zinnenkranz. Davor steht der von João Lopes-o-Velho geschaffene dreischalige **Chafariz**, ein Renaissance-Brunnen aus Granit von 1551, darüber ein Christuskreuz und eine Armillarsphäre als Symbole der portugiesischen Seemacht. Gegenüber der Praça erhebt sich die quadratische und zinnengekrönte gotische **Torre do Relógio** (Uhrturm) aus dem 15. Jh. Früher war sie ein Teil der Stadtbefestigung. Über dem Torbogen ist die Zahl 1673 sowie eine kleine Statue der *Senhora da Conceição* zu sehen. Lohnend ist auch Bummel durch die **Rua Direita** mit ihren einstöckigen Häusern mit ihren rot bemalten Türen und Fensterrahmen.

i Praktische Hinweise

Information

Posto de Turismo, Rua Ricardo J oaquim Sousa, Caminha, Tel. 258 92 19 52, www.rtam.pt

Hotel

*****Quinta da Graça**, Lugar da Graça-Vilarelho, Tel. 258 92 11 57. Herrenhaus aus dem 17. Jh. Von der Terrasse hat man einen herrlichen Blick auf den Minho.

Restaurant

O Barão, Rua Barão de São Roque 33, Caminha, Tel. 258 72 11 30. Im ›Baron‹ sollte man unbedingt den *Arroz de Mariscos* (Reis mit Meeresfrüchten) probieren, dazu einen kräftigen Rotwein.

6 Valença do Minho

Die einstige Stadt der Jakobspilger lockt spanische Shopping-Touristen.

Die Ende des 12. Jh. durch Sancho I. besiedelte alte römische Grenzfestung Valentia war im Mittelalter beliebte Station der Jakobspilger auf ihrem Weg nach Santiago de Compostela. Heute ist die grenznahe Stadt (ca.2000 Einw.) ein Mekka für spanische Einkaufstouristen, die in den engen Gassen nach günstigen Textilien und Haushaltswaren suchen.

Man betritt die von einer mächtigen Festungsmauer umgebene Altstadt **Zona Muralhada** durch die wunderschönen Tore *Porta da Coroada* oder *Porta do Meio*. Häusern mit vorkragenden Gesimsen, Granitbalkonen und skulptierten Türstürzen prägen den Ort. Sehenswert ist neben der im 17. Jh. neu angelegten massiven **Festung** die 1919 restaurierte romanische Kirche **Santa Maria dos Anjos** (1276). Ebenso lohnt sich die Besichtigung der dreischiffigen **Igreja de Santo Estevão** (um 1400) mit ihrer Renaissancefassade. Sie wurde 1792–1805 als Kollegiatskirche neu errichtet und besitzt sechs Gemälde mit dem Kirchenheiligen sowie ein Bild der ›Virgem do Leite‹ (15. Jh.). Ferner sieht man einen gut erhaltenen Bischofsstuhl aus der zweiten Hälfte des 15. Jh. Der römische Meilenstein aus der Zeit von Kaiser Claudius vor der Kirche wurde auf der alten *Via Romana* gefunden, die einst Braga und Tui verband.

i Praktische Hinweise

Information

Posto de Turismo, Praça da República, Valença do Minho, Tel. 251 80 95 00, www.cm-valenca.pt

Hotel

*****Residencial Pensão Ponte Seca**, Avenida Tito Fontes, Valença do Minho, Tel. 25 12 25 80. Innerhalb der Festungsmauern nahe der Grenzbrücke zwischen Spanien und Portugal.

7 Monção

Stadt der Ritter- und Drachenspiele.

Für den Dichter António Ribeiro Chiado zählte nur der **Wein**, der aus der Umgebung von Monção kam und den er für den besten des Landes hielt. Noch stolzer als auf ihren Wein sind die Bewohner des mittelalterlich verträumten Städtchens (ca. 2500 Einw.) aber auf das Mädchen *Deu-la-Deu Martins*, das 1368 mit einer psychologischen Kriegslist die Belagerung durch die Spanier beendete: In einer Truhe ließ sie ein aus den letzten Mehlresten gebackenes Brot über den Minho setzen mit der Nachricht ›Wenn ihr mehr braucht, lasst es uns wissen‹. Derart demotiviert zogen die Spanier ab. Heute noch backt man zu Ehren der Stadtheldin *Paozinhos*, kleine Brotkuchen.

Kampfspiele liegen den Bewohnern von Monção scheinbar im Blut, und so lassen sie bei der jährlichen **Festa da Coca** an Christi Himmelfahrt den hl. Georg gegen die Coca kämpfen. Die Coca ist ein 2 m hoher und 5 m langer, furchterregender Drache. Das Schuppentier mit gespaltenem Schwanz und ein gewaltigem Maul soll das Böse symbolisieren. Im Inneren des Drachens stehen zwei Männer und bewegen das Untier vorwärts auf den behelmten und gerüsteten hl. Georg zu, der das Gute verkörpert – und natürlich gewinnt.

Der **Largo do Loreto** bildet das Zentrum der verträumten, von Wällen und Türmen geschützten und von verwinkelten Gassen durchzogenen Kleinstadt am Minho. Die ursprünglich romanische **Igreja de Santa Maria dos Anjos** wurde später im manuelinischen Stil umgebaut. Aus dieser Zeit stammt auch das Hauptportal. Sehenswert ist auch der mit *Azulejos* verzierte Chor, eine polychrome Madonna unter einem gotischen Baldachin sowie der kostbare Kirchenschatz (maurische Schatulle, 13 kg schwere Monstranz aus vergoldetem Silber). In der *Capela do Cruzeiro* steht der Kenotaph der Deu-la-Deu Martins (1679). An die gefeierte Lokalheldin erinnert auch das **Denkmal** an der Nordseite der Praça, auf dem sie mythologisch als *Danaide* dargestellt ist.

i Praktische Hinweise

Information

Posto de Turismo, Casa do Curro, Monção, Tel. 251 65 27 57, www.rtam.pt

Hotel

******Casa de Rodas**, Lugar de Rodas, Monção, Tel. 251 65 21 05. In mittelalterlichem Stil eingerichtete Zimmer in einem Herrenhaus aus dem 16. Jh.

8 Parque Nacional da Peneda-Gerês

TOP TIPP *Naturparadies mit unvergleichlicher Fauna und Flora.*

Die *Serra da Peneda* und die *Serra do Gerês* sind die wichtigsten Gebirgszüge innerhalb des nach ihnen benannten Nationalparks. Er ist der größte und zu-

Junge Leute verlassen den ländlichen Norden – zurück bleiben die Alten und das Vieh

Das restliche Europa scheint meilenweit entfernt – Bergdorf Pitões das Júnias

gleich älteste der zehn portugiesischen Nationalparks, umschließt hufeisenförmig die Serras da Peneda, do Soajo, Amarela und do Gerês und 72 000 ha. Die Distrikte **Viano do Castelo** (Melgaço, Arcos de Valvedez und Ponte da Barca), **Braga** (Terras de Bouro) und **Vila Real** (Montalegre) teilen sich diesen wohl eindrucksvollsten und mit Sicherheit ursprünglichsten Nationalpark Portugals. Entlang der über 80 km langen Grenze zu Spanien leben 15 000 Menschen in 114 Dörfern in einem Gebiet, dessen höchste Erhebungen der Giesto (1337 m), Outeiro Alvo (1314 m), Pedrara (1416 m), Lourica (1355 m), Borrageiro (1433 m), Novosa (1515 m) und Fornos da Fonte Fria (1456 m) sind. Außergewöhnlich ist die **Flora** des Areals: Hier wachsen portugiesische Schlehen, Edelkastanien, Faul- und Erdbeerbäumchen. Ebenso gibt es jahrhundertealte Eichen und Eukalyptus-Bäume. Nicht minder spannend ist die **Tierwelt**. Das Gelände bietet ideale Lebensbedingungen für Wölfe und Wildkatzen, Königsadler, Goldadler, Bussarde, Hühnerhabichte, Rote Milane, Falken und Adlereulen, dunkelgefleckte Ginsterkatzen, Feuersalamander und Schlingnattern, Wildschweine, Marder, Füchse und Ottern. Selbst galizisch-lusitanische Wildpferde durchstreifen noch immer das Reservat. Mit seinen herrlichen Berg- und Stauseen, steilen Felsschluchten und abgelegenen Gebirgsdörfern gehört der Nationalpark zu den schönsten immergrünen Landschaften der Iberischen Halbinsel.

Landschaftsidylle im Nationalpark Peneda-Gerês – urwüchsige Wälder, zerklüftete Bergketten und malerische Stauseen ▷

In diesem weiten ruralen Raum haben fünf Jahrtausende menschlicher Besiedlung das Gesicht der Landschaft geprägt. Davon zeugen die mehr als 5000 Jahre alten **Dolmengräber** bei Castro Laboreiro, Mourela, Mezio, Paradela, Cambeses, Pitões und Tourem. In Bouça do Colado (Lindoso) wurden acht Felsen mit spiralenförmigen **Inschriften** entdeckt, die große Ähnlichkeit mit der galizischen Felsmalerei aufweisen. In *Ermida* (Ponte da Barca) steht ein vorgeschichtlicher **Menhir**, ein aufgestellter Stein. Im Tal des Rio Lima führt eine Straße zum Dorf **Cidadelhe** mit seinen schwarzen Granithäusern samt Außentreppen, früher ein keltiberisches *Castro* (Lager). In **Outeiro de Castro** wurden drei vorrömische Zangen aus Gold gefunden.

Und noch immer zeugen alte **Römerstraßen**, die vom portugiesischen Grenzübergang *Portela do Homem* Richtung Covide verlaufen, und Meilensteine von der römischen Herrschaft und intensiven Besiedlung Nordportugals. Südlich von Vilarinho und westlich von Caldas do Gerês verbergen sich in einem unwegsamen Gewirr von Felsbrocken die Überreste der keltischen oder römischen Siedlung **Caledónia**. Geheimnisvolle Erosionsformationen wie die überdimensionale **Tartaruga** (Schildkröte) bei Castro Laboreiro, die ihren Granitpanzer zum Castelo de Castro Laboreiro zu schieben scheint, geben der Landschaft besonders in der Abenddämmerung eine geheimnisvolle Atmosphäre. Drei große *Stauseen* prägen den Park, zwei liegen im Tal des Rio Cavado, der den Nationalpark im Osten und Süden begrenzt. Die Stauseensysteme von **Albufeira de Canicada** und **Albufeira de Paradela** greifen mit ihren schmalen Wasserfingern weit in die Waldregion hinein.

Camper und Rucksacktouristen, von den Einheimischen *Caracóis* (Schnecken) genannt, weil sie ihr Dach-über-dem-Kopf stets dabei haben, werden heute nicht mehr geduldet. **Übernachtungsmöglichkeiten** gibt es nur bei Gerês, Lamas de Mouro im Norden, bei Mezio am Fuße der Serra da Peneda und am Entre-Ambos-os-Rios.

Überall im Park begegnen einem die Wahrzeichen Nordportugals: die **Espigueiros** (Maisspeicher), die mit der Einführung des Maisanbaus im 18. Jh. aufgestellt wurden. Man errichtete sie auf Stelzen aus rundgebogenen Ästen mit einem spitzen Strohdach. Später waren

sie aus witterungsbeständigem Granit. So war die Ernte gegen Ratten und Fäulnis geschützt. Besonders schöne Espigueiros sind bei *Soajo* und *Lindoso* zu sehen. Aber auch im Zentrum gibt es zahlreiche Bauwerke und Naturschönheiten zu sehen: **Burgruinen** (Melgaço, Lindoso, Castro Laboreiro), **romanische Kirchen** und **Kapellen** (Melgaço: Igreja Matriz, Igreja de Nossa Senhora da Orada; Pitões das Júnias: Santa Maria de Pitões das Júnias), **Wallfahrtskirchen** (Nossa Senhora da Peneda südl. von Castro Laboreiro), uralte **Pelourinhos** (Soajo), **Aussichtspunkte** (Fraga Negra bei Gerês, Portela do Homem bei Lindoso) sowie **Stauseen** (Vilarinho das Furnas, Barragem de Salamonde, Barragem de Cançada).

i Praktische Hinweise

Information

Parque Nacional da Peneda-Gerês, Avenida António Macedo, Braga, Tel. 253 20 34 80, www.icn.pt

Porta do Parque, Mezio, Cabanna Maior, Tel. 258 51 01 00

Porta do Parque, Campo do Gerês, Tel. 253 35 18 88, www.cm-terrasdebouro.pt

Porta do Parque, Eco-museu de Barroso, Terreiro do Açougue, Montalegre, Tel. 276 51 02 03.

Unterkunft

Casas de Abrigo (Schutzhäuser): Elf Forsthäuser aus Granit mit jeweils 4 Schlafzimmern und Solarheizung wurden im gesamten Naturpark an extrem schönen Stellen errichtet. Buchung nur über die Parkverwaltung in Braga [s. o.].

9 Bravães

Eine der bedeutendsten romanischen Burgkirchen Portugals.

Am Ortsende von Bravães – an der Straße von Ponte da Barca nach Ponte de Lima – befindet sich die schlichte, aus mächtigen dunklen Quadern aufgetürmte **Igreja de São Salvador** (um 1125). Die Kirche besteht aus zwei aneinander gesetzten, rechteckigen Bauteilen von bescheidenen Ausmaßen. Das überreich geschmückte romanische *Westportal* erinnert in seinem Skulpturenschmuck an das Südportal von Santiago de Compostela. Vier ornamentierte und bildhaft ausgestaltete *Archivolten* ruhen auf skulptierten Säulen. Die acht Gewändesäulen und fünf Bogenläufe werden von überlangen skulptierten Menschenfiguren, vegetabilen oder geometrischen Mustern geschmückt. Die *Ikonographie* der Portale ist für Portugal ungewöhnlich und konnte bis jetzt nicht eindeutig bestimmt werden. Den einfachen Querbalken über der Tür tragen zwei Widderköpfe. Das romanische *Tympanon* zählt zu den wenigen aus dieser Epoche mit menschlichen Figuren: Christus sitzt auf dem Thron, die eine Hand segnet, die

Speicher auf Stelzen – Espigueiros sind die Wahrzeichen des Nordens

Herrliche Natur umgibt die Wallfahrtskirche Nossa Senhora da Penada

andere hält ein Buch. Zwei Minho-Bauern (Soldaten?) halten die Mandorla. Das Tympanon des lange vermauerten *Nordportals* wurde später aus gefundenen Teilen zusammengesetzt. Hier bilden Vierfüßler verschiedener Größe das Geflecht in der Mitte. Über den Quadern des *Südportals* wölbt sich ein dreifacher, schön ornamentierter Bogen über dem Tympanon. Auf dem Basrelief zwischen dem von zwei Löwenköpfen getragenen Schlussstein und dem Halbrund findet man ein in Portugal häufig vorkommendes Motiv: Lamm und Kreuz (Agnus Dei). Im *Innenraum* sind besonders die von kleinen Säulen gerahmten Fenster, eine mit einem Tierfries dekorierte Triumphbogenwand und die rechteckige Apsis

Traditioneller Ackerbau im Minho

mit Fresken des 14. Jh. bemerkenswert. Bei der Restaurierung konnte der ursprüngliche romanische Zustand wieder hergestellt werden. Nur die Fresken aus späterer Zeit wurden abgelöst und dem *Museu Nacional de Arte Antiga* in Lissabon übergeben.

10 Braga

Das portugiesische Rom.

Die **Stadt der Erzbischöfe** ist geprägt von den spätbarocken Gebäuden, die im Auftrag des Erzbischofs José de Bragança entstanden. Viele der Entwürfe stammen vom lange verkannten Baumeister André Soares (1720–1769). Seine meist theatralischen Fassaden bestimmen das Stadtbild mehr als die anderer Baumeister. Der barocke Stil dominiert aber nicht nur Bragas Kirchenbauten, sondern zeigt sich auch an den Profanbauten, wie zum Beispiel an der **Praça dos Touros** (1752) oder der **Câmara Municipal** (1754), dem alten Rathaus. Weitere barocke Ensembles stehen am Campo das Hortas, Largo de Porta Nova, Campo da Vinha, Largo do Colégio de São Paulo und dem Largo do Reducto. Bis ins 16 .Jh. reichen die Ursprünge der großen **Prozessionen** zu Ehren Johannes des Täufers (23./24. Juni) zurück, an denen alljährlich Menschen aus allen Teilen des Landes teilnehmen. Kaum weniger populär sind die religösen Feierlichkeiten in der **Semana Santa** (Karwoche).

Die *Rua do Souto* führt ins Herz der Altstadt. Auf der einen Seite liegt der **Antigo Paço Episcopal** (ehem. Bischofspalast), heute eine Bibliothek, auf der anderen die alte **Sé** (tgl. 8.30–18.30 Uhr, www.sebraga.pt), Portugals älteste Kathedrale. Noch heute sagen die Leute, wenn sie auf etwas sehr Altes hinweisen, es sei »älter als die Sé in Braga«. Mit dem Bau der romanischen Kathedrale wurde nach 1100 begonnen. Von der 1. Hälfte des 16. Jh. bis zum 18. Jh. wurde sie mehrfach umgestaltet. Romanisch sind nur noch die Grundstruktur, Teile des beschädigten Westportals mit den äußeren Archivolten, das Südportal und die Balustraden des Querhauses sowie mehrere Kapitelle im südlichen Seitenschiff. Zwei niedrige Westtür-

◁ *Der ehemalige Bischofspalast in Bragas Altstadt birgt heute kostbare alte Bücher*

me flankieren die großartige **Barockfassade** [A]. Die Bogen der im gotischen Stil errichteten Vorhalle wurden 1772 mit einem eleganten schmiedeeisernen Gitter (*Reixa*) versehen. Das **Südportal** [B] ist eines der interessantesten Bauteile der Kathedrale. Je drei Säulen mit reich verzierten Kapitellen flankieren links und rechts den Eingang. Das *Tympanon* ist von einem Malteserkreuz durchbrochen, ein mit Knöpfen geschmücktes Bandgeflecht entspringt Löwenmäulern.

Der dreischiffige, im 18. Jh. barockisierte **Innenraum** ist äußerst beeindruckend: Majestätisch wölbt sich über wuchtigen Pfeilern das hohe Kirchenschiff. Das manuelinische **Taufbecken** [C] aus dem 16. Jh. links vom Eingang ist mit verschlungener Ornamentik gestaltet, sein Schaft und die Basis mit Engeln und Löwenskulpturen. Im Barock baute man den Hochchor an der Westseite ein. Blickfang ist die verschwenderisch dekorierte *Orgel* (1733–39), die Marceliano de Araújo von den Seiten bis in die Kuppel hochzog. Nicht minder prachtvoll ist das zweiteilige, ursprünglich aus dem 15. Jh. stam-

Sé

A Barockfassade
B Südportal
C Taufbecken
D Turmkapelle
E Chor
F Chorkapelle (Rates-Kapelle)
G Capela dos Reis
H Capela de São Geraldo
J Capela da Glória
K Kreuzgang
L Museum für religiöse Kunst
M Statue der Senhora do Leite

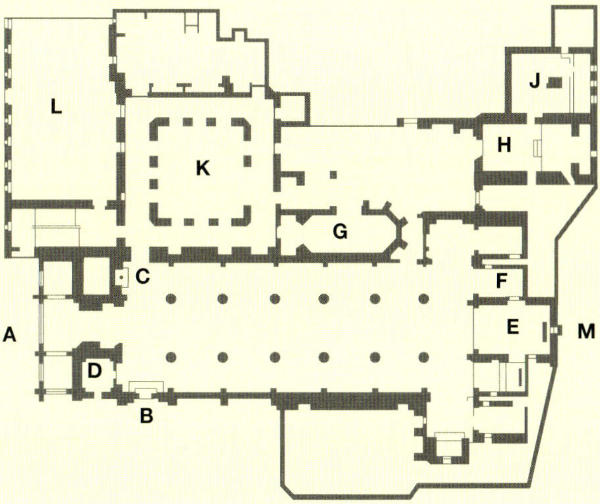

mende und im 18. Jh. mit herrlichem Schnitzwerk aus exotischen Hölzern gestaltete *Chorgestühl*. In der **Turmkapelle** [**D**] wird das flämische *Grabmal* des Infanten Afonso (1400) aus vergoldetem Kupfer aufbewahrt. Es wurde im Auftrag der Infantin Isabela, Gemahlin von Philipp dem Guten, errichtet. Im spätgotischen **Chor** [**E**] befinden sich ein prächtiges Sterngewölbe sowie der mit Gesimsen, Galerien und Fialen versehene *Altaraufsatz* aus Ança-Kalkstein. Zu sehen sind Darstellungen der Himmelfahrt sowie Christus zwischen Engeln und Aposteln. Ein Hauptwerk der mittelalterlichen Bildhauerkunst steht im Ornamentrahmen: eine hoheitsvolle Marienstatue aus dem 14. Jh., die *Santa Maria de Braga*. Das Leben des São Pedro de Rates, des ersten Bischofs von Braga, illustrieren Azulejo-Paneele von António de Oliveira Bernardes (18. Jh.). Man findet diese in der linken **Chorkapelle** [**F**] (Rates-Kapelle). In der **Capela dos Reis** [**G**] stehen die 1513 angefertigten *Sarkophage* von Heinrich von Burgund († 1122) und seiner Gemahlin Teresa († 1130) sowie das *Grabmal* des 1397 gestorbenen Erzbischofs Lourenço Vicente Coutinho. In der mit prächtigem Talha-Dourada-Schmuck sowie schönen Azulejo-Darstellungen (18. Jh.) aus dem Leben des Heiligen verzierten **Capela de São Geraldo** [**H**] sieht man die hölzerne Liegefigur des Erzbischofs. In der rechteckigen **Capela da Glória** [**J**], die mit Wandmalereien im Mudéjar-Stil dekoriert ist, steht der aus der Werkstatt von Pero und Telo Garcia stammende *Sarkophag* des Erzbischofs Gonçalo Pereira († 1336). Er zählt zu den Meisterwerken der portugiesischen Grabbildkunst. An der Kopfseite ist eine Kreuzigung dargestellt, an der Fußseite ein Christus mit der Jungfrau. Auf den beiden Längsseiten erkennt man die Apostel und Diakone, die die Totenlitanei singen. Die Capela enthält außerdem mittelalterliche, ikonenhaft-volkstümliche *Fresken*.

Über den **Kreuzgang** [**K**] kommt man in das feine **Museum für religiöse Kunst** [**L**] (Museo do Tesouro, Juni–Sept. Di–So 9–12.30 und 14–18.30, Okt.–Mai bis 17.30 Uhr). Die **Schatzkammer** birgt hispanomaurische Azulejos aus dem 16. Jh., Skulpturen aus dem 16. und 17. Jh., polychrome Grabstatuen aus Stein oder Holz, manuelinische Kelche sowie eine *Silberstatue* der Senhora de Nazaré. Ferner sind zu bewundern: ein *arabisches Schmuckkästchen* mit Elfenbeinschnitzereien (10. Jh., Córdova), der *Reliquienbehälter Al-Mansurs*, der mit Hufeisenbögen, persischen Pflanzenmustern und kufischen Lettern dekoriert ist, sowie ein *Prozessionskreuz* aus dem frühen 12. Jh. Es ist das Eisenkreuz, das der Entdecker Pedro Álvares Cabral in der Hand hielt, als er 1500 zum ersten Mal brasilianischen Boden betrat. An der Chorauβenwand steht unter einem Baldachin die anrührende **Statue der Senhora do Leite** [**M**] (stillende Madonna). Die spätgotische Marienfigur mit halb entblößter Brust und Kind, wird Nicolas de Chanterène zugeschrieben.

Ausflüge

Nahe der N 103, etwa 3,5 km nordöstlich von Braga, erhebt sich die herrliche Wallfahrtskirche **Bom Jesus do Monte** (tgl. 8–20 Uhr) hoch über die Ebene. Zum ›Lieben Jesus vom Berg‹ gelangt man über eine gigantische, doppelläufige Treppenanlage mit fast 600 Stufen. Im Barock waren *Escadarias* (Schautreppen) besonders beliebt. 14 Kapellen, die Kreuzwegstationen symbolisieren, Brunnen, die den fünf Sinnen gewidmet sind, sowie zahlreiche Statuen, darunter Allegorien der Tugenden und die Evangelisten, säumen den Aufgang. Die Bauarbeiten zogen sich von 1722 bis Ende des 18. Jh. hin. Oben angekommen, wird der Pilger mit einem grandiosen Weitblick belohnt. Die klassizistische Kirche wurde 1784–1834 nach Entwürfen von Carlos da Cruz Amarante errichtet. Ihr Inneres lohnt wegen schöner Bilder und Votivtafeln einen Besuch. Den Gipfel des steilen Bergs erreicht man auch mit einer Wasserkraft betriebenen, putzigen Zahnradbahn, die seit über 70 Jahren einwandfrei funktioniert.

An der N 309, 22 km südöstlich von Braga, liegt die Ruinenstadt **Citânia de Briteiros** (tgl. 9–12, 13–18 Uhr). Die Keltiberer hinterließen viele Citânias – so nennt man die Relikte ihrer uralten Wohnstätten. Allein in Nordportugal sind es mehr als 1000. Die um 800 v. Chr. entstandene Bergsiedlung von Briteiros legte der Archäologe Francisco Martins Sarmento (1833–1899) im Jahr 1875 frei. Das 120 x 150 m große *Grabungsfeld* – innerhalb eines dreifachen Mauerrings am Monte de São Romão – umfasst neben den Grundmauern ca. 160 *Einraumhäuser* aus zusammengefügten Quadern, die ursprünglich mit Stroh gedeckt waren. Außerdem gibt es zahlreiche gepflasterte Straßen, Gassen, Stein-

Pilger müssen leiden, bevor sie ihr Ziel erreichen – eine gigantische, doppelläufige Treppenanlage führt hinauf zur Wallfahrtskirche Bom Jesus do Monte

wälle und Wasserleitungen. Das Wasser wurde in einem eigenartig dekorierten Bau gesammelt, in dem einige Historiker ein Grabmal, andere ein Dampfbad sehen wollen. Die Rekonstruktion von zwei *Rundhütten* mit Strohdächern befindet sich auf dem Hügel. Die wichtigsten Funde (Keramik, Waffen, Schmuck etc.) sind heute im Museu Martins Sarmento in Guimarães [s. u.] ausgestellt.

i Praktische Hinweise

Information

Posto de Turismo, Av. da Liberdade 1, Braga, Tel. 253 26 25 50, www.cm-braga.pt

Hotels

****Hotel do Elevador**, Bom Jesus do Monte, Braga, Tel. 253 60 34 00, www.hoteisbomjesus.pt. Elegantes Hotel neben der Wallfahrtskirche, mit hübschem Garten und Blick über die Ebene.

***Casa da Pedra Cavalgada**, Lugar do Assento, Palmeira, Tel. 253 62 65 961. Landhaus im Stil der Provinz Minho. Idealer Ausgangspunkt für Ausflüge in die Umgebung von Braga.

****João XXI.**, Av. João XXI. 849, Braga, Tel. 253 61 66 30. Kleines und günstiges Hotel.

Restaurants

Mardesinos, Rua D. Paio Mendes 89/91, Braga, Tel. 253 26 32 85. Modernes Lokal mitten in der Altstadt gegenüber der Sé, hervorragende Weine (Mo geschl.).

Restaurante São Fruttuoso, Rua Costa Gómez 168, Braga, Tel. 253 62 33 72. Stockfischgerichte in allerlei Variationen.

11 Guimarães

Bereits 1095 war Guimarães Hauptstadt der Grafschaft Portucale. Noch heute halten die Einwohner die geschichtliche Tradition ihrer vitalen Stadt hoch.

Schon von weitem ist sichtbar – hier wurde Portugal ›geboren‹. »Aqui nasceu Portugal« kann man auf der **Torre da Alfândega** lesen. Wenn Guimarães (160 000 Einw.) auch nicht so berühmt ist wie Braga, so kann es die Stadt an Historie doch mit allen im Lande aufnehmen. Ein portugiesisches Sprichwort besagt: »Wenn Braga das Rom Portugals ist, so stellt Guimarães sein Bethlehem dar.« Und seit 2009 gehört die Altstadt zum **UNESCO-Weltkulturerbe**. Weitere Impulse für die Wirtschaft, vor allem für den Fremdenverkehr, erwartet man vom Jahr 2012. Dann wird Guimarães europäische Kulturhauptstadt sein.

Geschichte Der Beiname ›Berço da Nacionalidade‹ (Wiege der Nation) geht auf eine Gründung der reichen galizischen Gräfin Mumadona Dias zurück, die um 960 ein wehrhaftes Kloster gestiftet haben soll. Als Heinrich von Burgund 1095 Guimarães zur Hauptstadt seiner Grafschaft Portucale machte, ließ er um den Schutzturm der Mumadona eine Burg errichten, in der im Jahr 1109 (oder 1110) sein Sohn Afonso Henriques geboren wurde. 30 Jahre später machte dieser die Stadt nach seinem glänzenden Sieg über die Mauren 1140 zur ersten Hauptstadt des jungen portugiesischen Königreichs. Im 15. Jh. residierten hier die Herzöge von Bragança.

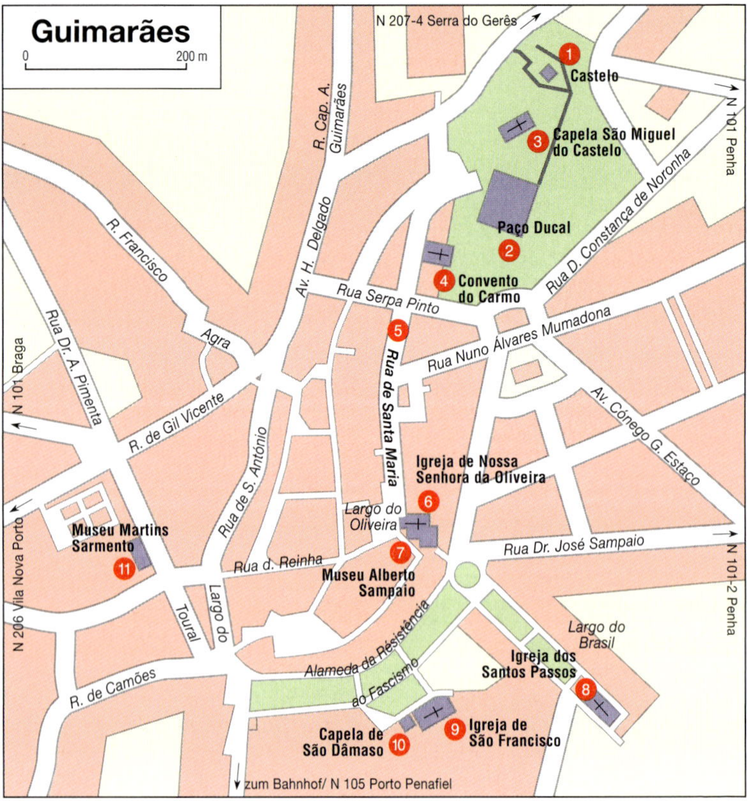

Elegante Pracht: Wertvolle Möbel und Gobelins schmücken die Innenräume des Paço Ducal

Das **Kloster** und die befestigte **Burg** bildeten den Ausgangspunkt der Stadtentwicklung, zugleich stellen sie ein gutes Beispiel für die Wiederbesiedlung des Landes nach dem Zurückdrängen der muslimischen Eroberer dar.

Im 19. Jh. entstanden in Guimarães, das inmitten eines großen Flachsanbaugebiets liegt, zahlreiche Spinnereien und Webereien.

Besichtigung Hauptsehenswürdigkeit der Stadt ist das auf dem sogenannten Heiligen Hügel (*Colina Sagrada*) erbaute und mit acht Türmen bewehrte romanische **Castelo** 1 (Di–So 9.30–12, 14–17 Uhr). Die Burganlage stammt aus dem 10. Jh. und wurde danach mehrfach verstärkt. Mit ihrem 27 m hohen *Torre de Menagem* (Bergfried) stellt sie eine der besterhaltenen romanischen Festungen Portugals dar. Der Grundriss ist einfach: Die zinnen- und turmbewehrten Mauern umschließen einen fast dreieckigen, schildförmigen Hof. In den 1940er-Jahren ließ der Diktator Salazar die Burg erneuern. Das *Denkmal für Afonso Henriques* nahe der Burg ist eine Arbeit des Bildhauers Soares dos Reis (1887). Unterhalb der Burg befindet sich der elegante **Paço Ducal** 2 (www.geira.pt/pduquesbraganca, Di–So 10–18 Uhr). Den Palast ließ sich Dom Afonso de Barcelos, der erste Herzog von Bragança und Sohn von João I., um 1420–22 nach französischem Vorbild im normannisch-burgundischen Stil errichten. Der Palast zählt zu den prächtigsten Adelssitzen des 15. Jh. Die Herzöge von Bragança residierten hier bis ins frühe 16. Jh. Als sie ihre Residenz nach Vila Viçosa verlegen, verlor der Paço Ducal jedoch seine Bedeutung. 1960 ließ Salazar den Feudalbau restaurieren, um hier Staatsgäste unterzubringen. Heutzutage kann man das Innere mit den reich dekorierten Sälen besichtigen. Unter großartigen Holzdecken. steht man staunend vor *flämischen Gobelins*, auf denen die portugiesische Eroberung der marokkanischen Stadt Asilah (1471) dargestellt ist, vor schweren Möbeln, indo-portugiesischen Fayencen und Gemälden.

Etwas unterhalb der Burg befindet sich die Anfang des 12. Jh. erbaute romanische **Capela São Miguel do Castelo** 3. Am Eingang der kleinen Kapelle steht eine Replik des romanischen *Taufsteins*, über dem 1111 der erste portugiesische König Afonso Henriques getauft worden sein soll. Das Original wird heute in der Igreja de Nossa Senhora da Oliveira aufbewahrt. Die Bauornamentik ist äußerst karg. Die schmalen Fenster gleichen Schießscharten, eindrucksvoll hingegen ist der Fußboden mit den *Grabplatten* aus verschiedenen Epochen. Die beiden in die Mauer eingelassenen *Grabnischen* an der Nordseite stammen aus der Erbauungszeit der Kirche.

Geht man weiter in Richtung Altstadt, kommt man zum ehemaligen **Convento do Carmo** 4. Die schlichte Barockkirche des ehem. Klosters hat eine azulejogeschmückte Wand, auf der ›Mariä Himmelfahrt‹ dargestellt wird. Davor steht ein holzgeschnitzter Kalvarienberg.

Die vorbildlich restaurierte Altstadt von Guimarães besteht aus einem Gewirr von Gassen, aus Konventen und Geschäften. Die **Rua de Santa Maria** 5 führt hinunter zum *Largo da Oliveira*. Für diese wohl schönste und älteste Straße der Stadt sind die zierlichen mit Eisengittern geschmückten Balkone, Konsolsteine und Traufen typisch. Man findet diese Elemente zum Beispiel an der *Casa do Arco*.

Der geschichtsträchtige Platz *Largo da Oliveira* wird von der ehemaligen Kollegiatskirche **Igreja de Nossa Senhora da Oliveira** 6 dominiert. Um 960 hatte die Gräfin Mumadona Dias hier an Stelle eines mozarabischen Heiligtums ein Kloster errichten lassen. Bedeutendster Prior des Klosters war der Arzt und Theologe Pedro Julião (um 1215–1277), auch Petrus Hispanus genannt, der spätere Papst Johannes XXI. Nach seinem Sieg über die Spanier (1387) beauftragte João I. den aus Toledo stammenden Baumeister João Garcia mit der Erweiterung des Komplexes (1387–93). Auch die Kirche erfuhr mehrfache An- und Umbauten. So wurde der massive manuelinische **Glockenturm** (wie in Rates, Leça do Bailio, Azurara, Vila do Conde, Viana do Castelo und Caminha) später, erst im Jahr 1505, angesetzt. Auffällig sind die zweigeteilten Glockenfenster, das Tauwerk an den Kanten, Wasserspeier sowie der kandelaberartige Zinnenkranz. Das *gotische Prunkfenster* über dem hohen Westportal, das bis über den Dachansatz hinausreicht, war ursprünglich reich mit Figuren verziert. Der Schmuck wurde im 19. Jh. bei Restaurierungsarbeiten weitgehend zerstört. In den Mauernischen erkennt man noch die Statuen von João I. und seiner Gattin Dona Filipa de Lencastre sowie des hl. Nuno. In kleinen Nischen hoch in der Laibung stehen die kraftvollen Büsten jubilierender Engel und Mönche, die Gesangsbücher in den Händen halten. Im *Innern* bewahren die drei Kirchenschiffe das aus der Capela São Miguel do Castelo stammende romanische *Taufbecken*, einen gotischen Steinaltar, den im 17. Jh. mit Silber beschlagenen Altar in der *Sakramentskapelle* sowie zwei große, Pedro Alexandrino de Carvalho zugeschriebene Gemälde. Um den Chor fügt sich der romanische Kreuzgang: Die Rundbögen der Arkaden werden von kleinen Säulen getragen. Auf einem romanischen *Zwillingskapitell* sind fischähnliche Sirenen zu sehen, ebenso ein Löwe, der eine Sirene und eine Schlange angreift.

In Kreuzgang, Kapitelsaal und Priorhaus befindet sich seit 1928 das bedeutende **Museu Alberto Sampaio** 7 (http://masampaio.imc-ip.pt, Di–So 10–18, Juli/Aug.

Zauberhaft – der Innenhof des Museu Alberto Sampaio

Schwungvolle Formen, üppiges Dekor – die Barockkirche Santos Passos

bis 24 Uhr). Die Exponate stammen überwiegend aus säkularisierten Klöstern der Region, darunter kostbare Tafelbilder und Fresken mit religiösen Motiven, liturgische Gewänder und Gefäße aus dem 12.–19. Jh. Besonders bemerkenswert unter den Skulpturen ist die *Steinstatue der hl. Margarida* (14. Jh.), die dem Franzosen Benneveu zugeschrieben wird.

Vor dem Westportal der Kirche steht auf dem Largo da Oliveira seit 1342 ein quadratischer manuelinischer **Alpendre**, eine Säulenhalle mit vier mächtigen Eckpfeilern und hohen, mit einem Zackenband dekorierten Spitzbogen.

Eine Schautreppe mit den Statuen des Sant'lago Maior und des hl. Bartolomeu führt zur **Igreja dos Santos Passos** 8 am Südende des lang gestreckten *Largo do Brasil*. Die 1769 errichtete, schmale Barockkirche mit zwei nur halb hervortretenden, hohen Fronttürmen bezaubert durch ihre mit Azulejos und Granitskulpturen verzierte konvexe Fassade.

Nicht weit entfernt ist die ursprünglich gotische, später mehrfach umgebaute **Igreja de São Francisco** 9 (15. Jh.). Ihr ungewöhnlich breiter Innenraum ist mit herrlichen Azulejos (18. Jh.) verkleidet. An den *Seitenaltären* findet man eine anrührende Statue der ›Schmerzensreichen Jungfrau‹ von Soares dos Reis sowie einen überlebensgroßen hl. Franziskus des italienischen Holzbildhauers Giuseppe Berardi (1884). Die *Sakristei* birgt zudem ein schönes altes Kruzifix und einen kunstvollen, im italienischen Stil inkrustierten, runden Marmortisch. Neben der Franziskuskirche steht die dem Papst Damasus I. gewidmete **Capela de São Dâmaso** 10, der um 305 in Guimarães geboren wurde.

Über den *Largo do Toural*, vorbei an Resten der Stadtmauer aus dem 14./15. Jh., erreicht man das ehemalige Dominikanerkloster (13. Jh.) an der Nordecke des Platzes. Im gotischen Kreuzgang ist das **Museu Martins Sarmento** 11 (www.csarmento.uminho.pt, Di–Sa 9.30–12, 14–17, So 10–12, 14–17 Uhr) untergebracht, das nach dem berühmten Erforscher der vorchristlichen Ruinenstädte von Citânia de Briteiros und Sabroso Francisco benannt ist. Zur Sammlung gehören vor allem Grabungsfunde – Werkzeuge, Waffen und Hausgeräte aus den Citânias von *Briteiros*, *Sabroso* und *Serra de Penha*. Highlights sind zwei detailgetreue lusitanische Kriegerstatuen sowie die eisenzeitliche ›Pedra Formosa‹ aus Briteiros. Vermutlich war der 2,18 x 2,90 m große flache, mit Ritzzeichnungen verzierte Stein die Tür eines keltiberischen Verbrennungsraums.

i Praktische Hinweise

Information

Posto de Turismo, Largo Cónego José Maria Gomes, Guimarães, Tel. 253 51 83 94, www.guimaraesturismo.com

Posto de Turismo, Praça de S. Tiago, Guimarães, Tel. 253 51 87 90

Hotels

****__Hotel de Guimarães__, Rua Eduardo Manuel de Almeida, Guimarães, Tel. 253 42 48 00, www.hotel-guimaraes.com. Moderner Hotelbau mit gemütlichen Zimmern, SPA und Wellnessbereich.

****__Pousada da Oliveira__, Rua de Santa Maria, Guimarães, Tel. 253 51 41 57, www.pousadas.pt. Stilvoll eingerichtetes Herrenhaus im historischen Stadtkern.

Restaurant

Arca Velha, Rua Dom João I. 205, Guimarães, Tel. 253 41 69 69. Zentral gelegenes rustikales Restaurant, in dem man die deftige regionale Küche pflegt.

12 Amarante

TOP TIPP *Am Nordwesthang der Serra do Marão gelegen ist das Städtchen vor allem wegen seines Weins (Vinho verde) und wegen seiner phallusförmigen Kekse bekannt.*

Jeden ersten Samstag im Juni füllt sich die Stadt mit Besuchern der jahrmarktähnlichen Feierlichkeiten zu Ehren des Stadtpatrons. Ledige Frauen ziehen zu der nach ihm benannten **Igreja do São Gonçalo** und flehen beim Schutzheiligen der Eheleute und Liebenden um einen Gatten. Bäcker verkaufen ungeniert die berühmten *Bolos de São Gonçalo* – phallusförmige Plätzchen, die junge Männer traditionell ihrer Angebeteten schenken.

Amarante ist ein romantischer Ort mit vielen hübschen Bürgerhäusern aus der Zeit vom 16. bis 18. Jh. Herausragendes Bauwerk der Stadt ist das ehemalige **Convento de São Gonçalo** neben der Römerbrücke. Das Kloster wurde 1540 von João III. und seiner Frau Catarina von Kastilien gegründet und unter Philipp II. im ›Estilo filipino‹, im Stil der Renaissance ergänzt. In der *Veranda dos Reis*, einer Nische der über die Straße vorragenden Chorapsis, steht die romanische Statue der *Senhora da Ponte* mit dem Jesuskind auf dem Arm. Diese Marienfigur, die ursprünglich auf der Brücke über den Rio Tâmego stand, gilt als eine der ältesten und ergreifendsten Pietà-Darstellungen in Portugal. Die Arkadenbögen der dreistöckigen Granitfassade sind üppig mit Statuen geschmückt. Die *Loggia* links von der Eingangsfassade zeigt die Statuen der Könige João III., Sebastião, Henriques und Philipp II. Wuchtige Pfeiler tragen die mächtige Vierungskuppel der dreischiffigen Kirche, im *Chor* (1586) verblüfft illusionistische Malerei. Links neben dem Hauptaltar liegt die kleine *Grabkapelle* mit dem Sarkophag des hl. Gonçalo aus buntem Kalkstein. Die *Capela das Ofrendas*, die Kapelle der Gaben rechts vom Hauptaltar, birgt zahlreiche Weihegaben. Ein schönes Renaissanceportal führt in die *Sakristei* (1597). Sie ist geschmückt mit einer bemalten Kassettendecke, Azulejo-Bildern zur Heiligenvita (leider stark beschädigt) sowie einem herrlichen Renaissance-Lavabo (Handwaschbecken) von 1554 und einem ›Ecce Homo‹ des spanischen Malers Luis de Morales. Ein kostbarer Talha-Dourada-Altar steht in der *Capela de Santa Cássia* (1749).

TOP TIPP Im ersten Stock des hinteren Kreuzgangs befindet sich das **Museu Amadeo de Souza Cardoso** (www.amarante.pt/museu, Di–So 10–12.30 und 14–17.30 Uhr). In dem Museum für portugiesische Kunst des 20. und 21. Jh. kann man vor allem Gemälde und Skulpturen des aus der Umgebung von Amarante stammenden Kubisten Amadeo de Souza Cardoso bewundern, aber auch Arbeiten von Sousa de Machado und António

Auf der alten Römerbrücke über den Rio Tâmega zur Klosterkirche São Gonçalo in Amarante

Cândido. Außerdem besitzt das Museum eine kleine archäologische Sammlung mit Grabungsfunden aus der Umgebung von Amarante, die im zweiten Stock gezeigt wird.

Die 1763 eingestürzte, ursprünglich unter Trajan erbaute **Römerbrücke** über den Rio Tâmega wurde 1790 von Carlos de Cruz Amarante (1740– 1815) als 50 m lange dreibogige Granitbrücke neu errichtet.

Ausflug

Man findet sie nur sehr schwer, die **Casa do Fidalgo**, aber die Suche lohnt sich. Etwa 16 km südwestlich von Amarante, in der Nähe der N 15, steht einsam und verloren, umgeben von Eukalyptusbäumen eine prächtige *Fassade* ohne Haus – eine in Licht und Schatten seltsam schwebende Erscheinung, eine surreale Vision. Sie erinnert an die unerfüllten Träume des reichen *António de Vasconcelos Carvalho de Meneses*. Den assyrischen Palast von Assurbanipum vor Augen, beauftragte er einen spanischen Baumeister mit dem Bau der Casa do Fidalgo (1745–50). Und kein Geringerer als Nicolau Nasoni wurde mit dem verschwenderischen Fassadenschmuck beauftragt. Aber als der Architekt während einer Baubesichtigung von einem Gerüst zu Tode stürzte, ließ der abergläubische Dom Meneses die Arbeiten sofort einstellen. Der Nachwelt blieb eine außergewöhnliche *Unvollendete* erhalten, weswegen die Fassade auch *Casa das Obras*, ›Haus der Bauarbeiten‹ genannt wird.

i Praktische Hinweise

Information

Posto de Turismo, Alameda Teixeira de Pascoães, Amarante, Tel. 255 42 02 46, www.amarante.pt

Hotel

Casa da Calçada Relais & Châteaux, Largo do Paço 6, Amarante, Tel. 255 41 08 30, www.casadacalcada.com. In den Räumen des zum Boutiquehotel umgebauten Stadtpalastes lässt es sich stilvoll nächtigen und exquisit schlemmen.

Montanhas – die Provinz hinter den Bergen

Die historische Provinz ›Hinter den Bergen‹, *Trás-os-Montes*, oder Montanhas, wie sie heute genannt wird, ist eine wildromantische **Gebirgslandschaft** mit Gipfeln, die auch noch im April mit Schnee bedeckt sind, eine Landschaft mit gewaltigen **Talsperren**, urwüchsigen **Wäldern**, weiten Wiesen und Weinbergen. Das karge Hirten- und Bauernland mit seinen glutheißen Sommern und harten Wintern trieb seine Bewohner schon immer in Scharen in die Emigration. Manche **Bergdörfer** sind fast ausgestorben, viele Häuser sind verschlossen oder verfallen. Granit, Schiefer und Lehm sind die bevorzugten Baumaterialien. Oft findet man im ersten Stock die typische **Veranda** mit hölzerner Balustrade.

13 Bragança

Festungsstadt und Stammsitz des letzten portugiesischen Königshauses.

An den Grenzen der historischen Provinz Trás-os-Montes im kargen Nordwesten des Landes liegt Bragança (20 000 EInw.), die Hauptstadt des gleichnamigen Disktriktes. Die Festungsstadt ist das kulturelle und wirtschaftliche Zentrum des vorwiegend von der Landwirtschaft lebenden Gebiets.

Die Stadt wird überragt vom 1187 errichteten **Castelo**, dem Stammschloss der Braganças, die 1442 die Herzogswürde erhielten. Von 1640 bis 1910 regierte dieses Geschlecht Portugal als dritte und letzte königliche Dynastie. 18 Wehrtürme verstärken die doppelte, zinnengekrönte Ringmauer des eindrucksvollen Bauwerks, das lange Zeit als uneinnehmbar galt. Besonders beeinruckend ist die mächtige, 33 m hohe gotische *Torre de Menagem* (Bergfried) mit ihren zwei Zwillingsfenstern aus dem 15. Jh. Heute ist hier das *Militärmuseum* (Di–So 9–12, 14–17 Uhr) untergbracht. Vor dem Torre de Menagem steht ein ungewöhnlicher, gotischer **Pelourinho**. Er ragt auf dem Rücken eines aus Granit gehauenen Wildschweins empor. Der 6,40 m hohe Pranger soll wohl an die legendären Wildschweine erinnern, die bereits in keltiberischer Zeit als Fruchtbarkeitssymbol galten. Die Festungskirche **Santa Maria do Castelo** wurde im 18. Jh. anstelle einer älteren Kirche erbaut. Sie wird aber nicht nur wegen ihres harmonischen Renais-

◁ *Zur Ginsterblüte zeigen sich die wildromantischen Montanhas von der schönsten Seite*

Anmutige Festungskirche Santa Maria do Castello

sanceportals und der Muschelfenster oder wegen der schönen Deckengemälde besucht, sondern vor allem aufgrund eines wundersamen Gnadenbildes der Jungfrau Maria. Dieses wurde – so die Legende – kurz nach der Vertreibung der Mauren nahe der Flüsse Fervença und Sabor in einem Gebüsch voller Eidechsen gefunden. Die Kirche wird daher auch heute noch ›Eidechse‹ *(Sardão)* genannt.

Neben der Kirche entstand über unregelmäßigem fünfeckigen Grundriss das kunstgeschichtlich interessanteste Gebäude der Stadt: der **Domus Municipalis** (Rathaus). Der König empfing dort bei seinen regelmäßigen Reisen durchs Land die Vetreter der Stände. Das 1300 errichtete Rathaus ist der älteste romanische Profanbau und zugleich einer der schönsten der Iberischen Halbinsel. es liegt gut geschützt innerhalb der Befestigung. Da das Gebäude über einer unterirdischen Zisterne mit Rundbogengewölbe aus der Römerzeit errichtet wurde, wird es auch *Casa d'Água* genannt. Auf drei Seiten läuft rundum eine Fenstergalerie, deren Öffnungen auf einem mehrere Meter hohen Mauersockel ruhen. Eine Treppe führt auf die Südseite zum Eingang. Auf der Westseite schmücken einfache Muster wie Sterne und Kugeln die Bogen. Den Innenraum, an dessen Wänden Bänke aus Granit entlanglaufen, zieren Kragsteine mit Blumen, Masken und andere Ornamenten.

Im unteren Stadtteil steht die Johannes dem Täufer geweihte, ursprünglich romanische Kathedrale **Sé**, die im 16. Jh. im Renaissancestil neu errichtet wurde. Sie besitzt nur einen niedrigen Turm. Auffälligster Fassadenschmuck ist eine Statue der stillenden Madonna über dem Schmuckgiebel des Hauptportals. Im einschiffigen Kircheninnern zeigen 39 Holztafeln an den Wänden und an der Kassettendecke Szenen aus dem Leben des Jesutiengründers, des hl. Ignatius von Loyola. Sehenswert sind außerdem das *Netzgewölbe* des Chors mit wappengeschmückten Schlusssteinen, die Azulejos im Kirchenschiff sowie der *Kreuzgang*.

Auf dem Platz vor der Sé steht ein mit Weinlaub umrankter **Pelourinho** von 1689. In der *Rua do Conselheiro Abílio Beça* befindet sich der ehemalige *Paço Episcopal* (Bischofspalast). Hier ist das **Museu do Abade de Baçal** (Di–Fr 10–27, Sa/So 10–18 Uhr) untergebracht. Es zeigt ethnologische, archäologische und kunsthandwerkliche Exponate sowie grafische Arbeiten und Ölgemälde des Malers und Arztes Abel Salazar (1889–1946).

Im Land der Burgen – Blick auf Bragança mit der Torre de Menagem, der Festungskirche Santa Maria und dem Domus Municipalis

Praktische Hinweise

Information

Posto de Turismo, Avenida Cidade de Zamora, Bragança, Tel. 273 38 12 73, www.cm-braganca.pt

Hotels

******Pousada de São Bartolomeu**, Estrada de Turismo, Bragança, Tel. 273 33 14 93, www.pousadas.pt. Auf einer Anhöhe südlich der Festung. Gutes Restaurant.

*****Moinho do Caniço**, Avenida Abade de Baçal 663, Bragança, Tel. 273 32 35 77, www.moinho.montesinho.com. Zu mietendes Mühlenhaus in ruhiger Lage am Flussufer 12 km nordwestl. von Bragança.

14 Chaves

Eine altertümliche Stadt mit eindrucksvollen Festungsbauten.

Der *Rio Tâmega* teilt die 78 n. Chr. unter Kaiser Vespasian gegründete Stadt in zwei Teile, die die Römerbrücke wieder verbindet. Die **Ponte Romano**, die der römische Baumeister Traianus ohne Mörtel errichtet hat, ist eine 140 m lange Brücke aus Granit mit 12 von ursprünglich 16 Bögen. Sie wurde zwischen 98 und 104 n. Chr. erbaut und im Lauf der Jahrhunderte mehrfach umgestaltet. Lediglich Kopien sind die beiden zylindrischen römischen Wegesäulen mit eingemeißelten lateinischen Inschriften in der Mitte der Brücke. Die Originale sind im Regionalmuseum ausgestellt.

Die Römerbrücke führt ins Zentrum der Stadt. An der *Praça da República* steht die ursprünglich romanische **Igreja da Santa Maria Maior**, die im 16. Jh. umfassend restauriert wurde. Romanisch sind nur noch Turm, Portal sowie Teile des Haupt- und eines Seitenschiffs. Zwei realistische Granitbüsten der Apostel Paulus und Petrus schmücken das Seitenportal im Norden. Im *Innenraum* sind eine Holzdecke, ein mit Azulejos verkleideter Triumphbogen sowie eine Barockorgel aus dem 18. Jh. sehenswert. Die Statue der hl. Maria Maior in der polygonalen Apsis zählt zu den ältesten Beispielen portugiesischer Bildhauerei.

In der Nähe steht die barocke **Igreja da Misericórdia** (17. Jh.). Im einschiffigen In-

Von Hektik keine Spur – nachbarschaftlicher Klatsch vor dem Lebensmittelladen

nenraum sieht man blau-weiße Fliesenbilder mit biblischen und ländlichen Motiven. ›Mariä Heimsuchung‹ ist auf der bemalten Holzdecke dargestellt – eine Arbeit von Jerónimo da Rocha Braga (1743). Die hölzerne Wandkanzel und der Talha-Dourada-Altar am barocken Hochaltar des Gotteshauses stammen aus der zweiten Hälfte des 18. Jh.

Der einstige *Paço dos Duques de Bragança* beherbergt die archäologischen und prähistorischen Sammlungen des Regionalmuseums **Museu da Região Flaviense** (Juni–Sept. tgl., sonst Mo–Fr 9–12.30, 14–17.30 Uhr). Interessantestes Exponat ist eine anthropomorphe Megalithfigur (um 2000 v. Chr.).

Im späten 12. Jh. wurde das **Castelo** auf dem Hügel errichtet. Unter Diniz I. wurde die Anlage grundlegend erneuert und im 15. Jh. zu einer Residenz der Herzöge von Bragança ausgebaut. In der wuchtigen *Torre de Menagem* (Juni–Sept. tgl., sonst Mo–Fr 9–12.30, 14–17.30 Uhr) zeigt das militärgeschichtliche Museum Waffen aus dem Mittelalter und den Kolonialkriegen.

i Praktische Hinweise

Information

Posto de Turismo, Terreiro da Cavalaria, Chaves, Tel. 276 34 81 80, www.cm-chaves.pt

Hotels

*****Aquae Flaviae**, Praça do Brasil, Chaves, Tel. 276 30 90 00, www.hoteis-arco.com. Modernes Haus mit Pool, Sonnenterrasse, Ladenpassage.

*****Quinta da Mata**, Estrada de Valpaços, Chaves, Tel. 276 34 00 30, www.quintadamata.net. 3 km außerhalb gelegener Herrensitz aus dem 17. Jh. mit wunderschönem Garten und Pool.

Restaurant

Ponte Romana, Rua do Ponte, Bragança, Tel. 27 62 27 12. Das direkt am Fluss neben der Brücke gelegene Lokal serviert deftige Gerichte der regionalen Küche.

15 Carrazeda de Ansiães

Charmante Gassen, imposante Ruinen und romanische Kirchenkunst.

Der hübsch gelegene verträumte Ort, dessen Gassen mit Cafés, Restaurants und Läden zum Bummeln einladen, spielte einst im Kampf gegen die Mauren als uneinnehmbarer Zufluchtsort für die christlichen Ritter eine wichtige Rolle. Heute erinnern daran die riesige verfallene **Burganlage** und die Ruinen der aus einer vorchristlichen Befestigungsanlage hervorgegangenen Ansiedlung Ansiães. Deren romanische **Igreja de São Salvador** wurde zwischen 1920 und 1924 bei Sprengungen stark beschädigt und später restauriert. Seitdem steht sie unter Denkmalschutz. Die *Westfassade* hat ein tief gestuftes Portal, dessen Skulpturen zum Teil recht verwittert sind, wobei die Ikonographie noch deutlich zu erkennen ist. Auf den Kapitellen sind für die portugiesische Romanik typische Motive wie Raubvögel und Löwen, Frauengestalten sowie der Kampf zwischen Mensch und Tier dargestellt. Über den Kapitellen wölben sich vier Archivolten mit der Darstellung von Katzenköpfen und mehreren Gestalten aus der Heilsgeschichte. Das *Tympanon* zeigt eine Maiestas Domini: Christus thront in einer Mandorla, das Haupt von einem Kreuznimbus hinterfangen. Die rechte Hand ist zum Segen erhoben, und in der Linken hält Christus das Buch. Die Mandorla wird von den Evangelistensymbolen gehalten – dem Engel, dem Löwen, dem Stier und dem Adler. Im *Inneren* tragen zwei kunstvoll gearbeitete Löwen, rechts und links vom Portal, den Bogen. Sie fungieren als Torwächter.

16 Lamego

Am Hang des Monte Penude liegt der reizvolle Wallfahrtsort.

Die Stadt (12000 Einw.) hat eine alte christliche Tradition: Bei der alljährlichen Wallfahrt am 8. September steigen oder rutschen Hunderttausende auf Knien die 686 Treppenstufen hoch, um in der etwas außerhalb der Stadt gelegenen Wallfahrtskirche **Nossa Senhora dos Remédios** (tgl. 8.30–10 Uhr) Wunder zu erfle-

Den mühsamen Aufstieg zur Wallfahrtskirche Nossa Senhora dos Remédios verschönen Aussichtsterrassen, Statuen und Brunnen

hen. Terrassen und 14 Stationskapellen unterbrechen mehrfach die prächtige, mit Statuen und Brunnen geschmückte barocke *Escadaria* (eine Replik der Treppe von Bom Jesus bei Braga, s. S. 44). Auffällig sind der prächtige Pelikan-Brunnen am ersten und eine oktogonale Kapelle am zweiten Treppenabsatz. Unterhalb der Kirche, auf der oktogonalen Terrasse *Largo dos Reis*, versammeln sich zwischen Kolonnaden und Buchsbaumbeeten die auf Podesten, Pyramiden, Pfeilern und Antrittspfosten thronenden Statuen von alttestamentarischen Königen und anderen biblischen Gestalten. Man erkennt die Könige von Judäa und Menasses, Eleazar und Eliakim – ein Ensemble von theatralischer Wirkung. Ein monumentaler, reliefgeschmückter *Obelisk*, der auf einem Fuß von vier wasserspeienden Atlanten steht, ziert den Mittelteil. Gleich hinter dem Eingang der doppeltürmigen und einschiffigen Kirche liegt das Grab des Kirchengründers José Teixeira Pinto († 1784). Eine Stuckdecke mit weißer Rocaille und blauen Feldern schmückt den barocken Innenraum.

Unübersehbar erhebt sich im Zentrum der Stadt die **Sé**, die im Lauf der Zeit stark verändert wurde. 1129 wurde mit dem Bau der Kathedrale begonnen. Romanisch ist nach den zahlreichen Umbauten nur noch der massige rechteckige Turm. Zwei *Kirchenfenster* fallen durch überbordenden Kugelschmuck auf. Die kleeblattartigen Formen lassen auf mozarabische Einflüsse schließen. Die *Fassade* mit den drei beeindruckenden und mehrfach gestuften Portalen (1508–15) wird João Correia Lopes zugeschrieben. Cherubinen, Vögel und Chimären in Ranken- und Blumengirlanden schmücken das mittlere Portal. Der von Nicolau Nasoni dekorierte barocke Innenraum zählt zu den großartigsten Leistungen des portugiesischen Barock.

Unterhalb der Burg befindet sich die romanische **Igreja de Santa Maria de Almacave**. Sie wurde Anfang des 12. Jh. über einem christlichen oder islamischen Vorgängerbau aus großen Granitblöcken errichtet. Ihren arabischen Namen verdankt sie dem islamischen Friedhof in der Nähe (arab. *Al-Maqab* = Bereich der Toten). Die fein gearbeiteten Kapitelle der acht Säulen am viergestuften Westportal zieren Tauben, Sirenen und Fische. Im ehem. Bischofspalast, dem *Paço Episcopal* – vis-à-vis – zeigt das **Museu de Lamego** (Di–So 10–12.30 und 14–17 Uhr) u. a. Skulpturen des 13.–18. Jh. Zu sehen ist außerdem der gotische *Sarkophag* der Gräfin von Barcelos. Dieses mit Szenen einer Wildschweinjagd dekorierte Grabmal ist das Gegenstück zum Sarkophag ihres 1354 gestorbenen Gatten Pedro, des Grafen von Barcelos im Zisterzienserkloster von Tarouca [s.u.]. Von der beeindruckenden 20-teiligen *Altarwand* (1506–11), die Grão Vasco für die Sé von Lamego im Auftrag von Bischof João de Madureira malte, sind nur fünf Bilder erhalten – die ›Schöpfung der Tierwelt‹, ›Mariä Verkündigung‹, ›Mariä Heimsuchung‹, ›Mariä Opferung‹ sowie die ›Beschneidung‹.

Südlich der Kathedrale liegt die 1640 von Frei Luís Álvares de Távora gegründete **Capela do Desterro** (Exil-Kirche). Neben der Besichtigung des Renaissanceportals lohnt sich ein Blick in den im 18. Jh. reich ausgeschmückten Innenraum. Dort sieht man fünf *Gemälde* aus der Hand eines unbekannten Meisters: ›Die Verkündigung‹, ›Die Anbetung der Heiligen Drei Könige‹, ›Die Anbetung der Hirten‹, ›Das Opfer im Tempel‹ und ›Die Flucht nach Ägypten‹.

Ausflüge

Im Tal des *Rio Balsemão*, 9 km nördlich von Lamego, liegt oberhalb des gestauten *Rio Barosa* die westgotische Hallenkirche **São Pedro de Balsemão**. Die wahrscheinlich älteste portugiesische Kirche (7. Jh.) erhielt nach der Restaurierung 1643 eine Decke aus 35 Kassetten. Die Säulenkapitelle zeigen pflanzliche Motive. In der Kapelle stehen der gotische Granitsarkophag mit der Liegefigur des Bischofs von Porto, Afonso Pires († 1362), sowie eine Skulptur der schwangeren Maria *(Senhora do O)*.

Etwa 15 km weiter südlich liegt das Zisterzienserkloster **São João de Tarouca** (Di–So 10–17 Uhr), das Afonso Henriques um 1152 gründete. Die Eremiten traten in Portugal erstmals in der 1. Hälfte des 12. Jh. in Erscheinung. Reste einer Wasserleitung künden von ihrem kolonisatorischen Ehrgeiz. Vom ursprünglichen Bau, der im 18. Jh. stark verändert und im Jahr 1986 restauriert wurde, ist nur noch die Fensterrose über dem Hauptportal erhalten. Neben den *Azulejo-Bildern* mit Szenen aus

Scheinbar endlos – der Treppenaufgang mit 686 Stufen zur Wallfahrtskirche von Lamego ▷

Flair einer mittelalterlichen Stadt – Panorama von Viseu

dem Leben Johannes des Täufers ist besonders der große, mit Szenen einer Wildschweinjagd verzierte *Steinsarkophag* für den Grafen Pedro de Barcelos († 1354) sehenswert. Größter Schatz der Kirche ist ein Gemälde, das *Gaspar Vaz* zugeschrieben wird, einem Schüler des Grão Vasco.

4 km östlich von Vila Real liegt **Solar de Mateus**. Der Ort wurde nicht nur wegen des in Bocksbeutelflaschen abgefüllten Rosé-Weines berühmt, sondern vor allem wegen des herrlichen **Landsitzes**. Theatralisch spiegelt sich die grandiose Fassade im 2000 m² großen Schwanenteich. Der im 18. Jh. von dem italienischen Architekten Nicolau Nasoni für António José Botelho Mourão errichtete Landsitz steht inmitten einer kunstvoll gestalteten *Gartenanlage*. Viele halten den Solar de Mateus mit seinen Außentreppen und Balustraden, fialenartigen Türmchen und den prachtvoll gerahmten Fenstern und Türen für den schönsten Landsitz Portugals. Im Inneren gibt es verschwenderisch eingerichtete Säle, eine kostbare Bibliothek sowie ein kleines *Privatmuseum* mit einer sehenswerten Krippe von Machado de Castro zu bewundern.

i Praktische Hinweise

Information

Posto de Turismo, Avenida Visconde Guedes Teixeira, Lamego, Tel. 254 61 20 05, www.cm-lamego.pt

Hotels

****Parque**, Parque de Nossa Senhora dos Remédios, Lamego, Tel. 254 60 91 40, www.hotel-parque.com. Charmantes Hotel direkt neben der Wallfahrtskirche.

****Residencial Solar da Sé**, Largo da Sé, Lamego, Tel. 254 62 20 60. Komfortabel ausgestattete Zimmer mit Blick auf die Kathedrale.

17 Viseu

Charmante Stadt des Weins und der Maler.

Auf einer Hochebene zwischen den Flüssen Vouga und Dão liegt, inmitten eines berühmten Weinanbaugebietes (Dão-Wein), die hübsche Distrikthauptstadt Viseu (100 000 Einw.). Der Ort wird auch ›Antiga nobilissima cidade‹ genannt, denn hier gibt es zahlreiche Adelspaläste. Daneben prägen herrliche Wohnhäuser und viele Museen den Ort, in dem im 16. Jh. bedeutende Maler ansässig waren.

Der Historiker Strabo beschrieb die Menschen dieser Gegend so: »Das kräftigste iberische Volk, das den Armeen der Römer am längsten Widerstand leistete.« Ursprünglich war Viseu eine **Festungsanlage** der Lusitaner, später ein römischer Stützpunkt an der Kreuzung zweier Legionsstraßen. Viriatus, der legendäre Führer der Lusitaner, kämpfte hier angeblich 147–139 v. Chr. gegen die Römer. Reste der sieben **Handels-** und **Militärstraßen** verweisen auf die Römerzeit. Inschriften und Tempel wurden indes bis heute nicht nachgewiesen.

Vor allem war Viseu eine **Stadt der Maler**. Im 16. Jh. wurde sie Sitz der bedeutendsten portugiesischen Malschulen. Ihre Hauptvertreter waren der Landschaftsmaler **Gaspar Vaz** (1505–1565) sowie Vasco Fernandes, genannt **Grão Vasco**, der ›große Vasco‹. Dieser wurde 1480 in Viseu geboren und starb hier 1543. Seine Arbeiten sind von der niederländischen Malerei beeinflusst. Er bevorzugte dramatische Hell-Dunkel-Kontraste und einen ungeschminkten, leidenschaftlichen Naturalismus, zu dem aber seine Gesichter nicht recht passen wollen, die sich auf allen Bildern täuschend ähneln.

An die große Zeit Lusitaniens erinnert die **Cava de Viriato** in der Nähe des Bahnhofs. Das achteckige römische Feldlager war durch einen Graben, den die Flüsse *Paiva* und *Ribeira de Santiago* im Belagerungsfall fluten konnten, gesichert. Neben der Cava steht ein modernes Bronzemonument des spanischen Bildhauers Mariano Benlliure y Fil. Es zeigt Viriatus, den Führer der Lusitaner mit einem kleinen Rundschild, wie er bei den antiken Granitkriegern im Museum von Guimarães zu sehen ist, sowie fünf weitere Krieger.

Auf dem *Adro da Sé*, im vermutlich an stelle einer keltiberischen Festung angelegten mittelalterlichen Stadtkern von Viseu, erhebt sich die romanisch-gotische **Sé** (12. Jh.). Möglicherweise wurde sie von Heinrich von Burgund geplant. Romanisch sind noch der Südturm, das Portal, der Kreuzgang und das Portal des Kapitelsaals. Der Bau wurde im 16. Jh. manuelinisch umgestaltet und im 18. Jh. mit barocken Elementen ergänzt. Das Gotteshaus wird wegen des außergewöhnlichen manuelinischen *Abóbada dos Nós* (Knotengewölbe) auch ›Kathedrale der Knoten‹ genannt: Die Kreuzrippen in jedem Joch der drei Kirchenschiffe und des Querschiffs sind wie dick verknotetes Tauwerk geformt, das die Wappen und Kreuzblumen der Schlusssteine mit den Scheid- und Gurtbögen verbindet. Im oberen *Kreuzgang* sieht man zauberhafte Azulejos, auf denen Blumenarrangements zu *Albarrada-Friesen* zusammengestellt sind (Anfang 18. Jh.). Der romanische *Kapitelsaal* birgt heute als Schatzkammer unter anderem zwei kostbare emaillierte Reliquienschreine aus Limoges (Anfang 13. Jh.) und eine Monstranz aus Elfenbein, die 1495 Dom João II. von einem kongolesischen Fürsten übersandt wurde. Sehenswert ist auch eine Krippe von Machado de Castro (18. Jh.).

Im Renaissancepalast *Paço dos Três Escalões* nördlich der Kathedrale ist das **Museu de Grão Vasco** (www.ipmuseus.pt, Di 14–18, Mi–So 10–18 Uhr) unterge-

Ein Muss für Kunstfreunde – das Museu Grão Vasco im ehemaligen Bischofspalast

bracht. Hier kann man Skulpturen aus dem 13. bis 16. Jh. besichtigen sowie zahlreiche Gemälde aus der Schule von Viseu. Darüber hinaus gibt es Werke manieristischer Maler des 17. und 18. Jh. und Arbeiten portugiesischer Naturalisten und Aquarellisten zu sehen.

Ein weiteres interessantes Museum befindet sich an der Praça da República. Es ist das Privathaus des Kunstsammlers und ersten Direktors des Museums, das nach ihm **Museu de Almeida Moreira** (Di 14–17.30, Mi–So 10–12.30, 14–17.30 Uhr) genannt wurde. Hier werden exquisite kunstgewerbliche Exponate (Möbel, Keramik und Porzellan) präsentiert, ebenso eine reiche Gemäldesammlung.

i Praktische Hinweise

Information

Posto de Turismo, Avenida Calouste Gulbenkian, Viseu, Tel. 232 42 09 50, www.turismodaolafoes.com

Hotel

******Hotel Grão Vasco**, Rua Gaspar Barreiros, Viseu, Tel. 232 42 35 11, www.hotel graovasco.pt. Zentral gelegenes Hotel mit gemütlichen Zimmern und hübschem Garten.

18 Guarda

Einst bedeutende Festung der historischen Provinz Beira Alta, heute ein Luftkurort.

Die auf einem 1056 m hohen Granitmassiv im Nordosten der *Serra da Estrela* gelegene Stadt war im Mittelalter eine der wichtigsten **Grenzfestungen** der Region. Über Guarda sagt ein oft zitiertes portugiesisches Sprichwort, dass es *fria* (kalt), *feia* (hässlich), *farta* (üppig) und *forte* (stark) sei. Kalt wird es hier natürlich im Winter, und wehrhaft erscheint die Stadt noch heute, nur hässlich kann man sie auf keinen Fall nennen mit ihrer **pittoresken Altstadt**, den stillen Plätzen, ihren vielen kleinen Barockkirchen und wappengeschmückten Stadtpalästen sowie den mittelalterlichen Häusern mit schönen Balkonen und Fenstern. Auch *falsa* (verlogen) soll sie sein, die Stadt Guarda, weil 1385 der Bischof die Stadtschlüssel dem König von Kastilien übergeben hatte.

Granitmauern und aufstrebende Wände, Türme und Zinnen verleihen selbst der **Sé** (Juni–Sept. 10–13.30 und 15– 18.30, Oktober–Mai 9–12.30 und 14–17.30), der Kathedrale von Guarda, einen wehrhaften Charakter. Viele Jahre, zwischen 1390

Alles Fassade – weißgetünchte Barockfront der Igreja da Misericórdia in Chaves

Ausgewogene Proportionen – Innenraum der Kathedrale von Guarda

und 1540, wurde an dem Gotteshaus gebaut. Obwohl Romanik, Gotik, Renaissance und Manuelinik ihre Spuren hinterließen, wirkt sie erstaunlich harmonisch. Die 150jährige Baugeschichte umfasst die Regierungszeiten von João III., dem *Rei de boa-memória* (König, an den man sich gern erinnert), bis zu Manuel I., dem *Rei venturoso* (glücklicher König). Gotisch zeigt sich das *Hauptportal* am nördlichen Querschiffarm. Manuelinisch sind die *Fassade* und das *Westportal* von Diogo Boytac (1510). Das Westportal liegt zwischen zwei mächtigen, achteckigen Tür-

men. Im Renaissance-Stil ist das figurenreiche Retabel aus Ança-Stein (1550) ausgeführt, das sich im Chor befindet und Jean de Rouen zugeschrieben wird. Die mehr als 100 Figuren des Retabels stellen Szenen aus dem Leben Christi dar. Erst im 18. Jh. wurde die Vergoldung hinzugefügt.

Südöstlich der Kathedrale, im ehem. Paço Episcopal (15./16. Jh.), befindet sich das **Museu da Guarda** (http://museudaguarda.imc-ip.pt, Di–So 10–12.30 und 14–17.30 Uhr) mit archäologischen Funden, Münzen, Gemälden und Skulpturen. Zu den besten Stücken der Sammlung gehören ein lusitanischer Kriegerkopf aus Guarda, eine polychrome Statue der Senhora da Consolação (12./13. Jh.), portugiesische Gemälde des 19. und 20. Jh., darunter Arbeiten von Joaquim Lopes, Carlos Reis, Eduardo Malta, José Tagarro und João Vaz.

Etwas außerhalb der Innenstadt steht die romanische **Ermida de Nossa Senhora da Póvoa de Mileu**. Vermutlich wurde sie um 1150 von Dona Mafalda, der Frau von Afonso Henriques, gestiftet. Archäologische Ausgrabungen haben bestätigt, dass der Westgotenkönig Chindasvinta in der 2. Hälfte des 7. Jh. an dieser Stelle auf Resten eines römischen Tempels eine Marienkirche errichten ließ. Die bescheidene Kirche besitzt eine schöne *Rosette*. Eine Holzdecke, Kapitelle mit schnäbelnden Vögeln, einem Menschenkopf und einem Esel lohnen einen Blick ins Innere. Unweit der Ermida fand man auch Spuren von Zellen, in welche sich fromme Frauen einmauern ließen.

Praktische Hinweise

Information

Posto de Turismo, Praça Luís de Camões, Guarda, Tel. 271 20 55 30, www.rt-serradaestrela.pt

Hotels

*****Pensão Aliança**, Rua Vasco da Gama 8, Guarda, Tel. 271 22 22 35. Einfaches, aber familiäres Haus.

*****Pensão Residência Filipe**, Rua Vasco da Gama 9, Guarda, Tel. 271 22 36 58. Elegantes Hotel in zentraler Lage.

*****Quinta da Ponte**, Faia (13 km westl. von Guarda), Tel. 271 01 00 05, www.quintadaponte.com. Herrschaftliches Landhaus (17. Jh.) mit Kapelle und französischem Buchsbaumgarten.

19 Serra da Estrela

Die Serra da Estrela, das Sternengebirge, gehört zu den außergewöhnlichen Naturschönheiten Portugals.

Mit seinen kleinen Seen, bizarren Felsformationen und schönen Wäldern bildet das knapp 2000 m hohe ›Sternengebirge‹ *Serra da Estrela* nicht nur die Grenze

◁ *Wanderparadies mit gut angelegten Wegen – die Serra da Estrela*

zwischen Nord- und Südportugal, sondern ist dank der angelegten **Wanderwege** (Percursos Pedestres, www.rt-serradaestrela.pt) auch ein beliebtes Ausflugsziel für Naturliebhaber. Auf etwa 100 km Länge und 30 km Breite erstreckt sich die Serra von *Guarda* bis südlich von *Coimbra*. Noch heute zählt das raue Gebirge mit seiner kargen Landschaft zu den ärmsten Regionen Portugals. Doch langsam gewöhnt sich die Bevölkerung an den Tourismus.

Man beginnt eine Fahrt entlang des nordwestlichen Randes der Serra am besten in **Seia**. Die ursprünglich romanische *Pfarrkirche*, die an der Stelle einer alten Burg errichtet wurde, besitzt sehenswerte Barockaltäre und Bilder des Bragenser Malers José Maria Vieira. Wenige Kilometer südlich von Seia liegt die seltsame Felsformation **Cabeça da Velha** (Kopf der Alten). Von hier aus führt die N 339 zum **Malhão da Estrela** (auch Torre genannt), dem mit 1991 m höchsten Berg des portugiesischen Festlandes. Vom Aussichtsplateau auf dem Gipfel hat man einen einzigartigen Panoramablick über das *Mondego*-Tal, die *Serra da Lousã* und das *Zêzere*-Tal.

Der nächste Ort ist **Gouveia**, das wohl schon von den Turdetanern 500 v. Chr. besiedelt und auch in römischer Zeit erwähnt, aber im 12./ 13. Jh. zerstört wurde. Das Ortszentrum markiert die mit blauweißen Azulejos verkleidete *Igreja Matriz de São Pedro*. Nebenan befindet sich der *Paço do Concelho*, das ehem. Jesuitenkloster aus dem 18. Jh. Sehenswert ist ferner die *Casa da Torre* (17. Jh.) der Grafen von Gouveia.

An der N 338-1 liegt das hübsche Örtchen **Folgosinho** mit Resten einer mittelalterlichen *Befestigungsanlage* aus Wehrturm, Kastell und einem Pelourinho. Von hier bieten sich schöne Wanderungen auf den *Monte São Tiago* (1490 m) und den *Monte Santinha* (1590 m) an. In nordöstlicher Richtung führt die Straße weiter zu dem am Fuß des 1283 m hohen *Monte Cabeça Alta* gelegenen Dorf **Linhares**, einem der schönsten Orte der Serra. Sehenswert sind die Ruinen der ehemals bedeutenden, vermutlich über römischen Mauerresten erbauten gotischen Burg mit einer Torre de Menagem und zwei Verteidigungstürmen (1291) sowie dei beiden Kirchen. In der *Igreja Matriz* kann man die kunstvollen Altarbilder ›Anbetung der Heiligen Drei Könige‹, ›Kreuzesabnahme‹ und ›Verkündigung‹ besichtigen, die Grão Vasco (1613) zugeschrieben werden.

Bizarre Felsformationen in den Höhenlagen

20 Belmonte

TOP TIPP *Geburtsort des Brasilienentdeckers Pedro Álvares Cabral.*

Viele der **Juden**, die 1492 vor den spanischen Königen geflüchtet waren, versuchten, in Belmonte unterzukommen. Vier Jahre später, als der künftige Schwiegersohn Isabellas von Kastilien, Manuel I., auch in Portugal die Juden gewaltsam zum Christentum zwang, flohen erneut viele in das Bergstädtchen. Nirgendwo in Portugal ist die kryptojüdische Tradition stärker ausgeprägt als hier. Noch heute pflegen die etwa 500 **Marranen** – so nannten die Spanier die zwangsgetauften Juden – ihre alten Bräuche. Seit 1997 gibt es auch wieder eine neue jüdische Gemeinde. Der jüdischen Geschichte und Gegenwart widmet sich inzwischen das 2008 eröffnete, modern konzipierte **Museu Judaico** (Rua da Portela 4, 15. Juni–14. Sept. Di–So 9.30–13 und 14.30–18, sonst 9–12.30 und 14–17.30 Uhr).

Etwas oberhalb des Ortskerns erheben sich die Reste des mächtigen **Castelo** (tgl. 10–12.30 und 14–17 Uhr) aus dem 13. Jh. Im Turmhof befindet sich das Modell der Karavelle, mit der *Pedro Álvares Cabral* (ca. 1467–1520) im Jahr 1500 nach Brasilien gesegelt war. Gegenüber vom Festungsportal steht die romanisch-gotische **Capela de Santiago**. Im Innenraum sieht man die aus einem Stein gemeißelte, gotische Marienskulptur *Nossa Senhora da Esperança* (13. Jh.), die Cabral auf seiner Brasilienfahrt mit sich führte und später einem Franziskanerkloster bei Belmonte schenkte. Sehenswert sind die romanischen Kapitelle, Reste des alten Freskenschmucks (Chor) und das Grabmal von Cabrals Mutter. In einem Nebenhof findet man das *Panteão dos Cabrais* mit den Grabmälern von Fernão Cabral und Henrique Francisco Cabral aus dem 17. Jh.

An Pedro Álvares Cabral, den großen Sohn Belmontes und Entdecker Brasiliens, erinnert ein Denkmal, das zu seinem 500. Geburtstag an der Hauptstraße aufgestellt wurde. Im einstigen Landsitz der Familie Cabral, der *Solar dos Cabrais,* informiert seit 2009 das mulitmedial konzipierte **Museu À Descoberta do Novo Mundo** (Rua Pedro Álvares Cabral, 15. Juni–14. Sept.. Di–So 9.30–13 und 14.30–18, sonst 9–12.30 und 14–17.30 Uhr) über die Entdeckung der neuen Welt und die Folgen der Kolonialisierungen, Sklavenhandel und Unabhängigkeitskriege.

Vor der Stadt, 1,5 km in Richtung Guarda, ragt der beeindruckende römische Turm **Centum Cellae** (100 Zellen) empor. Das dreistöckige, 22 m hohe Bauwerk besteht aus behauenen Granitquadern mit je zwei Zinnen zwischen den Ecknasen. Das dritte, heute stark beschädigte Geschoss wurde im Mittelalter errichtet. Warum der Bau genau 100 Zellen hatte, ist noch nicht geklärt. Ebensowenig wie die Frage, ob es sich um einen Aussichtsturm, eine Festung oder ein Gasthaus handelte.

Praktische Hinweise

Information

Posto de Turismo, Praça da República, Belmonte, Tel. 275 91 14 88, www.cm-belmonte.pt, www.rt-serradaestrela.pt

Hotel

*****Convento de Belmonte**, Serra da Esperança, Belmonte, Tel. 275 91 03 00, www.pousadas.pt. Geschmackvoll in einem ehem. Franziskanerkloster aus dem 13. Jh. eingerichtete Pousada.

Ein Juwel spätbarocker Gartenkunst – der Jardim Episcopal in Castelo Branco

21 Castelo Branco

Ein Barockgarten zum Verlieben.

Im Norden der Stadt an der *Rua Frei Bartolomeu*, ließ Bischof Dom João de Mendoza im frühen 18. Jh. einen der vielen Gärten anlegen, die im Barock so beliebt waren. Mit seinen zahlreichen Teichen, Wasserspielen und Springbrunnen, Bäumen und Buchsbaumhecken sowie Gartenplastiken zählt der **Jardim do Paço Episcopal** (tgl. 9–19.30 Uhr) zu den schönsten Barockgärten Portugals. Kurios-boshaft ist die Anordnung der Statuen an der Treppe: Die drei spanischen Philipps (1580–1640) stehen am Fuß der Rampe, sind nach außen gewandt und nur halb so groß wie die Könige aus den Häusern Burgund, Aviz und Bragança. Weitere Statuen und Statuetten stellen historische Personen, Allegorien (Caritas mit zwei Kindern; Die vier Elemente) und Tiere dar.

Im angrenzenden, ursprünglich gotischen, 1726 umgebauten Bischofspalast, dem *Paço Episcopal*, befindet sich das 1910 gegründete **Museu Francisco Tavares Proença Júnior** (Di–So 10–12.30, 14–17.30 Uhr). Hier kann man zahlreiche vorgeschichtliche, römische und mittelalterliche Funde der Region sowie eine Sammlung alter Waffen entdecken. Zur ausgezeichneten *Gemäldesammlung* gehören viele Werke der portugiesischen Primitiven, darunter Arbeiten von Cristóvão de Figueiredo, Gregório Lopes, Garcia Fernandes und Francisco Henriques. Außerdem zeigt das Museum Gobelins und eine außergewöhnliche Colcha-Sammlung mit vielfätigen Stickereien. Ein manuelinischer Pelourinho (Schandpfahl) mit gedrehter Säule und Algenkrone steht vor dem Palast.

i Praktische Hinweise

Information

Posto de Turismo, Praça do Município, Castelo Branco, Tel. 272 33 03 39, www.cm-castelobranco.pt

Hotel

*****Residencial Arraiana**, Avenida 1º de Maio 18, Castelo Branco, Tel. 272 21 63 4, www.residencialarraiana.com. Sympathische Pension in zentraler Lage.

Restaurant

Praça Velha, Largo Luís de Camões 17, Castelo Branco, Tel. 272 32 86 40, www.pracavelha.com. Exquisites Restaurant mit raffinierter portugiesischer Küche.

Planícies – der Brotkorb Portugals

Die Region Planícies umfasst die historischen Provinzen Ribatejo, Alto und Baixo Alentejo. Die Landschaft des **Alentejo** ist weit, monoton und nahezu menschenleer, die riesigen **Weideflächen** sind durch jahrhundertelange extensive Nutzung streckenweise versteppt. Ungewöhnlich geradlinige Straßen führen bis zum Horizont. Immer seltener sind auf ihnen die *Carrinhos* unterwegs, die kleinen Wägelchen, mit denen früher üblicherweise die Korkrinde in die Fabriken des Nordens transportiert wurde. Unter den zahllosen **Korkeichen** und im Schatten der immergrünen Zypressen verharren reglos Schweine, Schafe, Ziegen, vor allem aber Kühe, denen weiße Kuhreiher geduldig die Parasiten aus dem Fell picken. Feldarbeiter, Olivenpflücker, Korkschäler und Hirte – das sind hier die traditionellen Berufe. Bis zur **Nelkenrevolution**, die im Alentejo die meisten Anhänger fand, war die Provinz das Land der Großgrundbesitzer und Tagelöhner.

22 Tomar

Inmitten einer fruchtbaren Landschaft liegt die einstige Hochburg der portugiesischen Tempelritter.

Hauptattraktion von Tomar und Wahrzeichen der Region ist das zum UNESCO-Weltkulturerbe gehörende **Convento da Ordem de Cristo** (www.igespar.pt, Juni–Sept. tgl 9–18.30, Okt.–Mai 9–17.30 Uhr). Weithin sichtbar künden die Vorwerke und Festungsmauern von der Berghöhe von der kriegerischen Vergangenheit seiner Bauherren, der Templer. Weil die Krieger des 1119 gegründeten Ritterordens bei der Rückeroberung der von Mauren besetzten Gebiete vorzügliche Arbeit geleistet hatten, schenkte ihnen Afonso Henriques 1158 zum Dank das *Castelo de Ceras*. Das Kastell lag aber strategisch so ungünstig, dass Gualdim Pais, damals Großmeister des Ordens, eine Burg auf dem Hügel oberhalb der heutigen Stadt Tomar errichten ließ. Von dieser zerfallenen *Templerburg* sind noch immer Mauerreste, die festungsartige Rotunde sowie die *Templerkirche* erhalten.

◁ **Oben:** *Korkeichen und Kornfelder bestimmen das Bild der alentejanischen Landschaft* **Unten:** *Schmucke weiße Häuser und die Igreja de São Baptista sind Blickfang in der Altstadt von Tomar*

Nach Auflösung des Templerordens 1312 gründete König Dinis I. im Jahr 1317 »zur Verteidigung des Glaubens, zur Bekämpfung der Mauren und zur Vergrößerung der portugiesischen Monarchie« den *Christusritterorden*. Der gesamte Besitz der Templer fiel an den neuen Orden. Wie zuvor die Templer, waren auch die Christusritter sehr vermögend. Der Orden unterstützte die portugiesische Krone seit Heinrich dem Seefahrer bei ihren Entdeckungsfahrten an der afrikanischen Küste, über den Indischen Ozean und nach Amerika. 1523 wandelte sich der Ritter- zum Mönchsorden, 1789 wurde der Konvent säkularisiert und 1910 schließlich aufgelöst.

Über einen herrlichen Hofgarten gelangt man auf die **Plattform** [**A**], auf deren rechter Seite neben der Templerkirche die **Christusritterkirche** [**B**] liegt. Der Bau des Gotteshauses und des Klosters ging – vermutlich im 15. Jh. – von der Charola aus, der ursprünglichen Gebetskapelle der Tempelritter. Daran wurden nach und nach der Chor, das Langhaus, das Claustro do Cemitério (Kreuzgang der Gräber) und das Claustro da Lavagem (Kreuzgang der Waschung) angebaut. Die manuelinische Bauphase im 16. Jh. ist verbunden mit den Namen bedeutender Architekten João de Castilho, Diogo de Arruda, Diogo de Torralva, Filippo Terzi und Pedro Fernandes. Die Christusritterkirche von Tomar gilt als das größte und wichtigste Gotteshaus des Ordens im Abendland.

Zwischen Chor und Kirche öffnet sich ein hohes, außergewöhnlich reich skulptiertes und ornamentiertes **Portal** [**C**], dessen Vorbild das große Südportal des Hieronymus-Klosters in Belém [s. S. 131] gewesen sein dürfte. Über dem hohen Portal stehen unter einem spätgotischen Schmuckbaldachin Maria mit Kind, darunter – in der senkrechten Achse – Christusritterkreuz und Armillarsphäre. Fünf fein gearbeitete Figuren befinden sich jeweils links und rechts vom Portal, das João de Castilho 1515 schuf. Durch das Portal gelangt man in die **Rotunde** [**D**] mit der *Charola dos Templários*. Starke Stützpfeiler, die in eine mit Zinnen bestückte Terrasse auslaufen, gliedern den außen sechszehneckigen romanischen Zentralbau aus dem 12. Jh. Er steht in der Tradition der Grabeskirche und der Omar-Moschee in Jerusalem. Der *Innenraum* hingegen ist als Oktogon gestaltet und von Arkaden im romanisch-byzantinischem Stil umgeben, die zu einem Umgang und zu einer Empore überleiten. Die *romanischen Säulenkapitelle* zeigen paarweise angeordnete Tiere, Basilisken, Harpyien und Drachen, dünne Schlangen, Tier- und Menschenköpfe, aus deren Mäulern Schlingen und Geflecht herauswachsen. Vorzüglich gearbeitet ist das Kapitell mit der Darstellung Daniels in der Löwengrube. Gekrönt wird die Charola von einer mächtigen *Kuppel*, die nach einem Blitzschlag 1508 erneuert wurde. An der Decke der Gebetskapelle sind noch Spuren von Freskenmalereien mit heraldischen Motiven, Weltkugeln und Wappen zu entdecken. Dieser überbordende manuelinische Bauschmuck des frühen 16. Jh. mit Malereien sowie Statuen und Stuck im Mudéjarstil zitiert den orientalischen Stil zur Zeit der Tempelritter.

An die nordöstliche Seite der Templerkirche grenzt der gotische **Claustro do Cemitério** [**E**], der über einem ehem. Friedhof *(Cemitério)* liegt. Grabplatten bedecken den Boden, ein Fries aus blauweißen Azulejos mit orientalischen Ornamenten schmückt die Seiten. Die Fliesen stammen wie die manuelinischen Grabmale und -platten von Ordensrittern aus dem 16. Jh. Die Mumie des Ordensmeisters Baltasar de Faria († 1584), der die Bulle der Inquisition nach Portugal brachte, ist hinter Glas zu sehen. Rechts vom Claustro do Cemitério liegt der mit Azulejos dekorierte, gotische **Claustro da Lavagem** [**F**], der Kreuzgang der Waschung aus dem 15. Jh. In seinen unteren Räumen wurde die Kleidung der Mönche gewaschen. Die **Höfe** [**G**] sowie der **Claustro da Hospedaria** [**H**] schließen sich in nördlicher Richtung an die **Sakristei** [**J**] an. Weitere Kreuzgänge, welche die Anlage nach au-

Convento da Ordem de Cristo

A Plattform
B Christusritterkirche
C Portal
D Rotunde
E Claustro do Cemiterio
F Claustro da Lavagem
G Höfe
H Claustro da Hospedaria
J Sakristei
K Claustro da Micha
L Claustro dos Corvos
M Claustro dos Felipes
N Claustro de Santa Bárbara

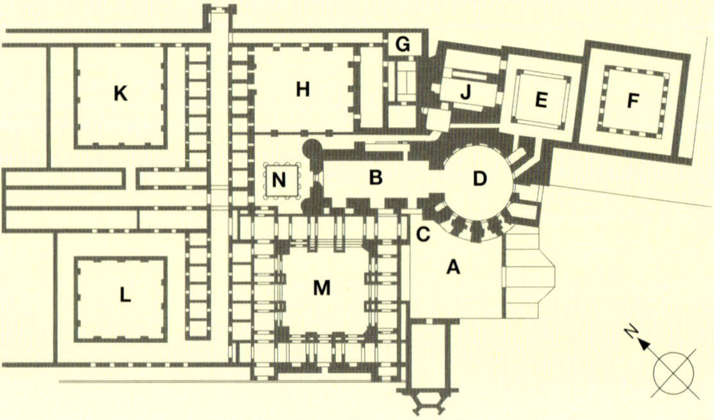

Ritterlicher Anspruch auf Herrschaft – der burgartige Convento da Ordem de Cristo

Wappen in der Rotunde zieren die eindrucksvolle Kuppel der Charola dos Templários

ßen hin abschließen, sind der **Claustro da Micha** [**K**], wo die Armenspeisung stattfand, sowie der **Claustro dos Corvos** [**L**]. Von der Christusritterkirche gelangt man durch ein Tor in den **Claustro dos Felipes** [**M**], in dem Philipp I. von Spanien 1580 zum portugiesischen Herrscher gekrönt worden sein soll. Über die Treppenhäuser des Claustro dos Felipes kommt man zur Plattform des Kreuzgangs. Von hier aus ist die gesamte Klosteranlage zu überblicken. Eine Tür an der Nordseite führt in den *Kapitelsaal*, der mit Bildwerken und Fayencen reich ausgestattet ist. Non einer Ecke des Kapitelsaals aus hat man einen schönen Blick auf den **Claustro de Santa Bárbara** [**N**] sowie die gegenüberliegende Westfassade und das berühmte **manuelinische Fenster** im Chor der Christusritterkirche. Es wird gerahmt von den als kräftige Baumstämme dargestellten Strebpfeilern, um die das Hosenband (Zeichen des höchsten britischen Ordens) und eine stark gliedrige Kette geschlungen sind. Ferner sieht man Säulen aus Löcherkoralle, knospende Zweige und Masken. Neben Tauwerk mit Knoten und Korkringen tauchen wiederholt die Motive Armillarsphäre und Christusritterkreuz im Dekor auf – eine typische Reminiszenz an die Ritter zur See.

Wild wucherndes Dekor – das manuelinische Fenster der Christusritterkirche

Tomars Innenstadt

Im Zentrum der Stadt, an der *Praça da República*, steht die um 1490 errichtete **Igreja de São Baptista**, König Manuels Kirche für Johannes den Täufer. Die Kirche besitzt einen unten viereckigen, darüber achteckigen wuchtigen Glockenturm, den ein mit zwei Steinschnüren verziertes Pyramidendach krönt. Über dem Portal an der Hauptfassade befindet sich ein Tympanon mit Armillarsphäre, Christuskreuz und königlichem Wappen. Vermutlich stammt es von einem französischen Künstler. Im *Innenraum* stützen mächtige Pfeiler mit Vierpass-Grundriss gotische Bögen. Beeindruckend sind die *Kassettendecke* sowie barocke Holzschnitzereien. Die zierliche spätgotische *Steinkanzel* mit manuelinischen Emblemen ist leider stark beschädigt. Sehenswert sind der Azulejo-Schmuck sowie mehrere *Wandgemälde*, die alle dem Hofmaler Manuels I., Gregório Lopes († 1550), zugeschrieben werden. Im *Baptisterium* lohnt sich der Blick auf ein Triptychon aus der lusoflämischen Schule mit der Darstellung der ›Hochzeit von Kana‹ und der ›Versuchung Jesu‹ sowie einer Darstellung des Kirchenpatrons Johannes d. T. und des hl. Andreas.

Am linken Ufer des *Rio Nabão* steht die Kirche **Santa Maria dos Olivais**. Gualdim Pais ließ die dreischiffige gotische Templerkirche gleichzeitig mit dem Kastell errichten. Vom Gotteshaus steht nur noch die *dreigeschossige Westfront* mit Vorhalle und Fensterrose. Die übrigen Gebäudeteile wurden um 1540 umgebaut. In der oberen Archivolte des gestuften Portals sieht man das Zeichen der Tempelherren, den Fünfstern *(Signum Salomonis)*. Aus dieser Zeit stammen auch die *12 Kapellen* in der Südmauer. In der zweiten Kapelle sind noch die Reste von 29 Grabsteinen der hier beigesetzten Großmeister des Ordens aufbewahrt, darunter auch die Grabplatte des 1195 verstorbenen Gualdim Pais.

Eleganter Prachtbau im Stil der italienischen Renaissance – der Claustro dos Felipes im Convento da Ordem de Christo von Tomar

Unweit der Santa Maria dos Olivais steht die **Capela de Santa Iria**. Die einschiffige Renaissancekapelle ist der hl. Iria (Irene) geweiht, der Stadtpatronin von Tomar. Die nach der Legende in einem Klarissinnenkloster lebende Märtyrerin wurde von einem verschmähten Liebhaber ermordet und in den Fluss Nabão geworfen. Neben dem *manuelinischen Portal* aus der Schule des João de Castilho sind ein aus weißem Ança-Stein gefertigtes *Kreuzigungsretabel* sowie mehrere mit Medaillons und Büsten brasilianischer Häuptlinge geschmückte *Renaissancebögen* sehenswert.

Am nordöstlichen Stadtrand, in der Nähe der Auffahrt zur Christusritterburg, findet man die 1530 errichtete dreischiffige **Capela de Nossa Senhora da Conceição**. Der außen schlichte Quaderbau ähnelt innen mehr einem römischen Tempel als einer Kirche. Bemerkenswert sind ionische Eckpfeiler und mit Giebeln versehene Fenster, deren Konsolen schräg nach außen gestellt sind.

An der *Rua da Joaquim Jacinto* befindet sich das **Museu Luso-Hebraico Abraham Zacuto** (tgl. 10–13 und 14–18 Uhr). Es wurde 1939 in der ältesten Synagoge Portugals im ehem. Judenviertel *(Judiaria)* eingerichtet. Nur noch zwei Gebäude erinnern an die glanzvolle Zeit der jüdischen Gemeinde von Tomar: In dem einen befindet sich die Synagoge, in der heute Grabsteine aus Beja, Belmonte, Lissabon, Espiche und Monchique Oporto ausgestellt sind; im anderen war früher eine *Miqve* (rituelles Bad). Die Synagoge

Versteinerte Weltmacht

Der **manuelinische Stil**, der sich im frühen 16. Jh. unter König Manuel I. entwickelt hat, spiegelt die Eindrücke der portugiesischen **Entdecker** in fremden Kontinenten wider. Die Künstler, die sie begleiteten, hielten in ihren Zeichenbüchern das persische Blumendekor ebenso fest wie die mythischen und fantastischen Geschöpfe Äthiopiens, Angolas oder Brasiliens. Mit den Erfahrungen und Reichtümern der **Neuen Welt** ließen der König, die Vizekönige und die in Afrika und Asien reich gewordenen Kaufleute monumentale Bauten errichten. Bautechnisches Können verband sich mit der Vorliebe für üppig wucherndes Dekor im Stil der **Frührenaissance**. Unbekümmert und witzig verfremdeten die Architekten die Gotik und ergänzten sie mit exotischem Beiwerk. Und das Fremde versetzten sie wiederum mit Motiven aus dem Leben der portugiesischen Bauern und Seefahrer. In vielen Werken scheint der Stein entmaterialisiert, spektakulär im filigranen Dekor und bis ins Extreme stilisiert. Ein besonders beliebtes Motiv ist die **Armillarsphäre**, ein altes Navigationsinstrument zur Koordinatenbestimmung am Himmel und ein Symbol der portugiesischen Entdecker. Ebenso wie das gleichschenklige **Kreuz des Christusordens**, der die Seefahrten finanziell und militärisch absicherte. Zu den Hauptwerken der Manuelinik gehören das **Hieronymitenkloster** von Belém, die **Capelas Imperfeitas** in Batalha und das berühmte Fenster der **Christusritterkirche** in Tomar.

von Tomar ist in ihrer Form ein einmaliges – und nunmehr das einzige – Beispiel für die Synagogenarchitektur in Portugal aus der Zeit vor 1492.

i Praktische Hinweise

Information

Posto de Turismo, Avenida Dr. Cándido Madureira 1, Tomar, Tel. 249 32 98 23, www.cm-tomar.pt

Hotel

*****Quinta da Anunciada Velha**, Madalena, Tomar, Tel. 249 34 52 18, www.anunciadavelha.com. Das elegante Landhaus mit Kapelle war früher Wohnsitz der Grafen von Tomar.

Restaurant

Bela Vista, Rua Marquês de Pombal 68, Tomar, Tel. 249 31 28 70. Regionale Küche auf einer weinumrankten Terrasse direkt an der Steinbrücke über den Fluss.

23 Castelo de Almourol

TOP TIPP *Auf einer kleinen Insel im Tejo, die mit Hilfe eines Fährmanns erreichbar ist, steht eine elftürmige Bilderbuchburg.*

Zwischen Agaven und Weiden ragen auf einer kleinen Felseninsel mitten im Tejo die Zinnen und Türme des märchenhaften Castelo de Almourol (www.castelodealmourol.com, April–Okt. tgl. 10–19.30, sonst Sa/So 10–17.30 Uhr) in den blauen Himmel. Der bezaubernde Anblick der **Templerburg** scheint für Legenden wie geschaffen. Der legendäre Großmeister des Ordens *Gualdim Pais* ließ sie 1171 über römischen und maurischen Grundmauern zum Schutz gegen die Mauren errichten. Heute ist die im 19. Jh. im Geist der Romantik restaurierte Burg eine der malerischsten Befestigungen des Mittelalters.

Von den Bauten des 12. Jh. sind noch die doppelten *Umfassungsmauern* mit ihren gewaltigen zehn *Rundtürmen* sowie der viereckige, zweistöckige Bergfried erhalten. Von dessen Plattform aus genießt man eine schöne Aussicht über die Flusslandschaft des Tejo und die Felder der Umgebung.

24 Castelo de Vide

TOP TIPP *Malerischer Bergort mit schmucken, weiß gekalkten Häusern.*

Seinen Beinamen *Cidade branca* (weiße Stadt) verdankt Castelo de Vide den weiß gekalkten niedrigen Häusern mit den typischen Kaminen, mittelalterlichen Türen, manuelinischen Fensterrahmungen und schmiedeeisernen Balkongittern, welche die steilen schmalen Gassen säumen. Mittelpunkt des Ortes ist das **Castelo de São Roque**, das im 14. Jh. auf den Ruinen einer maurischen Burg errichtet wurde. Von hier bietet sich ein herrlicher Blick über das Häusergewirr und die Serra de

Einheit von Landschaft und Architektur – der Bergort Castelo de Vide

São Mamede. Zur Festung gehört die vollständig mit Azulejos ausgekleidete **Capela de Nossa Senhora da Alegria** (17. Jh.). Neben der von barocken Kirchen, Palästen und dem Rathaus gesäumten **Praça de Dom Pedro V.** ist vor allem die **Judiaria**, das ehem. Judenviertel, mit der restaurierten mittelalterlichen Synagoge sehenswert.

In der landschaftlich reizvollen Umgebung des Ortes findet man bedeutende Zeugnisse der alentejanischen Megalithkultur: die **Necrópole de Santo Amarinho**, den **Parque Megalítico dos Coureleiros** und den 8 m hohen **Menir da Meada**. Die **Anta do Tapadão da Relva** schließlich gehört zu den bedeutendsten Megalithbauten des Alentejo.

i Praktische Hinweise

Information

Posto de Turismo, Praça D. Pedro V., Castelo de Vide, Tel. 245 90 13 61, www.cm-castelo-vide.pt

Hotels

***__Quinta da Bela Vista__, N 384, Póvoa e Meadas (12 km nordwestl. von Castelo de Vide), Tel. 245 96 81 25, www.quintabelavista.net. Gemütliches Landhaus im typischen Stil der Region.

***__Residencial Isabelinha__, Largo do Paço Novo, Castelo de Vide, Tel. 245 90 18 96, www.rtsm.pt/pensao_isabelinha. Modern ausgestattete Pension am Hang mit Swimmingpool.

Sagenumwoben – die zinnenbewehrte Templerburg Almourol

Restaurant

Dom Pedro, Praça D. Pedro V., Castelo de Vide, Tel. 245 90 12 36, www.dpedrov.com.pt. Regionale Spezialitäten in gemütlich-rustikalem Ambiente (Mo geschl.).

25 Marvão

TOP TIPP *Von gewaltigen Stadtmauern umgebenes Städtchen mit noch unverfälschtem mittelalterlichem Ortsbild.*

Marvão thront wie ein Adlerhorst auf einer 870 m hohen Felsnase. Der befestigte Bergort geht auf die Mauren zurück und spielte in den Grenzkriegen gegen Spanien das ganze Mittelalter hindurch und auch später eine wichtige Rolle. Die **Rua do Castelo** führt durch das immer noch mittelalterlich wirkende Städtchen mit seinen engen, verwinkelten Gassen, malerischen Plätzen und blumengeschmückten Häusern. Von der im frühen 17. Jh. erweiterten **Festung** bietet sich ein weiter Rundblick: im Osten nach Spanien, im Süden und Westen über die Serra de São Mamede und im Norden zur Serra de Estrela.

i Praktische Hinweise

Information

Posto de Turismo, Largo de Santa Maria, Marvão, Tel. 245 909 131, www.cm-marvao.pt

Hotel

****__Pousada de Santa Maria__, Rua 24 de Janeiro 7, Marvão, Tel. 245 99 32 01, www.pousadas.pt. Nobelherberge in Mauern der alten Zitadelle.

In Marvão ist der Weitblick zu Hause – Panorama von der Festung

Inbegriff des Manierismus – die Fassade der Jesuitenkirche in Santarém

26 Santarém

Auf einem Hügel liegt die Hauptstadt der historischen Provinz Ribatejo, die wegen ihrer vielen Klöster und Kirchen als Zentrum der portugiesischen Gotik gilt.

»Diese Stadt«, schreibt der portugiesische Romancier Almeida Garrett, »ist ein Stein gewordenes Buch, in dem der interessanteste und poetischste Teil unserer nationalen Chroniken geschrieben steht.« Neben 14 Klöstern und 13 Kirchen hat die **Hauptstadt der portugiesischen Gotik** auch auf dem landwirtschaftlichen Sektor einiges zu bieten. Gemüse, Getreide und Wein werden in der Umgebung angebaut. Anfang Juni findet in Santarém die **Feira Nacional de Agricultura** statt, die größte Landwirtschaftsmesse Portugals.

Den besten Überblick über die Stadt (20 000 Einw.) hat man vom südöstlich der *Avenida 5 de Outobro* gelegenen und flusswärts gerichteten Felsplateau. Von der **Portas do Sol**, einer 1895 an der Stelle eines ehem. maurischen Kastells angelegten Aussichtsterrasse, kann man auf die Flusslandschaft des Tejo-Tals und auf das für seinen vorzüglichen Weißwein bekannte Almeirim sehen. Ebenso hat man einen herrlichen Blick auf die 1200 m lange **Ponte Dom Luís**, die 1876–81 erbaut wurde und den Tejo in einer Höhe von 22 m überbrückt.

An der *Praça Visconde Serra Pilar* steht die Kirche **Santa Maria de Marvila**. Das auffälligste Wahrzeichen des von João de Castilho in der ersten Hälfte des 16. Jh. erbauten Gotteshauses ist das wuchtige manuelinische *Portal* (1520), dessen Torbogen von Schlangenkakteen-Stängeln geschmückt sind. Das dreischiffige *Innere* mit flacher Kassettendecke gliedern ionische Säulen mit schönen Kapitellen, deren Deckplatten Engel und bärtige Masken zieren. Blickfang der Ausstattung sind die blau-gelben Azulejo-Muster (1617) sowie das Holzaltarbild ›Mariä Himmelfahrt‹ des romantischen Malers Arcangelo Fuschini (1829). Ein weiteres manuelinisches Portal führt zur *Sakristei* mit einer schönen Holzdecke, einem Azulejo-Paneel und einer im indoportugiesischen Stil gearbeiteten, kleinen Elfenbeinfigur des gekreuzigten Christus.

Nahebei in südöstlicher Richtung erstreckt sich der *Largo da Graça* mit der **Igreja da Graça** (Di/Mi, Sa/So 9.30–12.30 und 14–17.30, Fr 10–12.30 und 14–17.30) – ein Triumph des gotischen Flamboyant-Stils. Die Kirche wurde um 1380 im Auftrag von Dom João Afonso Tellez de Meneses erbaut. Das eindrucksvolle *Portal* der harmonischen Fassade meißelte wahrscheinlich der Batalha-Baumeister Domingues. Die fünf Archivolten weisen fein gearbeitete Kapitelle mit pflanzlichen Verzierungen auf. Im Feld über dem Kielbogen sieht man Blendarkaden mit den beiden Stifterwappen. Besonders sehenswert ist die aus einem einzigen Stein herausgeschlagene *Fensterrose*. Der dreischiffige, sehr harmonisch wirkende spätgotische *Innenraum* wurde mit einer gebrochenen Holzdecke sowie hohen Arkadenbögen auf Bündelsäulen mit pflanzlichem und figürlichem Kapitellschmuck prachtvoll ausgestaltet. Zu sehen gibt es außerdem kunstvolle Grabmäler. Eichenblätter umranken einen *Doppelsarkophag*, der von acht Löwen getragen wird. Die Liegefiguren halten sich innig die Hände. Es ist das Grabmal des 1437 verstorbenen ersten Gouverneurs von Ceuta, Pedro de Meneses, und seiner Gemahlin Dona Beatriz Coutinho. Rechts vom Chor befindet sich das *Grabmal* für den 1526 verstorbenen Seefahrer *Pedro Álvares Cabral*, der 1500 Brasilien entdeckte. Vor der Gnadenkirche wurde 1968 ein *Gedenkstein* für den großen Entdecker aufgestellt.

In der *Rua de São de Martinho*, nahe der *Torre das Cabaças*, liegt die älteste Kirche der Stadt. Die um 1200 errichtete **Igreja de São João de Alporão** veranschaulicht eindrucksvoll die glückliche Mischung von anglo-normannischer Gotik und zierlichem mozarabischen Stil. Ein frei stehender Verteidigungsturm auf der linken Seite sowie das in einen tiefen fünfeckigen Mauervorbau gestufte romanische *Westportal* vermitteln einen wehrhaften Eindruck, den auch die darüberliegende Fensterrose kaum mindert. Die Rose öffnet sich aus acht säulenartigen Speichen. Der einschiffige gotische *Innenraum*, der lichtvolle Weite suggeriert, besitzt einen bemerkenswerten *Triumphbogen* mit pflanzlichen und zoomorphen Kapitellen.

Im *Chor* – mit einem wunderbaren frühgotischen Sterngewölbe – sind heutzutage die Kunstsammlung und die archäologischen Schätze des Stadtmuseums **Museu Municipal de Santarém** (www.museu-santarem.org Mi–So 10–12.30, 14–17 Uhr) untergebracht. Zwei Steinelefanten aus Indien stehen am Eingang des Chors. Ausgestellt sind Skulpturen, darunter von exotischen Tieren, Sarkophage, römische Tonwaren, Fliesen, arabische Kapitelle. Ein kurioses Exponat ist das prachtvoll gemeißelte gotisch-flämische *Kenotaph* mit der Liegefigur von Duarte de Meneses, Sohn Pedros I., der 1458 in einer Schlacht fiel. Nur ein Zahn von ihm wurde in die Heimat zurückgebracht. Er wird heute gesondert ausgestellt. Ein gemeißelter Bogen mit einem Relief der Kreuzigung Christi unter dem Baldachin im oberen Bogenfeld kennzeichnet den Kenota-

Häuser erzählen Geschichte(n) – Azulejos am Marktgebäude

phen. In Rüstung und mit gezogenem Schwert ist die Liegefigur dargestellt.

Gegenüber der Museumskirche sieht man die 22 m hohe, quadratische **Torre das Cabaças** (Kürbisturm, Mi–So 10–12.30, 14–17 Uhr). Angeblich soll es sich bei ihr um ein ehemals maurisches Minarett aus dem frühen 16. Jh. handeln. Der Turm besitzt ein Glockengeschoss, über der Glocke hängen kürbisförmige Resonanzamphoren aus Stein, die den Klang verstärken und dem Turm seinen merkwürdigen Namen gaben.

i Praktische Hinweise

Information

Posto de Turismo, Rua Capelo Ivens 63, Santarém, Tel. 243 30 44 37, www.santaremdigital.com.pt

Hotel

********Santarém Hotel****, Avenida Madre Andaluz, Santarém, Tel. 243 30 95 00, www.santaremhotel.net. Komfortables Hotel mit schönem Wellnessbereich, Innen- und Außenpool.

Restaurant

Café Central, Rua Guilherme de Azevedo 32, Santarém, Tel. 24 32 23 03. Traditionsreiches Restaurant im Art-Déco-Stil.

27 Estremoz

Weiße Stadt, wo der Marmor glänzt.

Das von den Portugiesen gerne als ›glückliche Stadt‹ gepriesene Estremoz besteht aus der mittelalterlichen **Oberstadt** mit Burg und Festungsanlagen sowie der **Unterstadt** mit dem *Rossio*. Häufig wird hier der weiße Marmor als Baumaterial verwendet, der aus der Umgebung stammt. Bereits im Mittelalter war Estremoz deswegen berühmt.

Unterstadt

Die Praça do Marquês de Pombal, kurz *Rossio* genannt, ist das Zentrum der Stadt. Am Südende steht die **Câmara Municipal** (Rathaus), die ein sehenswertes Treppenhaus besitzt. An den Wänden schildern großartige blau-weiße Azulejo-Tableaus (2. Hälfte 18. Jh.) Szenen aus dem Leben des hl. Philippus. Im *Oratório do Arcebispo*, der Hauskapelle des Erzbischofs, lohnt ein Blick auf die Fliesenbilder von Manuel dos Santos.

Stierkampf auf portugiesisch

Man mag vom Stierkampf halten, was man will – aus der iberischen Kultur ist er noch lange nicht wegzudenken. Anders als in Spanien folgt die portugiesische **Tourada** jedoch der Tradition ritterlicher Turnierspiele. Aufgabe des berittenen **Cavaleiros** ist es, dem Stier im Vorüberreiten geschmückte Stäbe mit Widerhaken in den Nacken zu bohren. Wenn der Stier müde ist, bauen sich acht **Forcados** (Kämpfer zu Fuß) hintereinander in der Arena auf und versuchen, das anstürmende Tier zu stoppen, am Schwanz zu packen und in die Knie zu zwingen. Der Stier wird besiegt, aber nur symbolisch getötet.

Die Stierkampfsaison dauert von Ostersonntag bis Oktober. Zweimal in der Woche findet eine Tourada statt, am Donnerstag und Sonntag. Die **Eintrittskarten** sind in drei Klassen unterteilt: Sol (Sonne), Sol e sombra (Sonne und Schatten) und Sombra (Schatten). An der Kasse werden **Sitzkissen** (Almofadas) verliehen – durchaus zu empfehlen bei den harten Bänken. Klassische portugiesische Touradas finden vor allem im Ribatejo statt, berühmt sind die Stierkämpfe in **Santarém** und in **Vila Franca de Xira**. Bei vielen Dörfern sieht man eingezäunte Felder, auf denen die Dorfjugend am Sonntagnachmittag mit noch nicht kampftüchtigen jungen Stieren eine Vorstellung gibt.

Bollwerk gegen die Spanier – die monumentale Burgfestung von Estremoz

Ebenfalls an der Praça steht die **Igreja São Francisco** aus dem Jahr 1213, die mit einem hölzernen Satteldach gedeckt ist. Auf romanisch-gotischen Säulen ruht das Kreuzrippengewölbe im dreischiffigen Innenraum. Bemerkenswert sind das Renaissanceportal, die manuelinischen Fenster und der Marmorsarkophag für Vasco Esteves Gato (15. Jh.). Auf drei Kissen ist das Haupt der Liegefigur gebettet, die Hand hält das Schwert, zu ihren Füßen sitzen zwei Hasen. Beachtlich sind weiter ein großartiger ›Baum Jesse‹ (17. Jh.) und einige Holzskulpturen.

An Markttagen pulsierendes Zentrum der Stadt Estremoz – der Rossio

Oberstadt

Innerhalb des Befestigungsgürtels – im Stil französischer Festungsbauten – liegt das **Castelo** mit dem wuchtigen 27 m hohen *Bergfried* aus Marmor. Balkone auf Pechnasen und abschließender Zinnenkranz verleihen ihm bei aller Wehrhaftigkeit eine gewisse Eleganz. Im ursprünglichen Zustand erhalten blieb der oktogonale Rittersaal mit den Kleeblattfenstern im zweiten Geschoss, die meisten anderen Bauten der Burg wurden im Lauf der Zeit mehrfach verändert. Im ehemaligen Königspalast beispielswiese wurde die *Pousada da Rainha Santa Isabel* eingerichtet [s. u.], eine charmantes Hotel nicht nur für Romantiker.

Auf dem Largo vor der Alcáçova steht die von António Paiva geschaffene, beeindruckende **Marmorstatue** der Rainha Santa Isabel.

Die dreischiffige Hallenkirche **Santa Maria do Castelo**, gegenüber dem Kastell, bewahrt eine ausgezeichnete Sammlung früher portugiesischer Tafelbilder. Ebenso ist dort eine ›Anbetung der

Heiligen Drei Könige‹ sowie eine ›Enthauptung Johannes d.T.‹ zu sehen. Beide Bilder werden *El Greco* zugeschrieben.

Praktische Hinweise

Information

Posto de Turismo, Rossio Marquês de Pombal, Estremoz, Tel. 268 33 35 41, www.estremozmarca.com

Hotels

******Hotel Convento de São Paulo**, Aldeia da Serra, Redondo, Tel. 266 98 91 60, www.hotelconventos paulo.com. Zwischen Estremoz und Redondo liegt in einer herrlichen Gartenanlage das kleine, in einem Kloster von 1376 untergebrachte Hotel.

******Pousada da Rainha Santa Isabel**, Largo Dom Dinis, Estremoz, Tel. 268 33 20 75, www.pousadas.pt. Liebevoll renovierter Königspalast mit antiken Möbeln. Hervorragendes Restaurant.

*****Quinta do Monte dos Pensamentos**, Estrada da Estação do Ameixal, Estremoz, Tel. 268 33 31 66, Prächtiges Landhaus aus dem 19. Jh.

Restaurant

Águias d'Ouro, Praça do Marquês de Pombal 27, Estremoz, Tel. 268 33 33 26. Nicht nur wegen seiner Hammelspezialitäten ist es einen Besuch wert.

28 Elvas

Alte Festungsstadt nahe der spanischen Grenze.

Inmitten von Olivenhainen und Obstkulturen liegt das Städtchen Elvas, das durch seine Nähe zur spanischen Grenze in seiner Geschichte mehrfach Angriffsziel spanischer Expansionsbestrebungen war. Berühmtheit unter diesen Auseinandersetzungen genießt der ›Orangenkrieg‹, der seinen Namen jenen Orangenzweigen verdankt, die der spanische General Manuel de Godoy 1801 nach seinem Sieg über das Nachbardorf Olivença in Elvas pflücken und seiner Königin Maria-Luisa schicken ließ mit der Ankündigung, bis nach Lissabon vorzudringen. Dies gelang ihm zwar nicht, aber Portugal musste im Frieden von Badajoz den Grenzort Olivença an Spanien abtreten und sein Bündnis mit England auflösen.

Was António Sardinha (1888–1925) vor vielen Jahren schrieb, gilt nach wie vor: »Mit seinen Bollwerken und Türmen, mit seinen Terrassen und seiner Wasserleitung konnte Elvas seinen einzigartigen mittelalterlich-maurischen Charakter bewahren.« Die mit einem weiß-schwarzen Mosaik gepflasterte *Praça da República* wird von städtischen Gebäuden eingefasst. An der Nordseite ragt die festungsartige gotische **Igreja de Nossa Senhora da Assunção** auf, überragt wird sie durch

In der Antike ein Superlativ – der Aquädukt ist das Wahrzeichen von Elvas

den pyramidenförmig spitz nach oben zulaufenden Glockenturm. Die ehemalige Kathedrale wurde von Francisco de Arruda 1515–20 über einer romanisch-gotischen Vorgängerkirche errichtet. Die nüchtern gestaltete *Fassade* besitzt drei Portale: ein klassizistisches Rundbogenportal sowie zwei manuelinische Seitenportale. Der dreischiffige *Innenraum* mit Kreuz- und Sterngewölbe ist mit Deckenmalereien verziert. 1749 kleidete Francisco de Abreu den *Chor* ganz mit Estremoz-Marmor aus. Die gewaltige Barockorgel baute der Italiener Pasqual Caetano Ordoni (1762).

Geht man weiter in nordwestlicher Richtung, gelangt man auf den hübschen *Largo de Santa Clara*, auf dem der berühmte **Pelourinho de Elvas** steht. Die achteckige Marmorsäule mit Pyramidenturm und vier geschmiedeten Haken wird von Steintauen und Tropfenformen umschlungen. Über die Praça da República kommt man zum einstigen Jesuitenkloster aus dem 17. Jh. Heute ist dort das **Museu Municipal de António Tomás Pires** (Di–So 9–12.30, 14–17.30 Uhr) untergebracht. Es zeigt wertvolle Keramik, Münzen, Bilder und Plastiken des 13.–16. Jh. Außerdem sieht man römische Mosaiken, Funde aus Vila Viçosa, von einem römischen Bauernhof bei Torre de Cabeçal sowie Volkskunst.

Hauptattraktion von Elvas ist der 7454 m lange **Aqueduto da Amoreira**. Die größte Wasserleitung der *Alten Welt* endet am Stadtrand in der *Fonte da Vila* der 1622 von Diogo Marques geschaffenen Noch heute führt sie Wasser zu diesem marmornen Stadtbrunnen. Die Leitung entstand zwischen 1498 und 1622 nach Plänen von Francisco de Arruda auf den Grundmauern eines römischen Aquädukts. Das Bauwerk ist bis zu 31 m hoch. Insgesamt 843 Bögen sind an einigen Stellen vierreihig übereinandergesetzt. Den Marmorbrunnen am Ende deckt eine zylindrische Kuppel, die auf sechs Säulen ruht.

Ebenfalls außerhalb des Stadtkerns findet man Befestigungsmauern, die ein Gebiet von 1000 x 600 m umschließen, sowie das **Fort Nossa Senhora da Graça** (1763–92). Graf Wilhelm von Schaumburg-Lippe, der 1762–64 das portugiesische Heer befehligte, ließ es in der Tradition des französischen Festungsbaumeisters Vauban anlegen. Die Türme São Vicente, Esquina und Nossa Senhora da Conceição sind doppelt gesichert, geschmückt mit Kartuschen und Trophäen.

Im Süden der Stadt liegt das **Fort Santa Luzia** (1640–87). Heute ist hier eine Pousada (Gästehaus) untergebracht.

i Praktische Hinweise

Information

Posto do Turismo, Praça da República, Elvas, Tel. 268 62 22 36, www.cm-elvas.pt/turismo

Hotel

*****Pousada de Santa Luzia**, Avenida de Badajoz, Elvas, Tel. 268 36 74 70, www.pousadas.pt. 1942 wurde das typisch alentejanische Haus als erste Pousada Portugals eröffnet. Im Restaurant wird beste Alentejo-Küche serviert.

Restaurant

Flor do Jardim, Jardim Municipal, Elvas, Tel. 268 62 31 74. Alteingesessenes Lokal mit regionalen Spezialitäten.

29 Vila Viçosa

Die ›Prinzessin des Alentejo‹ ist eine Stadt des Marmors.

In dem schönen Städtchen mit seinen zahllosen Gärten und Bauten aus Marmor, der in den großen Brüchen bei Borba abgebaut wird, dominieren die Farben grün und weiß. Heute nennt es sich stolz **Prinzessin des Alentejo**. Die eindrucksvollsten Bauten verdankt Vila Viçosa den Herzögen von Bragança, die hier bis zur Krönung von João IV. im Jahr 1640 offiziell residierten. Aber die Könige zogen sich immer gerne nach Vila Viçosa zurück. Weitere illustre Persönlichkeiten des Ortes waren der impressionistisch beeinflusste Maler *Henríque Pousão* (1859–1884) sowie die Dichterin *Florbela Espanca* (1894–1930), an die am Aufgang zum Castelo ein Denkmal erinnert. Beide wurden in Vila Viçosa geboren und ließen sich hier ansehnliche Stadthäuser errichten.

Eine der schönsten Platzanlagen Portugals ist der große **Terreiro do Paço**,

Oben: *Ein Bild des Friedens – weidende Stiere im Ribatejo* ▷
Mitte: *Nur noch Minuten bis zum großen Auftritt – in der Arena warten Kämpfer auf den Stier*
Unten: *Schafherde in der Serra da Serpa*

früher Mittelpunkt des alten Residenzviertels und Schauplatz prächtiger Hoffeste sowie Arena für Stierkämpfe. Blickfang im Zentrum des Terreiro do Paço ist das bronzene *Reiterdenkmal von König João IV.*, das von Francisco Franco geschaffen wurde. Die Ostseite dominiert der **Convento dos Agostinhos** (17./18. Jh.) mit der Grablege der Herzöge von Bragança, ihre Gemahlinnen fanden in der Kirche des **Convento de Chagas de Cristo** (1530) an der Südseite des Platzes ihre letzte Ruhe. Heute bieten die ehemaligen Klosterräume der luxuriösen *Pousada Dom João IV.* [s. u.] einen würdigen Rahmen.

Prachtvoller Höhepunkt am Terreiro do Paço ist der dreistöckige **Paço Ducal** (www.fcbraganca.pt, Di 14.30–17, Mi–Fr 10–13 u. 14.30–17, Sa/So 9.30–13, 14.30–17 Uhr) mit seiner eindrucksvollen, 110 m langen Mamorfassade im Stil der italienischen Renaissance. Das im 16. Jh. errichtete Herzogliche Schloss ist heutzutage als *Museum* zugänglich. Seine Säle sind mit Deckengemälden, Porträts aller Herzöge von Bragança, dazu Fayencen, Azulejos, wertvolle Möbel und Aubusson-Teppiche, Gemälde, Waffen und Kutschen kostbar ausgestattet. Besonders wertvoll ist der Bestand der **Bibliothek** (*Sala dos Reservados*). Unter anderem findet man eine *Editio princeps* der Lusiaden von Luís de Camões (Lissabon, 1572), die Erstausgabe des Nationalepos, sowie das zweitälteste in Portugal gedruckte Buch, das hebräische ›Perush Ha-Tora‹ von Moses ben Nahman (Lissabon, 1489).

Am Ortseingang stehen noch Reste der Stadtmauern sowie zwei berühmte Tore: Eines davon ist die im 16. Jh. errichtete **Porta dos Nós** (Knotentor) mit seltsamen, scheinbar durch Taue verbundenen runden Steinbogen. Es symbolisiert zudem den an vielen Gebäuden des Landes angebrachten Wappenspruch der Bragança: »Depois de vós – nós« – »Nach euch kommen wir«.

Eine restaurierte Zugbrücke führt über einen 6 m breiten Graben in das **Castelo** (www.fcbraganca.pt, Di 14.30–17, Mi–Fr 10–13 u. 14.30–17, Sa/So 9.30–13, 14.30–17 Uhr). Dinis I. ließ es Anfang des 13. Jh. über römischen und maurischen Grundmauern errichten und schützte es mit einer zinnengekrönten Umfassungsmauer. Im Castello sind zwei Museen untergebracht: das **Museu de Arqueologia** mit einer feinen Sammlung regionaler und ägyptischer Grabungsfunde sowie das **Museu da Caça**, das einen Überblick über die Geschichte des Ortes liefert und interessante Einblicke in die Festungsarchitektur ermöglichen. Vor der Burg steht ein 8 m hoher **Pelourinho** aus Granit, bekrönt von einer eleganten, mit Akanthusblättern und Girlanden geschmückten Laterne.

i Praktische Hinweise

Information

Posto de Turismo, Praça da República, Vila Viçosa, Tel. 268 88 11 01, www.cm-vilavicosa.pt

Hotels

********Pousada Dom João IV.****, Convento de Chagas de Christo, Vila Viçosa, Tel. 268 98 07 42, www.pousadas.pt. Nobelherberge mit allem Komfort in liebevoll restauriertem Nonnenkloster.

*****Casa dos Arcos**, Praça Martim Afonso de Sousa 16, Vila Viçosa, Tel. 268 98 05 18. Elegante Residenz aus dem 18. Jh. mit Restaurant.

*****Casa de Peixinhos**, Estrada do Paúl, Vila Viçosa, Tel. 268 98 04 72. Herrschaftliches Landhaus aus dem 17. Jh.; angeschlossen ist ein sehr gutes Restaurant.

30 Évora

Plan Seite 88

Die ›weiße Stadt‹ zählt zu den bedeutendsten Kunst- und Kulturstädten Portugals.

Malerisch erstreckt sich die Hauptstadt des gleichnamigen Distriktes auf einer flachen Anhöhe. In Évora (50 000 Einw.) ist ein großer Umschlagplatz für landwirtschaftliche Produkte, vor allem aber eine weltoffene Universitätsstadt und Sitz des Erzbischofs. »In Évora ist die Geschichte ständig präsent – in jeder Straße und auf jedem Platz, in jedem Stein und in allen Schatten. In Évora konnte die Vergangenheit ihren Platz bewahren, ohne der Gegenwart den Raum zu stehlen«: Für den portugiesischen Schriftsteller und Nobelpreisträger José Saramago ist Évora eine der schönsten Städte Portugals. Seit 1987 zählt der historische Stadtkern zum **UNESCO-Weltkulturerbe**. Fast die ganze Stadt ist von einer breiten Ringmauer umgeben, die auf die Römer zurückgeht und im Mittelalter ausgebaut wurde. Wegen der mittelalterlich-maurischen Gebäude aus Kalk, Granit oder Marmor,

Perle des Alentejo – Évora gehört seit 1986 zum Weltkulturerbe

der Kathedrale sowie wegen zahlreicher anderer Baudenkmäler beziechnet man Évora auch als *Cidade museu* (Museumsstadt). Typisch für die hiesige Bauweise ist eine Variante des manuelinischen Stils, der als *Mudéjarismo alentejano* in die Kunstgeschichte einging: Gotische und maurische Formen werden im Mudéjarstil verbunden. Bezeichnend dafür sind gekoppelte Fenster *(Ajimez)*, die von zwei Hufeisenbögen unter einem gemeinsamen Kielbogen bekrönt sind, sowie die dekorative Anwendung von Backstein *(Tijolo)* an Balustraden und Steingittern.

Der Spaziergang durch die Stadt beginnt an der lang gestreckten und arkadengesäumten **Praça do Giraldo** 1, in römischer Zeit das *Forum Civicum*, heute das urbane Zentrum der Stadt. Man sieht hier zahlreiche schöne Häuser mit Arkaden auf teilweise antiken Säulen. Zentrum des Platzes bildet der achtrohrige, marmorne **Heinrichsbrunnen** mit der Armillarsphäre an der Spitze. Er wurde 1571 von Afonso Álvares an der Stelle eines römischen Triumphbogens errichtet. Dessen antike Säulen wurden beim Bau der Arkadengänge an der Ostseite der Praça do Giraldo wieder verwendet. Schräg gegenüber erhebt sich die **Igreja de Santo Antão**, die im Auftrag des Kardinal-Königs Henrique 1553–68 nach Plänen von Manuel Pires im Renaissancestil errichtet wurde. Die eher schmucklose Hallenkirche besitzt drei *Granitportale*. Im rechteckigen Innenraum findet man einen beachtlichen Barockaltar und ein vermutlich von Coelho da Silva gemaltes Abendmahl sowie bunte und blau-weiße Azulejobilder.

Geht man die *Rua de 5 Outubro* in östlicher Richtung, erblickt man den fünfeckigen, gotischen ›Turm des Sisibut‹ – Teil der mittelalterlichen Stadtmauer –, bevor dann die **Sé** 2 erreicht, die wie die Kathedralen in Porto, Lissabon und Braga als Wehrkirche erbaut wurde. Die frühgotische Sé ist Évoras bedeutendstes Bauwerk und zählt zu den schönsten Kathedralen Portugals. Den Grundstein legte man 1186 nach der Rückeroberung der Stadt von den Mauren. Das Gebäude, das romanische und gotische Elemente harmonisch vereint, wurde schließlich 1330 vollendet. Romanisch ist vor allem der Bauplan: ein basilikales, siebenjochiges Langhaus, dem zwischen den Westtürmen ein Narthex (Vorhalle) vorangestellt ist. Anders als in Braga, Coimbra und Lissabon wurde das Gotteshaus in Évora über einem kreuzförmigen Grundriss mit deutlich hervortretenden Querschiffarmen errichtet. In die Gewölbekonstruktion ist das technische Wissen der Zisterzienser von Tarouca und Alcobaça eingeflossen. Festungsartig erhebt sich die von

Auf der geschäftigen Praça do Giraldo trifft sich Évora zum Schwätzchen

zwei asymmetrischen, gedrungenen Türmen flankierte **Fassade** [A]. Dazwischen verdienen die *Portalgewände* besondere Beachtung. Auf Marmorsäulen stehen dort 12 archaisch wirkende Apostelfiguren aus weißem Marmor. Sie sind im Gespräch miteinander dargestellt – eine in Portugal seltene Form. Die Figuren zählen zu den frühesten Beispielen gotischer Plastik in Portugal. Der Vierungsturm ist von einem Kranz mit acht kleinen Türmen auf einer achteckigen Trommel eingefasst und von einer kegelförmigen Kuppel abgeschlossen.

Der dreischiffige *Innenraum* ist 70 m lang, damit ist die Sé von Évora die größte Kathedrale des Landes. Bemerkenswert sind die malerischen Streifen der rotbraunen Granitquader und der weißen Fugen. Von eindrucksvoller Höhe zeigt sich das spitzbogig gebrochene Tonnengewölbe. Im Mittelschiff stehen sich zwei polychrome Holzstatuen gegenüber: eine gotische *Madonna von O* sowie die goldüberzogene manuelinische Figur des *Erzengels Gabriel* (16. Jh.), die Olivier de Gand zugeschrieben wird. Auf der Empore des **Hochchors** [B] findet man ein mit reicher Renaissanceschnitzerei verziertes und mit grazilen, profanen Motiven (Köpfe, Putten) geschmücktes Chorgestühl (1562).

Der aus deutschstämmige Baumeister João Frederico Ludovice (Johann Friedrich Ludwig) erweiterte 1718 den mit Marmor üppig ausgestatteten barocken **Chor** [C]. Man sieht Skulpturen von Antonio Bellini und Gemälde von Agostinho Mazzucci sowie eine beachtenswerte Renaissancekanzel. Im linken Querschiffarm gelangt man durch einen von Nicolas de Chanterène gestalteten marmornen Portalbogen (1529) in die von einem Sterngewölbe überspannte quadratische **Esporão-Kapelle** [D]. Sie stellt das erste Beispiel der Frührenaissance in Évora dar. Vom gotischen **Kreuzgang** [E] aus führen mehrere Aufgänge zur Dachterrasse der Kathedrale. Von dort bietet sich ein schöner Blick. Das 1983 im südlichen Fassadenturm eingerichtete **Museu de Arte Sacra** (Di–So 9–12, 14–16.30 Uhr) stellt in vier Abteilungen (Malerei, Skulpturen, Goldarbeiten und Liturgische Gewänder) sehenswerte sakrale Schätze aus. Hervorzuheben sind Bilder von Gregório Lopes sowie Werke, die den Malern Garcia Fernandes und Cristóvão de Figueiredo zugeschrieben werden. Prunkstück der Sammlung aber ist die 51 cm hohe Statue einer französischen *Elfenbeinmadonna* (Virgem do Paraíso) aus dem späten 13. Jh. Die Figur lässt sich öffnen und bildet dann ein Triptychon mit Szenen aus dem Marienleben. Beachtung verdienen auch der manuelinische *Bischofsstab* des Kardinal-Königs Henrique aus vergoldetem Silber sowie das mit 1246 wertvollen Edelsteinen besetzte *Reliquienkreuz* Cruz do Santo Lenho.

Nördlich der Kathedrale präsentiert das **Museu de Évora** 3 (http://museudevora.imc-ip.pt, Di 14.30–18, Mi–So 10–18 Uhr) im ehemaligen Paço Episcopal aus dem 16./17. Jh. neben römischen, romanischen und gotischen Architekturfragmenten, Grabsteine sowie Renaissance-Skulpturen. Außerdem kann man spanische und portugiesische *Azulejos* (16./17. Jh.), Sarkophage und die Kenotaphe für Bischof Afonso de Portugal und Álvaro da Costa (um 1535) von Nicolas de Chanterène bewundern. Zu den Kostbarkeiten der Sammlung zählen das Triptychon ›A Paixão de Cristo‹ (Frankreich, 16. Jh.) und das Altarbild ›Vida da Virgem‹ (um 1500, Brüsseler Schule).

Im Zeichen des Kreuzes – Inneres der Kathedrale Sé de Santa Maria von Évora

Der **Templo Romano** 4 gegenüber der Sé ist das Wahrzeichen der Stadt und das einzige erhaltene Beispiel eines römischen Tempels auf der Iberischen Halbinsel. Der 25 x 15 m große und 3,5 m hohe Diana-Tempel wurde wahrscheinlich im 2. oder 3. Jh. n. Chr. errichtet. Der im hellenistischen Stil erbaute Tempel besitzt Ähnlichkeiten mit der *Maison Carrée* in Nîmes, dem *Tempel des Antonius Pius und der Faustina* in Rom (heute Kirche S. Lorenzo in Miranda) sowie dem *Tempel*

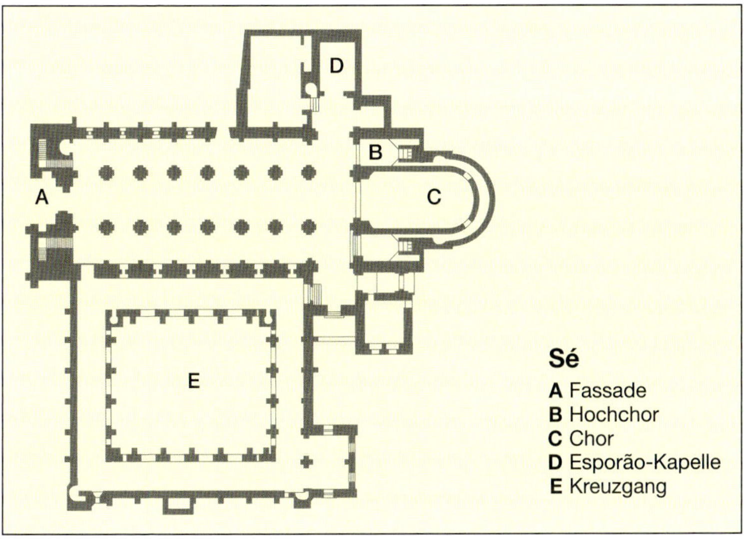

des Augustus und der Livia in Vienne-sur-le-Rhône (Provence). Vom Originalbau stehen noch 14 kannelierte korinthische Säulen aus Granit (zwei davon ohne Kapitelle), die durch Reste des Architravs miteinander verbunden sind. Aus weißem Estremoz-Marmor sind die Basen und Kapitelle. Im Mittelalter wurden die freien Flächen zwischen den Säulen vermauert. Zunächst nutzte man den Tempel als Festung, später als Schlachthof. Erst 1870 wurde er in seiner ursprünglichen Form wieder hergestellt. Seit einigen Jahren erforschen Archäologen die Umgebung des Tempels auf der Suche nach weiteren Zeugnissen der römischen Stadt *Liberalitas Julia*.

Gleich in der Nähe steht die **Igreja de São Evangelista** 5, die wegen schöner Grabplatten, dem Nicolas de Chanterène zugeschriebenen *Marmorgrabmal* des Wissenschaftlers Francisco de Melo († 1536), flämischen Bronzetafeln (14./ 15. Jh.) sowie Azulejo-Darstellungen (1711) von Policarpo de Oliveira Bernardes zum Leben des hl. Laurentius einen Besuch lohnt.

Die am 1. November 1559 vom Kardinal-König Henrique im *Colégio do Espírito Santo* gegründete **Universidade Velha** 6 (Mo–Fr 9–19, Sa 9–13 Uhr), die Alte Universität, beeindruckt als gewaltiger Renaissancebau. Von Valentim de Almeida stammen die sehr schönen Azulejo-Tableaus. Im Chor der Universitätskirche und in der Aula kann man weitere manieristisch beeinflusste Fliesen-Kompositionen (um 1631) sehen.

Anschließend spaziert man durch die Altstadtstraßen gen Süden zur Rua da República bis zum **Centro de Artes Tradicionais** 7 (Mo–Sa 9.30–12.30 und 14–18 Uhr). Dort werden wechselnde Ausstellungen mit Kunsthandwerk aus verschiedenen portugiesischen Regionen, Azulejos, Goldschmiedearbeiten und Teppiche gezeigt.

Gegenüber an der *Praça 1º de Maio* steht eines der bedeutendsten manuelinischen Bauwerke Südportugals. Die zwischen 1480 und 1510 errichtete, fensterlose **Igreja de São Francisco** 8 (Mo–Sa 9–12.45 und 14.30–17, So 10–12.45 und

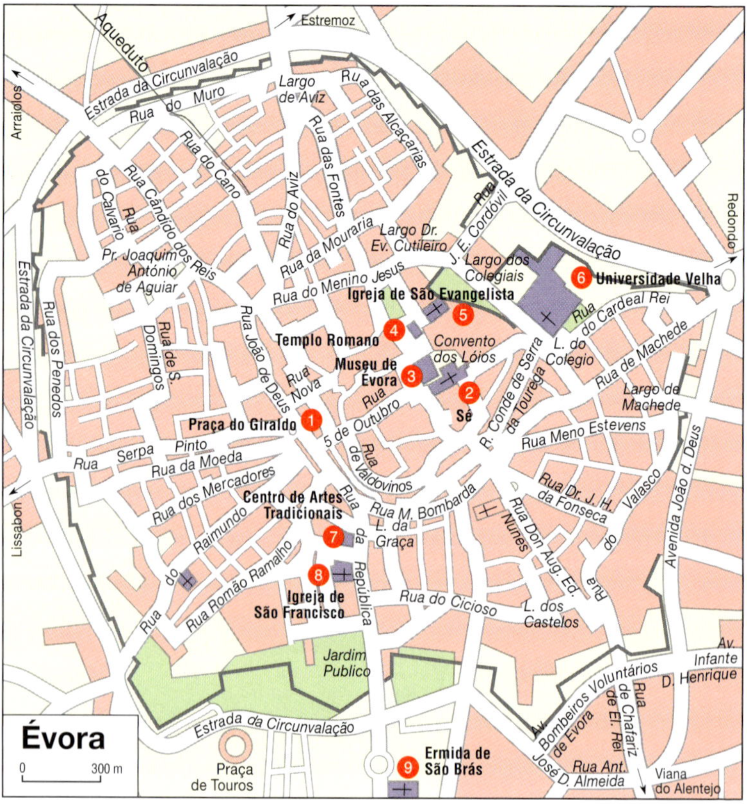

Eindrucksvolles Zeugnis antiker Baukunst – der Templo Romano von Évora

14.30–17 Uhr) begeistert durch das von einem besonders hohen Kreuzrippengewölbe überspannte Kirchenschiff mit zwölf Seitenkapellen. Das Grab des Goldschmieds und Dichters *Gil Vicente* († 1536), dessen Stücke in Évora oft vor dem königlichen Hof aufgeführt wurden, befindet sich vorne links im Langhaus. In der vermutlich von einem Franziskanermönch um 1600 angelegten **Capela dos Ossos**, der Knochenkapelle, sind Gebeine von mehr als 5000 Toten ›verarbeitet‹. Wände, Pfeiler und Bogen wurden kunstvoll aus menschlichen Knochen gestaltet. Auf dem großen Platz mit der *Markthalle* bieten einfache Restaurants vorzügliche regionale Küche.

Jenseits des Mauerrings lohnt die nach 1485 errichtete, festungsartige **Ermida de São Brás** 9 (Avenida Dr. F. Barahona, Mo–Fr 9–12 und 14–19 Uhr) einen Abstecher. Die kleine, fensterlose Kapelle im spätgotisch-maurischen Mudéjarstil besitzt Zinnen, Rundpfeiler mit konischen Spitzen und eine wuchtige Vorhalle. Die Kirche hat ein einschiffiges, zinnengekröntes Langhaus, das auf jeder Seite von sechs starken Rundtürmen flankiert wird. Zwei weitere bilden die Eckpfeiler der quadratischen Vorhalle. Erstaunlich sind die Fliesenausstattung der Kuppel sowie die Umrahmungen der Fenster und Bögen mit schlichten geometrischen Mustern (1575). Der strenge diagonale Rhythmus des Rautenmusters wurde durch schmale Umrandungen und angestzte kleine Vierecke noch verstärkt. Diese Kompositionen werden *Enxaquetadas* (Karomuster) oder *Caixilhos* (Rahmenmuster) genannt.

Ausflüge

Im *Alto Alentejo* stehen einige der schönsten Zeugnisse der Megalithkultur: Die Dolmen *(Antas)*, Menhire und Kromlechs sind großartige Zeugnisse einer eigenständigen portugiesischen Groß-stein-Kultur. Der besterhaltene und wichtigste Steinkreis ist der **Cromleque dos Almendres** bei der Kooperative Água-de-Lupe in der Nähe des Hügels von Herdade dos Almendres an der N 114, Richtung Guadalupe. Vor dem Steinkreis steht ein 2,5 m hoher *Menhir*, der als Phallussymbol gedeutet wird und dem wohl magische Wirkung bei Fruchtbarkeitsriten zugeschrieben wurde. Von dort führt ein kurzer Spaziergang durch einen kleinen Korkeichenwald zur vorgeschichtlichen Kultstätte aus kreisförmig aufgestellten, roh bearbeiteten Steinblöcken. Sie bilden eine Ellipse von 60 m Länge und 30 m Breite und umfassen 95 mit symbolischen Zeichen versehene Granitmonolithe *(Pedras talhas)*. Diese sind durchschnittlich 2 m lang.

In der Nähe des Dorfes *Valverde* liegt die größte bisher auf der Iberischen Halb-

Für viele die schönste weiße Stadt des Alentejo – Monsaraz

insel entdeckte Steinsetzung: die **Anta Grande do Zambujeiro** mit über 6 m hohen und 3 m dicken *Dolmen*. Deren Totenkammern waren mit großen Fliesen ausgekleidet und von einem Stein bedeckt, der entweder *Mesa* (Tisch) oder *Chapeu* (Hut) genannt wird. Die Toten wurden in Rückenlage und mit angezogenen Beinen bestattet, außerdem mit Schmuck und Lebensmitteln als Grabbeigaben versehen. Die Erdanhäufung, die jeden Dolmen mit einer leicht gewölbten Kuppe bedeckte, ist heute verschwunden.

i Praktische Hinweise

Information

Posto de Turismo, Praça do Giraldo 73, Évora, Tel. 266 77 70 71, www.cm-evora.pt

Hotels

******Pousada dos Lóios**, Largo Conde de Vila Flor, Évora, Tel. 266 73 00 70, www.pousadas.pt. Hotel in ehem. Kloster mitten im Stadtkern. Der Speisesaal befindet sich im wunderschönen Kreuzgang.

*****Solar de Monfalim**, Largo da Misericórdia 1, Évora, Tel. 266 75 00 00, www.monfalimtur.pt. Prächtig restauriertes Renaissancepalais (Mitte des 17. Jh.) im historischen Zentrum zwischen Praça do Giraldo und Universität.

Eine der besten Adressen in ganz Portugal – die Pousada dos Lóios

Restaurants

TOP TIPP **Cozinha de Santo Humberto**, Rua da Moeda 39, Évora, Tel. 266 70 42 51. Im ehem. Judenviertel liegt das wohl beste Restaurant der Stadt. Täglich wird hier der Beweis angetreten, dass die alentejanische Küche zu Recht als die schmackhafteste des Landes gilt. Besonders die Fischgerichte sind zu empfehlen (Do geschl.).

O Fialho, Travessa das Mascarenhas 16, Évora, Tel. 266 70 30 79, www.restaurante-fialho.com. Die Küche des Traditionsrestaurants steht unter Erfolgsdruck. Empfehlenswert sind die Wildgerichte.

31 Monsaraz

TOP TIPP *Der abgeschiedene Gebirgsort nahe der spanischen Grenze zählt zu den schönsten Marktflecken des Alentejo.*

Das charmante Städtchen hoch über dem durch die Aufstauung des Rio Guadiana entstandenen Stausee von Alqueva ist einer der besterhaltenen mittelalterlichen Orte Portugals. Malerisch säumen weiß gekalkte Häuser die engen, kopfsteingepflasterten Gassen. An die große Vergangenheit der einstigen Grenzfestung erinnert das unter Afon-

so III. errichtete **Castelo**, von dem der mächtige Bergfried, die Porta da Traição und die Porta da Torre erhalten sind.

Sehenswert ist auch die gotische **Igreja Matriz** mit dem Marmorgrabmal des Ritters Tomás Martins (14. Jh.), auf dem ein Trauerzug mit Figuren von Mönchen, Rittern und ein Priester dargestellt ist. Im Inneren des früheren **Paço do Concelho** (Justizpalast) in der Rua Direita befindet sich außerdem ein interessantes Fresko mit der allegorischen Darstellung der redlichen und der unredlichen Justitia (15. Jh.).

i Praktische Hinweise

Information

Posto de Turismo, Praça D. Nuno Álvares Pereira 5, Monsaraz, Tel. 266 557136, www.cm-reguengos-monsaraz.pt/

Hotel

******Estalagem de Monsaraz**, Largo de São Bartolomeu 5, Monsaraz,

Auf dem Weg zur Museumskulisse – der Alentejo leidet an Entvölkerung

Tel. 266 55 71 12, www.estalagemde-monsaraz.com. Rustikal, aber gemütlich eingerichtete Gästezimmer, dazu Garten, Pool und herrlicher Blick über das Tal.

Restaurant

TOP TIPP **Casa do Forno**, Travessa da Sanabrosa, Monsaraz, Tel. 266 55 71 90. An großen runden Tischen serviert der Küchenchef vorzügliche Lamm- und Kaninchengerichte sowie eine hervorragende Auswahl kräftiger Rotweine. Den täglich wechselnden, kalorienreichen Desserts kann kaum ein Gast widerstehen (Di geschl.).

Alles Koriander?

Im Alentejo erwartet den Besucher deftige Küche. Brot, Olivenöl und Kräuter (Polei, Koriander, Minze) sind die wichtigsten Zutaten für die **Migas**, einen würzigen Brei aus frittiertem Brot mit wildem Spargel oder Gambas. Auch die **Açordas**, Brotbreisuppen mit Oliven, **Bacalhau** (Stockfisch), Sardinen oder Miesmuscheln sowie die **Cozidos**, Eintöpfe mit Schweinefleisch greifen auf diese Basis zurück. Ungewohnt herzhaft schmeckt die **Sopa do Cardo** aus weißen Bohnen und wild wachsender Distel. Die traditionelle Küche verwendet neben im Holzofen gebratenen Lamm vor allem Kaninchen und Rebhuhn. An der Küste gibt es einen Fischeintopf mit Nudeln, **Ensopada de enguias** (Meeraalgulasch) oder würzig gebratenen Aal. Gewöhnungsbedürftig ist **Sarapatel**, ein Schlachteintopf mit Blut und Innereien von Lamm oder Zicklein. Das Kennenlernen dieser Küche erleichtern beispielsweise die Cozinha de Santo Humberto und das O Fialho in **Évora**, die Casa do Forno in **Monsaraz** oder das Migas in **Mértola**. Zu allen Gerichten sollte man einen der Weine aus dem **Alentejo** probieren. Über Weinrouten informiert die Kooperative **Vinhos do Alentejo**, Rua Fernanda Seno 12, Evora, Tel. 266 74 88 70, www.vinhosdoalentejo.pt.

32 Beja

Die ›Königin der Ebene‹ war Ort einer romantischen Liebe.

Auf einer Anhöhe liegt die Stadt Beja (20 000 Einw.), ein wichtiges Handelszentrum für landwirtschaftliche Produkte. In der 2. Hälfte des 17. Jh. wurden die hiesigen Klöster Schauplätze zahlreicher Liebesaffären. Die Verführer nannte man *Freiráticos*, Liebhaber der *Freiras* (Nonnen). Einige erlangten gar literarischen Ruhm: Von ihrem Fenster im ersten Stock aus soll die Ordensfrau *Mariana Alcoforado* (1640–1723) den *Chevalier de Chamilly* zum ersten Mal gesehen und sich später in ihn verliebt haben. Mit der Rückkehr ihres Geliebten nach Frankreich endete die Romanze. Mariana soll dem Chevalier fünf ›Portugiesische Briefe‹ einer verlassenen Liebenden nachgeschickt haben. Sie wurden dann 1669 erstmals (in Köln) veröffentlicht und rührten ganz Europa zu Tränen. Rainer Maria Rilke übersetzte diese Briefe 1913 ins Deutsche.

Der zwischen 1459 und 1506 errichtete **Convento da Nossa Senhora da Conceição** zeigt bereits deutlich manuelinische Stilelemente. Flachdächer und Plattform des spitzen Glockenturms werden von einer umlaufenden Balustrade geschmückt. Beachtlich sind der verschwenderisch dekorierte barocke *Talha-Dourada-Altar* (1741), der *Kapitelsaal* sowie der *Kreuzgang* aus dem 16. Jh., der mit vorzüglichen hispano-maurischen Azulejos verziert ist. In der Bibliothek und in mehreren Räumen des Obergeschosses des ehem. Klosters befindet sich das hervorragende **Museu Regional da Rainha Dona Leonor** (Di–So 9.30–12.30, 14–17.15 Uhr). Hier werden iberische Inschriften, römische Keramik, bunte Mosaiken, Statuen, Grabsteine, westgotische Kapitelle, Säulen und Pilaster präsentiert. Außerdem sieht man maurische Keramik und Münzen, portugiesische Keramik, eine kostbare Azulejo-Sammlung, manuelinische Baufragmente, Sarkophage, Grabplatten, Skulpturen und Gemälde.

Schräg unterhalb des Klosters steht die **Igreja de Santa Maria** (13. Jh.). Sie ist im Stil der Alentejaner Gotik errichtet und völlig mit weißem Kalk verputzt. Die einschiffige Kirche besitzt vier Rundtürme und drei gotische Portalbögen. Sehenswert sind Barock- und Rokokoaltäre aus dem 18. Jh.

Nordwestlich des Klosters steht auf der *Praça da República* die quadratische, nach drei Seiten offene **Igreja da Misericórdia**. Der Infante Dom Luís, Herzog von Beja, ließ 1550 einen dreischiffigen Saal im Renaissancestil errichten. Er sollte als überdachte Markthalle oder Schlachthof dienen. Durch Hinzufügen eines ebenfalls quadratischen Kapellenquerschiffs wurde die Markthalle im Nachhinein zur Kirche umgestaltet. Vier schmale Säulen stützen die neun Gewölbe der gewaltigen Halle.

Westlich der Kirche steht am *Largo do Lidador* das **Castelo**. Es wurde nach der Rückeroberung der Stadt von den Mauren 1272 unter Dom Afonso III. größtenteils über römischen und westgotischen Resten neu aufgebaut. Von den römischen Verteidigungsanlagen sind noch die Torbögen *Porta de Avis* und *Porta de Évora* erhalten. Um einen ausladenden Hof herum stehen zahlreiche feste Türme, die durch Mauern miteinander verbunden sind und über die Wehrgänge laufen. Der Turm aus Granit und Marmor wurde 1310 unter Dom Diniz I. errichtet. Die **Torre de Menagem** wurde zinnenbewehrt und mit vier Erkern sowie mit einem Doppelfenster an jeder Seite geschmückt. Mit 40 m ist sie der höchste Burgturm Portugals. In den unteren Stockwerken befindet sich ein Rittersaal mit maurischem Sterngewölbe, in dem eine Statue des Ritters Gonçalo Mendes da Maia steht. 197 Stufen führen auf die Spitze des dreistöckigen Bergfrieds. Von dort aus hat man einen schönen Blick auf die weiß leuchtenden Herrenhäuser der Stadt. Am Nordrand des Largo steht die dreischiffige **Capela de Santo Amaro**. Ihre Usprünge gehen zurück auf ein westgotisches Bauwerk des späten 6. Jh., von dem eine einzigartige Sammlung *westgotischer Skulpturen* im Inneren erhalten ist. Mit ihren spiralenartig kannelierten Säulen und byzantinisch-romanischen Kapitellen zählt sie zu den vier erhaltenen frühromanischen Kirchen Portugals.

i Praktische Hinweise

Information

Posto de Turismo, Rua Capitão João Francisco de Sousa 25, Beja, Tel./Fax 284 31 19 13, www.rt-planiciedourada.pt

Hotel

******Pousada de São Gens**, Serpa (29 km südöstl. von Beja), Tel. 284 54 04 20, Fax 284 54 43 37, www.pousadas.pt. Hübsch liegt die kleine Pousada mit sehr gutem Restaurant auf einem Hügel über dem Dorf.

Weiß nach Maurenart – Mértola

33 Mértola

Römischer Hafen, mittelalterliche Stadt.

Am rechten Ufer des *Rio Guadiana* liegt malerisch das Städtchen Mértola. Noch heute sieht man Reste der Römerstadt *Myrtilis*, und viele Häuser schmücken sich mit römischen Architekturfragmenten. Von der Praça aus kommt man zur **Igreja Matriz**, einem schneeweißen Bau mit maurischen Zinnen und Kegeln am Dachansatz. Früher war das Gotteshaus eine bedeutende *Moschee*. Nach der Vertreibung der Mauren wurde sie 1238 in eine Kirche umgewandelt. Im quadratischen *Innenraum* verweisen die Anordnung der schlanken, mit kunstvollen Kapitellen geschmückten Säulen, der *Mihrab* (islamische Gebetsnische) hinter dem Hochaltar sowie der Hufeisenbogen über der Tür zur Sakristei auf den baulichen Ursprung.

i Praktische Hinweise

Information

Posto de Turismo, Rua da Igreja 31, Mértola, Tel. 286 61 01 09, www.rt-planiciedourada.pt

Hotel

Casa Rosmarinho, Rua 25 de Abril 29, Mértola, Tel. 286 61 20 05. Angenehme Zimmer im schmucken Stadtzentrum.

Restaurant

Migas, Largo Vasco da Gama, Mértola, Tel. 286 61 28 11. Das kleine Lokal neben der Markthalle überrascht mit seiner deftig-fantasievollen Küche (Mo geschl.).

Algarve – Urlaub machen, wo die Sonne überwintert

Herrliche **Strände** und bizarre **Felsskulpturen** im tiefblauen Meer haben den Algarve zu einem Paradies für Urlauber gemacht – ein Paradies, das durch die unkontrollierte Bautätigkeit der vergangenen Jahrzehnte allerdings viel von seinem ursprünglichen Charme eingebüßt hat. Der Tourismus konzentriert sich auf die malerischen Badebuchten des sogenannten **Felsalgarve** im Westen. Weniger bekannt ist die östliche Küste mit ihren langen Sandstränden und Sumpfgebieten. Im Norden erstreckt sich eine einsame, kaum erschlossene **Berglandschaft**.

Der Algarve war der westlichste Teil des islamischen Reichs. Und auch noch 750 Jahre nach der Vertreibung der **Mauren** ist ihr Einfluss deutlich zu spüren. **Bauweise** und **Trachten** spiegeln ihr Erbe, in Namen und Sprache sind Reste aus dem Arabischen erhalten – hierzu gehört nicht zuletzt der Name Algarve (*Al-Gharb* = der Westen) selbst.

34 Faro

Provinzhauptstadt und Eingangstor in den Algarve.

Wer Urlaub am Algarve macht, der kommt mit Sicherheit auch nach Faro, der Hauptstadt der Region, wo neben Sehenswürdigkeiten der scheinbar endlose Sandstrand *Praia de Faro* lockt.

Geschichte Unter Vespasian (69–79) wurde der **Handelsplatz** *Ossonaba* (das heutige Faro) zur *Res publica.* 711 eroberte der maurische Volksstamm der Bani Harum den Ort und nannte ihn **Haro**. Nach dem Zusammenbruch des Kalifats von Córdoba und der Eroberung des Algarve gründete *Mutatid ibn Abad* von Sevilla das unabhängige Fürstentum Xantamaryat de Occidente. Afonso III. vertrieb 1249 die Mauren und die portugiesischen Könige gaben sich fortan den Titel ›König von Portugal und des Algarve‹. 1540 erhielt Faro die Stadtrechte. Heute ist die Universitätsstadt Faro das **wirtschaftliche und politische Zentrum** des Algarve.

Besichtigung Als Opfer zweier schwerer Beben in den Jahren 1722 und 1755 besitzt Faro (50 000 Einw.) nur wenige

Ihre Anziehungskraft ist ungebrochen – die lebhafte Provinzhauptstadt Faro

historische Bauten. Auch wenn sich die Stadt »das Meer zum Nachbarn genommen hat«, wie der maurische Historiograph Arrasi im 10. Jh. schrieb, sollte man zunächst die von einer Mauer umgebene Altstadt (Cidade velha) sichtigen. Dort findet man fast alle Sehenswürdigkeiten. Ausgangspunkt ist die **Praça de Dom Francisco Gomes**, auf der zu Ehren des Diplomaten und Kunstsammlers *Ferreira de Almeida* (1847–1902) ein 15 m hoher Obelisk errichtet wurde.

Von der Südseite der Praça gelangt man zur **Igreja da Misericórdia** (16. Jh.), vor der alljährlich die großen Osterprozessionen starten. Die Fassade mit ihren zwei kannelierten ionischen Säulen krönt eine Skulptur der Jungfrau. Das manuelinische Hauptportal, das die Erdbeben von 1722 und 1755 überstand, führt in den *Innenraum*, der mit Azulejo-Tableaus aus dem 18. Jh. und einem Retabel aus dem 17. Jh. (Szenen der Passion Christi) geschmückt ist. Sehenswert ist auch ein mit barockem Talha-Dourada-Schmuck überzogener und mit Muschel- und Blumen-Motiven reich dekorierter Triumphbogen.

Weiter südlich gelangt man zum Wahrzeichen der Stadt: 1814 errichtete der Genuese Francisco Xavier Fabri im Auftrag der Bruderschaft der Fischer den mächtigen Torbogen **Arco da Vila** im italienisierenden Renaissancestil. ZUsammen mit dem *Arco do Repouso* und der *Porta Nova* bildete er den Eingang zur ›Stadt in der Stadt‹ (Área da Vila Adentro). Den Bogen schmücken zwei ionische Säulen und eine weiße *Marmorstatue* des Stadtheiligen Thomas von Aquin. Der Legende nachsoll dieser Faro vor der Pest bewahrt haben, die am Anfang des 17. Jh. die Stadt und das ganze Land bedrohte.

Der Torbogen führt direkt in den Stadtkern mit dem **Largo da Sé**, den die festungsartige Kathedrale Sé, das Seminário, der Bischofspalast und das Rathaus umgeben. Auf dem weiten Platz befand sich in römischer Zeit das Forum. 1933–39 wurden hier ein Tempel sowie phönizische, römische und maurische Zeugnisse freigelegt. Vor der Kathedrale erinnert eine hohe Statue aus dem Jahre 1940 an den Bischof *Francisco Gomes de Avelar* († 1816). Die ursprünglich gotische **Sé** (tgl. 10–18 Uhr) verwirrt durch ihr unorthodoxes Stil-Potpourri aus Elementen der Gotik, der Renaissance und des Barock. Der Bau wurde 1251 über den Resten einer Moschee errichtet, die vermutlich wiederum auf phönizischen-römischen-west-

gotischen Fundamenten stand. Gotisch sind nach dem Erdbeben von 1755 nur noch der unter Teil des trutzigen *Glockenturms* mit den drei Spitzbogenportalen zur Vorhalle der Kirche sowie zwei Kapellen in der Vierung, *Capela de Nossa Senhora da Conceição* und *Capela de São Domingos*. Der dreischiffige *Innenraum* (ab 1760) im Stil der Renaissance beeindruckt mit dorischen Säulen, die eine schöne Holzdecke stützen. Den *Chor* überspannt eine polychrome, vergoldete Kassettentonne. Hier sind ein Renaissance-Retabel und Bilder der Apostel Petrus und Paulus sowie der Gottesmutter bemerkenswert. Die *Reliquienkapelle* birgt das barocke Kenotaph des 1715 verstorbenen Bischofs António Pereira da Silva. In der *Rosenkranzkapelle* befinden sich herrliche Azulejos des Spaniers Gabriel del Barco (18. Jh.) sowie mehrere Talha-Dourada-Retabeln. Die *Capela de São Bráz* bewahrt eine ›Gottesmutter der Freuden‹. Die prächtige *Barockorgel*, die zu den schönsten Portugals zählt, wurde von Francisco Cordeiro 1716–51 bemalt.

Besonders bei Azulejo-Kennern geschätzt wird der benachbarte Bischofspalast **Paço Episcopal** : Die Wände im Innenhof, die Schautreppe und einige Säle sind mit bemerkenswerten Azulejo-Darstellungen aus der Lissabonner *Fábrica do Rato* verkleidet.

An der anhen *Praça Afonso III.* liegt der ehem., 1561 vollendete **Convento de Nossa Senhora da Assunção**. Das Klarissinnenkloster, an denen als Baumeister u. a. *Álvaro* und *Diogo Pires* beteiligt waren, zählt zu den schönsten Renaissancebauten Portugals. Besonders gelungen ist das kleine Portal mit korinthischen Ornamentpilastern, einem Wappen oberhalb des Gesimses und ausgezeichneten Basreliefs und der zweigeschossige Kreuzgang. Die umliegenden Räume beherbergen heute das **Museu Municipal de Faro** (Juni–Sept. Di–Fr 10–19, Sa/So 11.30–17, Okt.–Mai Di–Fr 10–18, Sa/So 10.30–17 Uhr) mit seinen prähistorischen, römischen und maurischen Schätzen. Das Museum, dessen Sammlung auf den Kanoniker Joaquim Maria Pereira Boto zurückgeht, wurde 1894 gegründet und zunächst in der Igreja de Santo António dos Capuchos untergebracht. Zu den interessantesten Exponaten gehören die Grabungsfunde aus Ossonaba und Faro, Büsten und ein 4×11 m großes Mosaik aus den Ruinen von Milreu, ferner Steinwaffen, alte Münzen, Skulpturenfragmente, Reliefs, maurische Fliesen und Vasen. Von den Gemälden sollte man besonders die von Vieira Portuense, Columbano und Domingos Sequeira beachten. In der Klosterkapelle ist eine von Ferreira de Almeida zusammengetragene *Kunstsamm-*

Paradies für Kauflustige – die Rua de Santo António in Faro

lung mit Silberarbeiten, Fayencen, Stichen und Gemälden – darunter Werke bedeutender Maler wie Dürer, Rembrandt, Gauguin und Toulouse-Lautrec –, zu bewundern.

Der mittelalterliche **Arco do Repouso** (Bogen der Rast), der in den maurischen Teil Faros führt, gehört zu den Resten der arabischen Stadtmauer aus dem 11. Jh. Hier soll sich Afonso III. nach der Einnahme der Stadt ausgeruht haben. Dahinter weitet sich der augedehnte *Largo de São Francisco* mit der einschiffigen **Igreja de São Francisco** (17. Jh.). Die auf den Ruinen des Convento de Santo António errichtete Franziskanerkirche enthält wertvolle blau-weiße Azulejobilder mit Szenen aus dem Leben des Kirchenpartons an den Seitenwänden. Sie stammen von den italienischen Historienmalern *Libório Guerrini* (1750–1825) und *Marcello Leopardi* († 1795). Im ehem. *Klostergarten* (Horta do Ferrigia) steht ein sechseckiger Kornspeicher (*Celeiro*), der mit mythologische Figuren darstellenden Flachreliefs geschmückt ist.

Nördlich der Franziskanerkirche widmet sich das an der *Praça da Liberdade* gelegene **Museu Etnográfico Regional do Algarve** (Mo–Fr 9–12.30 und 14–17.30 Uhr) liebevoll Traditionen und Alltag der Handwerker, Bauern und Fischer in der Zeit vor der großen Tourismuswelle im 20. Jh. Unter den aus dem ganzen Algarve zusammengetragenen Exponaten sind detailgetreue Nachbildungen typischer Häuser der Region, eine Statue der hl. Anna von Machado de Castro sowie Gemälde mit algarvischen Motiven sehenswert.

Unbedingt einen Besuch lohnt auch das **Museu Marítimo** (Mo–Fr 14.30–16.30 Uhr), das in der Hafenkommandantur an der *Avenida da República* eingerichtet wurde. Hier bekommt man einen hervorragenden Überblick über die portugiesische Seefahrt und das Fischereiwesen des Algarve. Ausgestellt werden neben Thunfischfallen Navigationsinstrumente und Galionsfiguren sowie Modelle berühmter Schiffe aus der Entdeckerzeit , etwa der *São Gabriel* von Vasco da Gama.

i Praktische Hinweise

Information

Posto de Turismo, Rua da Misericórdia 8, Faro (neben dem Arco da Vila), Tel. 289 80 36 04, www.cm-faro.pt

Am Hafen von Olhão – Fischer beim Ausbessern der Reusen und Netze

Posto de Turismo, Flughafen, Tel. 289 81 85 82, www.cm-faro.pt

Hotels

******Hotel Eva**, Avenida da República 1, Faro, Tel. 289 00 10 00, www.tdhotels.pt. Zentral gelegen mit herrlichem Blick auf den Jachthafen.

*****Pensão Residencial Madalena**, Rua Conselheiro Bivar 109, Faro, Tel. 289 80 58 06, www.residencialmadalena.com. Charmant altmodische Pension im Bairro Ribeirinho.

** **Pensão Residencial Oceano**, Travessa Ivens 21, Faro, Tel. 289 82 33 49. Einfache Pension, zentral in einer Seitengasse der Praça Dom Francisco Gomes gelegen.

Restaurants

Cervejaria Baía, Largo Dr. Silva Nobre 7, Faro, Tel. 289 82 28 45. Gute portugiesische Küche und freundlicher Service..

Mesa dos Mouros, Largo da Sé 10, Faro, Tel. 289 87 88 73. Die ›Maurentafel‹ serviert leckere *Petiscos* (Appetithappen) sowie köstliche Wild- und Fischgerichte (So. geschl.).

Morgenländischer Traum aus weißen Kuben – die Altstadt von Olhão

35 Olhão

Stadt der Kuben, Schornsteine und Balustraden.

Wie eine herausgeputzte *Vorstadt Nordafrikas* erscheint Olhão dem Betrachter – doch was maurisch wirkt, ist erst nach dem Abzug der Mauren entstanden. Die Stadt (20 000 Einw.) bietet sich als ein kubisch-morgenländischer Architektur-Traum dar aus ineinander verschachtelten mehrstöckigen weißen **Würfelhäuschen** mit Dachterrassen (*Açoteias*) und **Aussichtstürmchen** (*Mirantes*). Außentreppen verbinden die von einer halbhohen Mauerbrüstung umgebenen Flachdächer der Häuser und Türme. Die durchbrochenen **Schmuckkamine** des Algarve übertreffen sogar den Formenreichtum des Alentejo. Die vierkantigen Schornsteine sind an den Seiten mit Ornamenten geschmückt und gekrönt von einem kleinen Dach sowie einer Kugel oder sonstigen Zierfiguren.

An der *Praça da Restauração* steht die barocke **Igreja de Nossa Senhora do Rosário**, die Fischer aus Aveiro zwischen 1681 und 1698 errichten ließen. Über der zweigeschossigen Fassade befindet sich ein großer, dekorativer Giebel mit einem Tympanon, der einen von Engeln gekrönten Schild zeigt. In dem von einem Tonnengewölbe gedeckten *Innenraum* sind besonders die barocke Holzfigur des ›Auferstandenen Christus‹, eine Monstranz aus Silber sowie ein Prozessionskreuz (beide aus dem 17. Jh.) bemerkenswert. In der **Capela do Senhor dos Aflitos**, in der zu jeder Tages- und Nachtzeit Kerzen brennen, beten die Angehörigen der Fischer um deren sichere Rückkehr. Vom Kirchturm aus hat man einen hinreißenden Blick auf das schneeweiß gekalkte Häusermeer.

Eine Fährverbindung besteht von Olhão aus zu den Inseln *Culatra* und *Armona*, wo es schöne Sandstrände gibt.

i Praktische Hinweise

Information

Posto de Turismo, Largo de Sebastião Martins Mestre 6 A, Olhão, Tel. 289 71 39 36, www.cm-olhao.pt

Hotel

******Vila Monte Resort Spa**, Sitio dos Caliços, Moncarapacho (8 km nordöstl. von Olhão Richtung S. Catarina), Tel. 289 79 07 90, www.vilamonte.com. Hübsches Luxus-Landhotel mit Gourmetrestaurant.

Restaurant

O Tamboril, Avenida 5 de Outubro 174 A, Olhão, Tel. 289 71 46 25. Bekannt für sehr gute Regionalküche, vor allem den Fisch! Nach einer der Spezialitäten – Seeteufel (Tamboril) –, ist das Restaurant benannt.

36 Estói

Kleines Schloss mit romantischem Garten.

Nur wenige Schritte vom Marktplatz entfernt, hinter Palmen, knorrigen Olivenbäumen, Agaven und inmitten großer Orangenhaine, liegt der hübsche **Palácio do Visconde de Estói** aus dem späten 18. Jh. Seit 2009 beherbergt er nach umfassender Restaurierung eine luxuriöse Pousada [s.u.]. Besonders schön ist ein Spaziergang durch den romantischen **Lustgarten** (Di–Sa 9–12, 13.30– 17.30 Uhr, der die Gebäude umgibt. Das Ensemble in Estói ist dreistufig aufgebaut zu Füßen der Schlossterrasse erstrecken sich eine absteigende Rotunde mit bemoosten Brunnen und Büsten berühmter Portugiesen (zum Beispiel Castilho, Bocage, Garrett, Marquês de Pombal) sowie eine Allee. Frauentorsi räkeln sich lasziv auf muschelförmigen Wasserbecken – der nach italienischem Vorbild gestaltete Park, die Azulejo-Bänke, Rokokobrunnen und Balustraden zeigen alle Stadien eines unaufhaltsamen Verfalls. Jeden Augenblick überrascht und verzaubert der Park durch die Vielzahl seiner sehenswerten Details: Auf der unteren Schlossterrasse zeigen die Rückwände der aus Stein gehauenen halbrunden Bänke das letzte deutsche Kaiserpaar. Ein rechteckiges Bassin ist in die Terrasse des Schlossgartens eingelassen, aus dessen Mitte sich eine italienische Figurengruppe erhebt. Es ist dies eine Arbeit des Genuesen Francisco Xavier Fabri. Links auf der oberen Terrasse steht ein romantischer Liebespavillon mit blau-weißen Azulejo-Allegorien (›Leda und der Schwan‹, ›Amor‹, ›Faune‹ und ein ›Satyr‹ auf Fresken mit üppigem, floralem Dekor). Die beeindruckende geflieste Freitreppe führt vom Garten hinab in eine Grotte. Der Boden ist mit antiken Mosaiken aus Milreu ausgelegt.

i Praktische Hinweise

Hotel

TOP TIPP ****Pousada Palácio de Estoi, Rua São José, Estói, Tel. 289 99 01 50, www.pousadas.pt. Traumhaft am Hang gelegenes Luxushotel in einem Märchenpalast aus dem 18. Jh. und in modern-eleganten Nebengebäuden; mit Swimmingpool und Restaurant.

Restaurant

Retiro dos Arcos, Rua de Faro 75, Estói, Tel. 289 41 38 61. Gute Fischgerichte vom Grill.

37 Tavira

Traditionsreiches Hafenstädtchen mit mehr als 30 Kirchen.

»Terra pacta e melancolica« hat ein Italiener die Gegend von Tavira einmal genannt – ein friedliches und melancholi-

Dornröschenschloss mit romantischem Park – der Palácio de Estói

sches Fleckchen Erde. Und so wirkt das beschauliche Hafenstädtchen nach wie vor. Einst war Tavira die Hauptstadt des Algarve, und sie diente drei portugiesischen Königen als Residenz. Aber der königliche Glanz ging auch hier im Erdbeben von 1755 unter. Der Ort erstreckt sich über zwei Hügel, beiderseits des *Rio Gilão*, der aus der *Serra do Caldeirão* bei *São Brás de Alportel* hinunterfließt und 4 km von Tavira entfernt in die Ria Formosa mündet. Palmen und Lokale säumen die Ufer des Flusses, in dem sich die Fassaden der Patrizierhäuser spiegeln.

Das Herz der von *Pombal* und dem *Bischof Francisco Gomes de Avelar* nach dem Beben im klassizististischen Stil wieder aufgebauten Stadt schlägt in der **Rua da Liberdade**. Nördlich schließt sich die von mittelalterlichen Arkaden umgebene **Praça da República** an, von der die siebenbogige **Ponte Romana** über den Fluss führt. Die Brücke, deren Rundbögen teilweise noch aus römischer Zeit stammen sollen – sie war damals Teil der Heerstraße zwischen Faro und Mértola –, wurde im 19. Jh. nach alten Vorbildern rekonstruiert.

Von der Praça gelangt man auf der *Rua Galeria* zur 1541 eingeweihten **Igreja da Misericórdia** (Mo–Fr 9–12.30 und 14–17.30 Uhr). Trotz der Umbauten im 18. Jh. gilt die Kirche als bedeutendster Renaissancebau des Algarve. Harmonisch ausgewogen wirkt die klassizistische Fassade mit dem vierstufigen, zweifarbigen und von vier prächtigen, korinthischen Rahmenpilastern gerahmten *Renaissanceportal*. In der Nische über dem Portal flankieren Statuen der Apostel Petrus und Paulus die Figur der *Senhora da Misericórdia*. Im Innern begeistern die blau-weißen *Azulejos*, auf denen die 14 Werke der Barmherzigkeit dargestellt sind, sowie die feinen Schnitzarbeiten des Rokokoaltars und des Chorgestühls.

Oberhalb der Kirche liegt das **Castelo** (Juni–Sept. Mo–Fr 8–17, Sa/So 10–19, Okt.–Mai tgl. 9–17 Uhr), die einstige maurische Burg, die heute nur noch aus Teilen der Umfassungsmauer und einem hübschen Park besteht. Von oben bietet sich ein atemberaubender Blick über die charakteristischen roten Walmdächer und die zahllosen Kirchtürme von Tavira. Direkt neben der Burg steht die breite, dreischiffige **Igreja de Santa Maria do Castelo**, die wie viele andere Kirchen Portugals auch als Wehr- und Zufluchtsort diente. Das bedeutendste historische Bauwerk der Stadt wurde 1244 von Sancho I. dem Orden von *São Tiago* übergeben. Vom ursprünglichen gotischen Bauwerk, das die *Algarvios* stolz ›das schönste des Algarve‹ nennen, ist nur noch das vierfach gestufte Portal erhalten. Es lohnt sich aber auch ein Blick hinter die ansonsten klassizistische *Fassade*. Rechts vom Hochaltar findet man die Grabplatten von sieben Santiagorittern, die 1242 von den Mauren, angeblich während eines Waffenstillstands, ermordet wurden. Die Inschrift an der Wand lautet: »Hier ruhen die Gebeine der 7 Ritter, die bei der Einnahme der Stadt von den Mauren am 11. Juni 1242 den Tod fanden.« Der Grabstein des Großmeisters des Ordens *Paio Peres Correia* († 1275), der die Stadt von den Mauren befreite und sie zur Hauptstadt des Königreichs Algarve erhob, befindet sich links vom Hochaltar. Außerdem sind die *Capela do Senhor dos Passos*, die mit Azulejo-Paneelen (1748) geschmückt ist, die geflieste *Sakramentskapelle* sowie die mit Spitzbogen gedeckte *Capela do Senhor Morto* sehenswert.

Wer nach ausgiebiger Stadtbesichtigung hübsche Badeplätze sucht, sollte sich von *Quatro Águas* an der Mündung des Rio Gilão in die Ria Formosa aus auf die **Ilha de Tavira** mit ihren feinsandigen Stränden übersetzen lassen.

i Praktische Hinweise

Information

Posto de Turismo, Rua da Galería 9, Tavira, Tel. 281 32 25 11, www.cm-tavira.pt

Hotels

*****Pedras d'El Rei**, Santa Luzia, Tel. 281 38 06 00, www.pedrasdelrei.com. Bungalow-Dorf inmitten einer Oliven- und Mandel-Plantage am Sandstrand. Barril

*****Quinta do Caracol**, Bairro de Sao Pedro, Tavira, Tel. 281 32 24 75, www.quintadocaracol.com. Schöne Zimmer in einem idyllisch gelegenen Landhaus mit Pool und Tennisplatz.

Restaurants

Aquasul, Rua Silva Carvalho 13, Tavira, Tel. 281 32 51 66. Exotische Gerichte aus den ehem. portugiesischen Kolonien.

Bica, Rua Almirante Cândido dos Reis 24, Tavira, Tel. 281 32 38 43. Volkstümliches Restaurant mit köstlichen Fischgerichten.

Die Hafenpromenade von Tavira zeigt südländische Gelassenheit

38 Parque Natural da Ria Formosa

Reservat für seltene Wasservögel und Schalentiere.

Von *Ancão* bis zur *Praia da Manta Rocha* erstreckt sich das fast 60 km² große Naturschutzgebiet *Parque Natural da Ria Formosa* (www.icn.pt), in dem neben vielen seltenen Vögeln über 50 Fischarten sowie Muscheln und Krustentiere optimale Lebensbedingungen vorfinden.Das Gezeiten bestimmte Feuchtgebiet wird auch wirtschaftlich genutzt – zur Salzgewinnung und für die Muschelzucht. Jährlich werden hier über 10 000 t Schalentiere gezogen.

Ausflug

Zwischen Meer, Orangen- und Olivenhainen leuchten am östlichen Ausläufer der Ria Formosa die weißen Quaderhäuschen des schönen Fischerdorfs **Cacela** (arab. *Al-Qastalla* = Burg). Auf der vorgelagerten Sandbank (bei Ebbe zu Fuß erreichbar) bieten sich wunderbare Bademöglichkeiten, und manchmal suchen eifrige Sammler mit hochgekrempelten Hosen, Rechen und Eimern im Schlick nach Muscheln.

39 Vila Real de Santo António

Stadt in Schachbrettform an der spanischen Grenze.

Am rechten Ufer des Guadiana liegt die kleine Stadt Vila Real de Santo António (14 000 Einw.). Nach dem verheerenden Erdbeben von 1755 waren Grenzstädte wie *Castro Marim* und *Cacela* verwüstet: willkommener Anlass für den energischen **Minister Pombal**, die südlichste Grenzregion am Rio Guadiana neu aufzubauen – immer in Hinblick auf die Bedrohung aus Spanien. 1774 waren die Sümpfe trockengelegt, und innerhalb eines knappen halben Jahres wurde eine Stadt aus dem Boden gestampft. Wie beim Wiederaufbau der *Baixa* in Lissabon legte man den Ort über einem symmetrischen **Schachbrettmuster** mit teilweise vorgefertigten Hausteilen an. Pombal förderte den Schiffsbau, rief eine Fischereigesellschaft ins Leben und führte das Zollwesen ein. In einem Gebiet, wo Schmuggel das Überleben sicherte, war dies nicht ganz unproblematisch. Die neue Stadt stand unter dem Schutz des Königs (*Vila Real* = königliche Stadt). Die Fischer aus Monte Gordo weigerten sich jedoch, in diese **Retortenstadt** zu ziehen. Vielleicht, weil sie ihren Fischfang nicht königlicher Kontrolle unterwerfen wollten. Als Pombal wenige Jahre später beim König in Ungnade fiel, geriet sein kühnes Experiment in Vergessenheit. Erst 1879 wurde die *Geisterstadt* wieder entdeckt. Zunächst gab es hier eine Thunfischkonservenfabrik, und mit dem Bau der Eisenbahn erfüllte sich mehr als 100 Jahre später der Traum des Marquês de Pombal. Vila Real war bis Anfang der 1960er-Jahre ein bedeutender Verarbeitungsplatz für Thunfisch und ist heute ein wichtiger Ausfuhrhafen für Kupfer und Zinn.

Zentrum der an historischen Bauten armen Stadt ist die **Praça do Marquês de Pombal**, deren Zentrum ein *Obelisk* markiert, der König José I. preist. Von dort überzieht ein sternförmiges Mosaik aus schwarzen und weißen Pflastersteinen den gesamten Platz, der leider etwas von seiner theatralischen Wirkung eingebüßt hat. Denn an der Nord- und Westseite wurden nach einem verheerenden Brand Anfang des 20. Jh. neue Bauten errichtet. Folgt man der charmanten **Fußgängerzone** Rua Dr. Teófilo Braga in westlicher Richtung, gelangt man bald zur imposanten Markthalle, die inzwischen zum Kulturzentrum *Centro Cultural António Aleixo* umgebaut wurde. Dort zeigt die **Galeria de Arte Manuel Cabanas** (Tel. 281510045, Juli/Aug. Mo–Fr 16–24, Sa/So 10–24, sonst Mo–Fr 10–13 und 15–19 Uhr) eine sehenswerte Sammlung von Holzschnitten des einst ortsansässigen Künstlers *Manuel Cabanas* (1902–1992) .

Ausflug

Der Ort **Castro Marim** etwa 7 km nördlich von Vila Real de Santo António war ab 1319 Hauptsitz des Christusritterordens, bis dieser 1356 nach Tomar verlegt wurde. Von dieser ruhmreichen Epoche zeugen die mächtigen Ruinen des **Castelo** (Mai–Sept. tgl. 10–19, Okt.–April tgl. 10–17 Uhr) aus dem 13. Jh. Von der Burg aus hat man einen herrlichen Rundblick auf das 2089 ha große Vogelschutzgebiet **Reserva Natural do Sapal de Castro Marim** (Auskunft zu Führungen Tel. 281510680, www.icn.pt). Die Aluvialböden und Salzwassergärten – in den Salinen am Fuße der Stadt wird auf traditionelle Weise Salz gewonnen – bieten ideale Lebensbedingungen für Störche, Kraniche, Schnepfen, Seidenreiher und **seltene Vögel**. Die seichten Gewässer werden zudem von zahlreichen Fischarten als Laichgründe genutzt, auch diverse Muschelarten und Schalentiere sind hier heimisch.

i Praktische Hinweise

Hotel

*****Guadiana**, Avenida da República 94, Vila Real de Santo António, Tel. 281511482, www.hotelguadiana.com.pt. Das Jugendstilhotel an der Hafenpromenade macht nach wie vor einen eleganten Eindruck. Der Blick von der Beletage auf den Fluss ist nicht zu übertreffen.

40 Loulé

Wallfahrtsort mit großer maurischer Vergangenheit.

Inmitten einer fruchtbaren Landschaft liegt Loulé – eine kleine, aber sehr lebendige Stadt. Wenn am Samstagvormittag der große **Wochenmarkt** stattfindet, sind die Geschäftsstraßen der Altstadt noch quirliger. In den kleinen Gassen fertigen Sattler, Tischler, Töpfer, Kesselschmiede ihre Hüte, Schuhe, Gürtel, Möbel und Töpfe nach jahrhundertealter Tradition – Taschen und Matten werden aus Palmenblättern und Alfagras geflochten. Besonders eindrucksvolle Handwerkerstraßen sind die *Rua 9 de Abril* und die *Rua da Barbaçã*. Zentrum des Wochenmarktes aber ist die alte **Markthalle** mit ihren rosafarbenen Zwiebeltürmen und den arabisch inspirierten Fensterbögen. Arabisch ist auch der Name der Stadt (*Alol'ea* = Hügel, Berg), nordafrikanisch das Stadtbild und orientalisch die Freude am Lärm. Christlich geprägt sind die zahlreichen Kirchen von Loulé. Auch hier versteht man fröhlich zu feiern, z. B. den mit dem Mandelblütenfest verbundenen **Karneval** (vier Tage vor Aschermittwoch). Die weißen Häuser von Loulé mit ihren verzierten Kaminen – die Gegend ist das Zentrum dieser Kunst – drängen sich umgeben von Weingärten in die Hügel der *Serra de Monte Figo*. Die Dörfer in der Umgebung wie etwa Ameixial, Cumeada, Salir, Espragal, Benafim, Querença oder Boliqueime repräsentieren noch heute ein Stück des ursprünglichen Algarve.

Aus maurischer Zeit stammen die Stadtmauern und das **Castelo** (Mo–Fr

Ein Hauch von Orient – buntes Treiben in der Markthalle von Loulé

10–12 und 15–17, Sa 10–12 Uhr) aus dem 12. Jh. im Norden der Stadt. Gegenüber der Burg steht eine winzige Wallfahrtskapelle **Nossa Senhora da Conceição.** Besonders sehenswert sind die flächendeckenden blau-weißen Azulejos an den Wänden sowie der kostbare Talha-Dourada-Altar. Einen Besuch lohnt aber auch die dreischiffige **Igreja Matriz de São Clmente** aus der Mitte des 13. Jh. am *Largo Cabrita da Silva*. Im Inneren sieht man originelle Säulenkapitelle mit Pflanzenornamenten, eine kunstvolle schmiedeeiserne Kanzel, Renaissancealtäre sowie eine polychrome Heiligenstatue aus dem 16. Jh. Schmuckstück der Kirche ist sicherlich die mit Fliesen geschmückte *Capela das Almas* mit dem herrlichen Renaissanceportal (1591). Die **Igreja da Misericórdia** ein paar Straßen weiter an der *Avenida Duarte Pacheco* besitzt ein beeindruckendes manuelinisches Portal, das mit steinernem Tauwerk prunkvollem dekoriert ist.

Oberhalb des Ortes bewahrt die Wallfahrtskirche **Nossa Senhora da Piedade,** die im Renaissancestil des 16. Jh. errichtet wurde, den Schrein der ›Senhora da Piedade‹. Diese wird im Algarve als *Mãe Soberana* (›Erhabene Mutter‹) verehrt wird.

Ausflug

Zwischen der *Serra de Monchique* und der *Serra do Caldeirão* liegt – nordöstlich von Albufeira – inmitten anmutig geschwungener Hügel, umgeben von Mandel- und Olivenplantagen, Orangen- und Feigenbäumen das Dorf **Alte**. Seine engen Gassen säumen niedrige weiße Häuser mit hübschen, schmiedeeisernen Balkonen, reich verzierten Gesimsen und Kaminen über flachen Dächern sowie blumenbunten Vorgärten. So bewahrt der schmucke Ort die Atmosphäre vergangener Tage. Von Alte aus sollte man mit dem Maulesel die Gegend erkunden, hinauf zur 470 m hohen **Rocha da Pena** und zum **Buraco dos Mouros** (Mohrenhöhle) oder zur Tropfsteinhöhle **Rocha dos Soídos**.

i Praktische Hinweise

Information

Posto de Turismo, Avenida 25 de Abril 9, Loulé, Tel. 289 46 39 00, www.cm-loule.pt

Hotel

*****Jardim**, Praça Manuel de Arriaga, Loulé, Tel. 289 41 30 94, www.loulejardim hotel.com. Umgebautes herrschaftliches Haus um einen Innenhof in der Altstadt von Loulé. 52 angenehme Zimmer, Terrassen-Swimmingpool im 3. Stock.

Restaurant

Museu do Lagar, Largo Igreja Matriz 7, Loulé, Tel. 289 42 27 18. Rustikales Spezialitätenlokal für Meeresfrüchte in einer historischen Ölmühle !

41 Almansil

Ein wahrer Azulejo-Rausch.

Folgt man der N 125 von Almansil nach Faro, kann man kurz hinter dem Ort sein blaues Wunder erleben: Links der Straße erhebt sich eine kuppelgekrönte Wallfahrtskirche. Die außen schneeweiße und innen blau-weiß-goldene **Igreja de São Lourenço de Matos** (Mo–Fr 10–13.30 und 14.30–17.30, Sa 10–13.30, So 14.30–17.30 Uhr) ist Ziel fast aller Algarve-Touristen. Die ursprünglich romanisch-schlichte Kirche wurde in der ersten Hälfte des 18. Jh. wie ein Schatzkästchen verschwenderisch mit Talha Dourada und Azulejos geschmückt. Um 1730 verkleidete Policarpo de Oliveira Bernardes, einer der bedeutendsten portugiesischen Fliesenkünstler, das Innere bis in die Kuppel mit blauweißen *Azulejo-Tableaus*. An den Wänden illustrieren sie das Martyrium des hl. Laurentius, den der römische Kaiser Valerian im 3. Jh. auf einem glühenden Rost peinigen ließ, weil er auf Geheiß des gefangenen Papstes Sixtus das Geld der Kirche an Arme verschenkt hatte. Gekreuzte Pinselstriche akzentuieren die Körperhaftigkeit der Personen, Dadurch wirkt die Fliesendekoration außerordentlich plastisch.

i Praktische Hinweise

Golf

Pinheiros Altos Golf, Quinta do Lago, Almansil, Tel. 289 35 99 10, www.pinheirosal tos.com. Drei gepflegte 9-Loch-Parcours.

São Lourenço Golf, Quinta do Lago, Almansil, Tel. 289 39 65 22, www.quinta dolagogolf.com. 18-Loch-Platz, Par 72, mit traumhaftem Ausblick auf Atlantik und Ria Formosa. Gilt vielen Spielern als schönster Golfplatz Portugals.

Restaurant

Casa da Torre Ermitage, Estrada de Vale do Lobo, Tel. 289 39 43 29. Viel gelobtes Luxusrestaurant. Essen nur abends (Mo geschl.).

42 Albufeira

Herrliche Strände mit vielseitigem Unterhaltungs- und Sportangebot.

Wie ein Amphitheater schmiegt sich Albufeira (15 000 Einw.), das im 19. Jh. den Ruf als ›St. Tropez des Algarve‹ genoss, an die portugiesische Südküste. Bizarr geformte *Felsklippen* rahmen die lang gestreckte, geschützte Bucht mit dem Ort. Die Stadt wurde einst poetisch als *Vila branca em mar azul* beschrieben – eine auf Felsen gebaute, weiße Stadt am blau-

Bis unters Dach mit herrlichen blau-weißen Azulejogemälden geschmückt – die Igreja de São Lourenço in Almansil

en Meer. Von der ist allerdings nicht viel übrig geblieben. Beim großen Erdbeben von 1755 wurde der Ort von einer gewaltigen Flutwelle weggespült, weitere Schäden hinterließen 1823 die Kämpfe zwischen Liberalen und Miguelisten. Heute sind nur wenige der **typischen Häuser** mit den hübschen, schmiedeeisernen Balkongittern erhalten. Ansonsten gehört Albufeira den Touristen.

Außerhalb des Ortes erstrecken sich über weite Flächen große Hotelanlagen und Feriensiedlungen. Von hier aus strömen die Sonnenhungrigen zu den umliegenden Stränden oder vergnügen sich bei Wasserski, Surfen, Tennis, Reiten und Golf.

Unterhalb des Ortes findet man den Strand **Praia de Penedo**, dort tummeln sich die meisten Urlauber. Der östliche Teil des Strandes gehört den Fischern. Wer es ein wenig ruhiger mag, sucht am besten die angrenzenden Strände **Praia Baleeira**, **Praia de São Rafael** und **Praia da Oura** auf. Oder man geht zur **Praia do Castelo**, wo Felsklippen ein malerisches Naturschauspiel bieten.

Fährt man von Albufeira 7 km in östlicher Richtung, so kommt man zum kleinen, aber oftmals überfüllten Strand **Olhos de Água**. Nach weiteren 5 km erreicht man die **Praia da Falésia** – ein traumhafter Platz an einer steil aufragenden Felswand, wo feinsandiger Strand zu einem Badetag einlädt. Mit dem Sonnenuntergang erwacht Albufeira erst richtig. Dann wird die Strandpromenade mit ihren zahlreichen Restaurants und Bars

Das Meer stets im Blick – Golfer an der Algarveküste

zum Laufsteg für all diejenigen, die sehen und vor allem gesehen werden wollen.

Ausflug

20 km westlich von Armação de Pêra liegt **Carvoeiro**. Der Ort ist wegen seiner hübschen *Badebucht* bei Urlaubern sehr beliebt. Doch muss man sich dort, wie so oft am Algarve, auch auf die Nachteile des Massentourismus einstellen. Längst haben sich die Ferienzentren weit über den Ortskern hinweg ausgedehnt, sodass der schöne Steilhang sowie das Hinterland flächendeckend mit Feriensiedlungen bebaut sind. Am östlichen Ortsrand befindet sich in der Nähe des Leuchtturms die berühmte Felsformation *Algar Seco* (trockene Höhle). Über 134 Stufen gelangt man zu den eindrucksvollen Höhlen, Grotten und Torbogen, welche die Meeresbrandung aus dem weichen Kalkstein geformt hat.

i Praktische Hinweise

Information

Posto de Turismo, Rua 5 de Outubro, Albufeira, Tel. 289 58 52 79, www.cm-albufeira.pt

Golf

Pine Cliffs Resort, Praia da Falésia, Albufeira (außerhalb Richtung Vilamoura), Tel. 289 50 01 13, www.pinecliffs.com. Superber 9-Loch-Platz an der Steilküste hoch über dem Meer, Par 32.

Wasserpark

Zoomarine, Guia, EN 125 bei km 65, Tel. 289 56 03 00, www.zoomarine.com, Juli/Aug. tgl. 10–19.30 April–Juni und Okt./Sept. tgl. 10–18, Nov.–März Di–So

10–17 Uhr. Unterhaltsame Mischung aus Schwimmbad, Zoo und Vergnügungspark.

Hotel

****Boa Vista**, Rua Samora Barros 20, Albufeira, Tel. 289 58 91 75, www.hotel boavista.pt. Modernes Haus auf den Felsklippen oberhalb der Stadt mit herrlicher Aussicht auf die Bucht.

Restaurant

A Ruína, Rua Cais Herculano, Albufeira, Tel. 289 51 20 94, www.restaurante-ruina.com. Von der Dachterrasse des Fischrestaurants hat man einen schönen Blick auf das quirlige Treiben im Hafen.

43 Silves

Stadt der maurischen Dichter.

Einst war das Landstädtchen Silves das kulturelle Zentrum der Region. Christen wie Mauren hielten das Silves des 12. Jh. für »stärker und schöner und zehnmal bedeutender als Lissabon«.

Über den roten Dächern der Stadt leuchtet im warmen Licht die alte Burg aus rotem Sandstein so intensiv wie die Felsen an der Küste. Zweifellos: Noch immer ist Silves eine schöne Stadt, doch zur Zeit der Araber muss sie ein **Paradies auf Erden** gewesen sein. Maurische Dichter priesen *Xelb* (Silves) als »Stadt der Bezauberung« und als »schillernde Metropole voller prunkvoller Paläste und farbenprächtiger Basare«. Ingenieure entwarfen riesige Wasserschöpfräder, die *Noras*, mit denen das zum Reisanbau nötige Wasser gehoben und verteilt wurde. Die Araber brachten Mandel- und Orangenbäume in den Algarve, verarbeiteten Zuckerrohr sowie Oliven und bauten Karotten an. »Silves ist voller Gärten und Haine«, pries der arabische Reisende *Idrisi* die Stadt. Und die glanzvollen Bauten, mit denen sich die Stadt schmückte, brauchten den Vergleich mit *Granada* oder *Cordóba* nicht zu scheuen. Heute verweisen nur

Am Strand von Albufeira genießen einheimische Fischer und Badegäste ein einträchtiges Miteinander

Unter dem Namen ›Xelb‹ war Silves Hauptstadt des maurischen Al-Gharb

noch Reste maurischer Bauwerke innerhalb der christlichen Mauern auf die jahrhundertelange Präsenz der Herren aus Afrika. Das **Museu Municipal de Arqueológia** (Rua das Portas de Loulé, Tel. 282444832, Mo–Sa 9–17.30 Uhr) liefert mit seinen archäologischen Exponaten, die um einen 18 m tiefen maurischen Brunnen angeordnet sind, einen guten Einblick in die Vergangenheit der Stadt und ihrer Umgebung.

Ganz gleich, aus welcher Himmelsrichtung der Reisende sich Silves nähert, immer wird er vom Anblick des Burg und der Kathedrale fasziniert sein. Die gewaltigen Doppelmauern des **Castelo Mauro** (Tel. 282445624, Juli–Sept. tgl. 9–20, Okt.–Juni 9–17 Uhr). mit der glutroten und zinnenbewehrten *Alcácer Axarajiube*, dem Herz der Festung, erinnern unübersehbar an die große Geschichte der Stadt. Sieben Mauerzüge, vier Wehrtürme und ein Bollwerk krönen die Felsen von Silves. In den Gärten der Anlage wachsen Pfeffer- und Rizinusbäume. Im großen Innenhof legten die Mauren im 10. Jh. Schächte für zwei mächtige unterirdische *Zisternen* an. Unter der Burg befinden sich zahlreiche Gewölbe, deren Funktion nicht mehr bekannt ist.

Parade der blau-weißen Fischerboote am Strand von Albufeira

Unterhalb der Burg ragt aus den weißen Häusern des Ortes die aus rotem Sandstein errichtete Kathedrale **Sé** (derzeit wegen Restaurierung geschl.) empor – die älteste Kirche an der Algarve-Küste. Das Gotteshaus soll nach der *Reconquista* über den Resten einer zerstörten Moschee errichtet worden sein (1242). Romanisch ist das schlichte Langhaus, spätgotisch sind Querschiff und Chor. Das 39 m lange, 16 m breite und 17,6 m hohe Bauwerk besitzt ein leicht erhöhtes Mittelschiff. Die Balkendecken der Schiffe werden von achteckigen Pfeilern mit fein gearbeiteten Kapitellen getragen.

Westlich steht die kleine **Ermida de Nossa Senhora dos Mártires**. Das von *Sancho I.* im 12. Jh. gestiftete einschiffige Gotteshaus mit umlaufendem Kapellenkranz deinte als Grabstätte der bei der Eroberung der Stadt im Kampf gegen die Mauren gefallenen Portugiesen und Kreuzritter. Sie wurde jedoch beim Erdbeben 1755 und später durch einen Brand stark zerstört. Von der ursprünglichen Konstruktion der Kapelle ist nichts erhalten. Aus dem 16. Jh. stammen das manuelinische Portal und der Hochaltar.

Praktische Hinweise

Information

Posto de Turismo, Parque das Merendas (E.N.124), Tel. 282 44 22 55, www.visitalgarve.pt

Hotel

*****Quinta do Rio**, São Estevão (Richtung São Bartolomeu de Messines), Silves, Tel. 282 44 55 28. Liebevoll restauriertes Landhaus mit 6 Gästezimmern inmitten von Orangenhainen.

Restaurant

Marisqueira do Rui, Rua Comendador Vilarinho 23, Silves, Tel. 282 44 26 82. Hier gibt es alles, was das Meer zu bieten hat (Di geschl.).

Europas schönste Küste

Endlos lange, feine **Sandstrände**, stille Buchten zwischen haushohen Klippen, bizarre **Felsformationen** und blaue Grotten liegen im Algarve direkt vor der Haustür. Trotz aller Kritik – es gibt viele saubere und kinderfreundliche Badeplätze: 54 von über 60 Stränden im Algarve haben das **Gütesiegel** der ›*Blauen Flagge*‹ erhalten. Zu den schönsten zählen von West nach Ost: Praia da Luz, Meia Praia (Lagos), Praia da Rocha (Portimão), Praia de Galé Leste, Santa Eulália (Albufeira), Quinta do Lago (Loulé), Praia do Barril/Ilha de Tavira und Praia das Cabanas (Tavira).

Zerklüftete Steilwände und bizarre Felsformationen – die Praia da Rocha

Uralte Kulturlandschaft – Olivenhain in der Serra de Monchique

44 Serra de Monchique

TOP TIPP *Der Garten des Algarve blüht zu jeder Jahreszeit.*

Bunt bemalte Fischerboote und rötliche Felsformationen prägen die Stränden des Algarve – die Hügellandschaft der Serra de Monchique hingegen fasziniert durch sattes Grün. Von Portimão führt die Landstraße direkt in diesen hoch gelegenen **Garten des Algarve**. Hier finden Spaziergänger zwischen Walnussbäumen, Orangenhainen und Weizenfeldern, Zuckerrohr und Bananenstauden Muße und Erholung. Die fruchtbare Serra de Monchique ist ein vulkanisches Bergmassiv, das sich von Westen nach Osten hinzieht und mit ihren runden kahlen Gipfeln **Fóia** (902m) und **Picota** (774) zu anspruchsvollen *Wanderungen* einlädt. Dei ausgewiesenen Wege sind besonders wegen der spektakulären Aussichten attraktiv. Rhododendren und Pfingstrosen, Mimosen und Mandelbäume verwandeln im Frühjahr die Berge in ein betörendes Farbenmeer. In den Talsenken reifen die festen, delikaten Bananen, Orangen wachsen noch in 500 m Höhe. Und überall wuchern Heidekraut und meterhoher Farn.

Nostalgische Gefühle weckt **Caldas de Monchique**, denn seitdem die *Belle-Époque-Häuser* restauriert wurden und in frischem Glanz erstrahlen, wirkt das einstige Kurbad der Reichen wie ein Museumsdorf. Das heilkräftige Schwefelwasser der sechs Quellen in Caldas de Monchique schätzten schon die Römer und Mauren. Die *Thermalbäder* lindern Atem- und rheumatische Beschwerden sowie Hautkrankheiten. Der vulkanische Untergrund speist sechs Quellen, Täglich sprudeln etwa 500 000 Liter des 32 Grad warmen Wasser aus dem vulkanischen Untergrund. Das in Flaschen abgefüllte Mineralwasser kann man in ganz Portugal kaufen. Der im Osten des Monchique-Massivs gelegene riesige Stausee **Barragem do Arade** entwickelte sich zum Paradies für Windsurfer und Segler.

Noch immer unberührt vom Massentourismus erhebt sich inmitten eines Waldes **Monchique,** der malerische Hauptort der Berglandschaft. Bekannt ist sie vor allem wegen ihres traditionellen Handwerks. Geschätzt werden besonders Holzmöbel, Töpferwaren und die Korbwaren, die im Sommer an jeder Straßenecke feilgeboten werden. Ältestes Bauwerk der Stadt ist die weiß getünchte **Igreja Matriz** mit ihrem manuelinischen

Renaissanceportal, dessen kordelartiger Bogen an orientalische Kopfbedeckungen erinnert oder an steinerne Schiffstaue, die in fünf strahlenförmig nach der Mauer abstehenden Knoten auslaufen. Der *Innenraum* ist mit Azulejos und einem kunstvoll geschnitzten Altaraufsatz geschmückt.

Oberhalb des Örtchens liegt das verfallene Franziskanerkloster **Nossa Senhora do Desterro**. Von der Aussichtsterrasse erschließt sich dem Betrachter die paradiesisch-üppige Vegetation der Serra besonders eindrucksvoll. Etwa 100 m unterhalb der Ruine liegt die mit Fliesen im holländischen Stil zauberhaft eingefasste *Fonte dos Passarinhos*.

Krönung einer Serra-Wanderung aber ist der zweieinhalbstündige Aufstieg auf den kahlen Gipfel des 902 m hohen TOP TIPP **Monte Fóia** – auch wenn heute eine Straße kurvenreich hinaufführt. Auf dem höchsten Punkt des Algarve lockt ein grandioser Panoramablick. Man sieht nicht nur über die Küste des *Barlavento* zum *Cabo de São Vicente*, sondern auch über die westlichen Atlantikstrände bis nach *Setúbal*. Dann erscheint die Landschaft wirklich wie ein »gekräuseltes Meer, das in samtenen Wellen erstarrt ist«, so beschrieb der portugiesische Schriftsteller *Paul Proença* (1884-1941) es einmal.

i Praktische Hinweis

Hotel

******Estalagem Abrigo da Montanha**, Corte Pereiro (oberhalb von Monchique), Tel. 282 91 27 50, www.abrigodamontanha.com. Erlesen eingerichtetes Hotel. Sehr gutes Restaurant.

45 Lagos

Bekannt ist Lagos, die einstige Hauptstadt der Provinz Algarve, vor allem wegen seiner schönen Sandstrände und der skurril-fantastischen ›Ponta da Piedade‹.

Am wehrhaften *Fort* aus dem 16. Jh. und entlang der *Avenida dos Descobrimentos* (Straße der Entdeckungen) dümpeln bunt bemalte Boote scheinbar vergessen vor sich hin, Fischer reparieren schweigsam ihre Netze. Auch wenn die Fassaden der Stadt ›geliftet‹ sind und aus den Kneipen überall moderne Musik ertönt: In Lagos erinnert alles an den erfolgreichen Wegbereiter der portugiesischen Entdeckungen in Übersee, an *Heinrich den Seefahrer*, der 1419 vom König zum Gouverneur des Algarve ernannt wurde und seine Flotte in Lagos stationierte. In seinem Auftrag umsegelte Gil Eanes von

Gut beschirmt – im Zentrum des beliebten Urlaubsortes Lagos

hier aus 1434 das westafrikanische Kap Bojador. Hier verkaufte 1441 *Antão Gonçalves* erstmals Afrikaner auf dem **Sklavenmarkt**. Vieles erinnert auch an den glücklosen jungen König Sebastião, der 1578 von Lagos aus mit einer Flotte nach Marokko aufbrach. Der 24jährige Regent kehrte nicht zurück, doch da niemand seinen Tod in der Schlacht von Alcácer-Quibir bezeugen wollte, begründete sein Schicksal die messianischen Erwartungen des **Sebastianismus**: Eines Tages würde Sebastião, den man nun ›den Ersehnten‹ nannte, in die Heimat zurückkommen und das Land von allen Problemen befreien. Lagos versank 1755 nach dem verheerenden Erdbeben und der darauf folgenden Flutwelle in Bedeutungslosigkeit. Allerdings gab es 1797 vor der Stadt eine Seeschlacht zwischen Engländern und Spaniern. Und nach der bürgerlichen Revolte von Olhão vertrieben die Bewohner von Lagos 1808 die französischen Besatzer. Außerdem kam

Verschwenderische Pracht – vergoldeter Altar in der Igreja de Santo António von Lagos

Wind und Wellen schufen hier ein grandioses Kunstwerk der Natur – die Ponta da Piedade bei Lagos

es 1833 in Lagos zu erbitterten Kämpfen zwischen Liberalen und Miguelisten.

Heute ist die alte **Hafenstadt** (25 000 Einw.) an der geschützten Mündung der *Ribeira de Bensafrim* die einzige größere Stadt im westlichen Algarve und ein beliebter Touristenort. Aus der Zeit Heinrich des Seefahrers stammen die charakteristischen Sehenswürdigkeiten, die alle in Hafennähe liegen: die Festung *Ponta da Bandeira* und der Sklavenmarkt *Mercado de Escravos*. Mittelpunkt der von Grünanlagen durchzogenen Stadt ist die verkehrsfreie **Praça de Gil Eanes**. Hier steht seit 1973 ein modernes, zunächst heftig diskutiertes Standbild von Sebastião. Nördlich der Platzes steht in der Nähe der mittelalterlichen *Porta do Postigo* die nach dem Erdbeben mehrfach umgebaute **Igreja de São Sebastião**. Die hohe und majestätisch wirkende Kirche besitzt neben einem schönen Renaissanceportal von 1530 (aus der früheren Kirche *Nossa Senhora da Conceição*) im dreischiffigen Innenraum ein bemerkenswertes Holzkreuz. Sehenswert ist zudem eine 2,10 m hohe Statue der *Senhora da Glória*, ein Geschenk Brasiliens an João V.

Die *Rua Gonçalo* führt in südwestlicher Richtung zur *Rua General Alberto Silveira*. Die außen eher schlichte **Igreja de Santo António**, die 1769 errichtet wurde, gibt im einschiffigen Innenraum überraschend Einblick in die fantastische Welt des portugiesischen Barock: Überall sieht man *Talha Dourada* und *Azulejos*. Die Seitenwände sind geschmückt mit Grotesken, Seraphen und Cherubinen, Pflanzenornamenten, Ungeheuern und Kriegsszenen. Das angeschlossene **Museu Municipal** (Di–So 9.30–12.30 und 14–17 Uhr) zeigt neben sakraler Kunst und archäologischen Funden, Gemälde vor allem zeitgenössischer Künstler sowie allerlei Kuriositäten aus der Stadtgeschichte, darunter deutsche Inflationsgeldscheine.

Zu Recht berühmt sind die Fels- und Sandstrände in der Umgebung von Lagos, die **Meia Praia**, die **Praia do Pinhão** und die **Praia Dona Ana**.

Ausflug

Die **Ponta da Piedade** (2 km südlich von Lagos) entpuppt sich als ein skurriler Skulpturenpark. Die weit ins Meer ragende *Steilküste* mit ihren winzigen Sandbuchten, gurgelnden *Grotten* und rötlichen *Felstoren*, durch die Fischerboote tuckern und Schwimmer tauchen, gehört zu den schönsten Küstenabschnitten des Algarve und markiert darüber hinaus den südlichsten Punkt der Bucht von Lagos. Knapp 200 Stufen führen in eine geheimnisvolle Welt aus Grotten und Höhlen. Die Küste ist an dieser Stelle ein Paradies für Taucher, Schwimmer und Angler. Vom

Leuchtturm aus hat man einen herrlichen Blick bis zum **Cabo de São Vicente** im Westen und bis nach **Carvoeiro** im Osten.

Praktische Hinweise

Information

Posto de Turismo, Largo Marquês de Pombal, Lagos, Tel. 282 76 41 11, www.cm-lagos.pt

Hotels

******Hotel Tivoli de Lagos**, Rua António Crisógono Santos, Tel. 282 79 00 79, www.tivolilagos.com. Nur 5 Min. vom Stadtzentrum entfernt liegt diese großzügig konzipierte Ferienanlage. Am *Meia Praia* unterhält das Hotel den exklusiven Duna Beach Club.

*****Casa de Saõ Gonçalo**, Rua Cândido dos Reis 73, Lagos, Tel. 282 76 21 71, . Schönes Hotel mit wertvollem Mobiliar.

*****Pensão Lagosmar Residencial**, Rua Dr. Faria e Silva 13, Lagos, Tel. 282 76 35 23, www.dfhoteis.com. Nette Pension in einer ruhigen Seitenstraße der Altstadt.

Restaurants

A Lagosteira, Rua 1° de Maio 20, Lagos, Tel. 282 76 24 86. Hier serviert man eine der besten Fischsuppen an der Küste.

Dom Sebastião, Rua 25 de Abril 20, Lagos, Tel. 282 78 04 80, www.restaurantedonsebastiao.com. Fischrestaurant mit Charme und Tradition. Reservieren!

Ein Land im Goldrausch

Neben den Azulejos ist vergoldetes **Holzschnitzwerk** (Talha Dourada) ein typisches Dekorationselement der portugiesischen Barockkirchen. Zuerst auf den **Altar** beschränkt, überzog Talha Dourada bald den ganzen **Innenraum**. Vor allem, wenn auch nicht ausschließlich, sieht man Talha Dourada im **Norden Portugals**. Zentren der Stilrichtung waren Lissabon, Porto und Braga. Neben der Igreja de Santo António in Lagos sind vor allem das Kloster von Tibães bei Braga, die Kirchen São João da Foz, São Pedro de Miragaia und São Francisco in Porto sowie das Mosteiro de Arouca zu nennen. Dort sind die Altäre, Kanzeln und Wände besonders reich mit vergoldeten Putti und floralen Arabesken überzogen.

Engelhaft: Talha-Dourada-Schmuck in der Igreja de Santo António

46 Sagres

Am Anfang war, am Ende bleibt das Meer.

Weit verstreut liegen die einfachen Häuser des Hafenortes Sagres auf einem kleinen felsigen Hochplateau. Sie werden überragt von der Festung, über die unaufhörlich ein kalter, salziger Wind fegt. Urplötzlich bricht das Land ab, der schroffe Fels stürzt 60 m senkrecht ins Meer. Die Stürme, die über die Klippen fegen, haben eine kantige Steinwüste geformt. Die Kraft der Wellen hat zahlreiche Grotten in die *Steilküste* gefressen. Und dennoch: Die **Ponta de Sagres** lädt zum Träumen ein. Die Halbinsel ist berühmt wegen ihrer *Strände* und des herrlichen Wassers. Diese karge, trockene und dünn besiedelte Felsnase wird auch als Standort der berühmten **Seefahrerschule** gehandelt, die *Heinrich der Seefahrer* – er starb 1460 in Sagres – für Kapitäne, Nautiker, Wissenschaftler, Techniker und Kartographen eingerichtet haben soll und an der Portugals Aufbruch in die Weltmeere geplant wurde. Beweise für diese Lokalisierung gibt es nicht, zudem hat das Erdbeben von 1755 das historische Zentrum von Sagres und damit auch eventuelle Zeugnisse zerstört.

Die Katastrophe überstand allerdings das Eingangstor (17. Jh.) zur 2008 restaurierten **Fortaleza de Sagres** (Mai–Sept. tgl. 9.30–20, 9.30 –17.30 Uhr), die im wesentlichen Ende des 18. Jh. entstand. Die

Von der Ponta da Sagres hatten angehende Seefahrer die Küste immer vor Augen

ehemaligen Stallungen und Wohngebäude, die einen Innenhof rahmen, wurden zu einem modernen **Centro da Informação** ausgebaut, das mit Schautafeln und historischen Exponaten wie Navigationsinstrumenten oder Karten über die Geschichte Sagres' informiert. Im Hof wurde 1928 eine aus kleinen, unregelmäßigen Steinen gelegte *Windrose* von 43 m Durchmesser und 42 Strahlen entdeckt. Ob sie eine nautische oder astronomische Funktion hatte, ist umstritten.

Ausflug

Von Sagres aus gelangt man über die N 268 (6 km in nordwestliche Richtung) zum **Cabo de São Vicente** – dem südwestlichsten Punkt Portugals. In der Antike galt dieser Vorposten des Kontinents in den unbekannten Weiten des Atlantiks als das *Promontorium sacrum*. Der griechische Traumdeuter *Artemidoros* aus Ephesos berichtete, dass hier die Götter genächtigt hätten. Und für den portugiesischen Nationaldichter *Luís de Camões* war dieser Punkt das »Ende der Welt«. Seit 1846 warnt ein 62 m hoher *Leuchtturm* auf dem Kap Seefahrer vor den gefährlichen Felsen.

Top Tipp

Das Kap trägt den Namen des *hl. Vinzenz von Saragossa* († um 304) – Patron Portugals, der Seefahrer aber auch der Winzer. Während der Verfolgung durch Diokletian war er grausam gemartert und anschließend auf einem Acker den Vögeln zum Fraß überlassen worden. Als aber zwei Raben zu seinem Schutz erschienen, nähte man ihn, mit einem Stein beschwert, in einen Sack und warf diesen ins Meer. Begleitet von den Raben soll Vinzenz der Legende nach im 4 Jh. hier an Land gespült worden sein, wo ihn fromme Christen bestatteten. Die Raben zieren nun das Stadtwappen von Sagres.

i Praktische Hinweise

Information

Posto do Turismo, Rua Commandante Matoso, Sagres, Tel. 282 62 48 73, www.visitalgarve.pt

Hotel

******Pousada do Infante**, Ponte de Atalaia, Sagres, Tel. 282 62 02 40, www.pousadas.pt. Herrliche Aussicht auf die ›goldenen Klippen‹ und den tiefblauen Atlantik.

Restaurant

A Tasca, Porto da Baleeira Sagres, Tel. 282 62 41 77. In dem urigen Lokal am Fischereihafen von Sagres gibt es natürlich fangfrischen Fisch.

Lissabon – die Schöne vom Tejo

»Es gibt für mich keine Blume«, schwärmt der Dichter **Fernando Pessoa**, »die dem unerhört abwechslungsreichen Farbenspiel von Lissabon gleichkäme.« Und in der Tat: **Farben**, wohin man blickt – rosa Mauern, jadegrüne Dächer, schwarze Taxis, gelbe **Trambahnen**, Straßen mit schwarzweißen Mosaiken. Auf den Plätzen und in den Gassen riecht es nach **Kaffee**, Jasmin und Basilikum. Es gibt wohl keinen Staat der Welt, dem die Lage der **Hauptstadt** so logisch vorgegeben ist: Lissabon liegt in der Mitte der dem Ozean zugewandten Seite des westlichen Europas, unmittelbar an einem gewaltigen Naturhafen und an einem Fluss mit natürlichem Zugang ins Binnenland.

47 Lissabon *Pläne Seite 118, 129*

Aufbruchstimmung – die reiche portugiesische Metropole nimmt ihren Platz unter den großen Hauptstädten Europas ein.

Schon die Phönizier nutzten das weite Flussbecken des Tejo als Naturhafen und gründeten hier die Siedlung *Alis Ubbo*. Die Römer erhoben sie später als *Felicitas Julia* zum Verwaltungssitz der römischen Provinz **Lusitanien**. Von 585 bis 715 unter westgotischer Herrschaft, fiel Lissabon nach der Schlacht bei Jerez in die Hände der Mauren. Sie machten *Al-Uxbuna*, in dem sie sich für 400 Jahre einrichteten, zu einem wirtschaftlichen und kulturellen Zentrum.

Nach der Rückeroberung durch Afonso Henriques im Jahr 1147 wird anstelle Coimbras 1256 Lissabon zur **Hauptstadt** des jungen Königreichs am Rande Europas. Das Zeitalter der Entdeckungen bescherte der Stadt am Tejo unermessliche Reichtümer. Von der Pracht und Herrlichkeit jener Tage blieb jedoch wenig erhalten: 1755 legte ein großes Erdbeben, gefolgt von einer Flutwellle und tagelangen Bränden, die Stadt in Trümmer und tötete etwa 30 000–50 000 Menschen. Lissabon wurde nach modernen Gesichtspunkten wieder aufgebaut, erholte sich aber nur langsam von der Katastrophe. Aufschwung brachte erst die 2. Hälfte des 19. Jh., in der die Stadt wesentlich erweitert und verschönert wurde.

Heute präsentiert sich Lissabon (565 000 Einw., Großraum 2,1 Mio. Einw.) als moderne Stadt, in der die Geschichte

Lissabon von seiner schönsten Seite: Alfama mit Castelo de São Jorge ▷

Gipfelstürmer: Denkmalgeschützte Standseilbahnen erklimmen Lissabons Anhöhen

durchaus lebendig geblieben ist, was sich u.a. in der bunt gemischten Bevölkerung aus den ehem. Kolonien widerspiegelt. Mit den Bau- und Sanierungsmaßnahmen im Rahmen der **EXPO '98** wurde ein neues Kapitel der Stadtgeschichte aufgeschlagen. Zum 330 ha großen EXPO-Gelände im Osten der Stadt, das jetzt *Parque das Nações*, Park der Nationen, heißt [s. S. 128], gehört das größte **Ozeanarium** Europas, ein Jachthafen und eine Parkanlage mit Sportplätzen.

Stadtzentrum

Früher ging man in die Baixa zum Einkaufen, traf sich vorher oder nachher in

Museu da Cidade
20
Universidade de Lisboa
Av. Prof. Gama Pinto
R. António Albino Machado
Estrada da Luz
Avenida Lusíada
Av. Lusíada
Ave. Prof. Egas Moniz
Hospital de Santa Maria
Avenida das Forças Armadas
Avenida dos Combatentes
Avenida Álvaro Pais
Estação Entrecampos
Instituto Militar dos Pupilos do Exército
L. Conde de Bonfim
Jardim Zoológico
Rua Conde de Almoster
Cruz da Pedra
SETE RIOS
R. Franc. Gentil Martins
Eixo Norte Sul
Sete Rios
Estação do Rego
Av. Santos Dumont
Avenida de Berna
Av. Elias
27
Palácio dos Marqueses de Fronteira
Ave. Columbano Bordalo Pinheiro
Praça de Espanha
Av. José Malhoa
Rua de Campolide
19
Museu Calouste Gulbenkian
Centro de Arte Moderna
R. Ramalho Ortigão
Avenida António Augusto de Aguiar
Avenida Calouste Gulbenkian
Rua de Campolide
Palácio da Justiça
Penitenciária
Campolide
Miradouro de Monsanto
CAMPOLIDE
Rua Marquês Fronteira
Rua Rodrigo da Fonseca
Rua de Artilharia Um
Hospital Militar
Praça do Marquês de Pombal
26
Aqueduto das Águas Livres
Avenida Engenheiro Duarte Pacheco
Fundação Arpad Szenes-Vieira da Silva
25
AMOREIRAS
Avenida de Ceuta
Rua Castilho
Rua Braamcamp
Rua Alexandre Herculano
Rua Dom João V
RATO
CAMPO DE OURIQUE
Rua Ferreira Borges
Av. Pedro Álvares Cabral
Museo Nacional de História Natural
Universidade Internacional
Rua Saraiva de Carvalho
Cemitério dos Prazeres
R. Domingos Sequeira
ESTRELA
21
Basílica da Estrela
Palácio de São Bento Assembleia da República
BAIRRO ALTO
Avenida da Ponte
Avenida de Ceuta
Avenida Infante Santo
R. do Quelhas
Av. Dom Carlos I
R. do Poço dos Negros
LAPA
C. do Marquês de Abrantes
Rua Dom
Instituto Nacional de Investigação Agrária
Instituto Superior de Agronomia
Rua Jau
Estação Alcântara
Praça Gen. Domingos de Oliveira
Via Ponte
Av. da Ponte
Av. de Ceuta
Palácio das Necessidades Ministério dos Negócios Estrangeiros
Museu Nacional de Arte Antiga
22
Armada Ministério do Exército
Avenida Brasília
23
Doca de Alcântara Norte
Ponte 25 de Abril
24

Lissabon
0
300 m
U-Bahn
Vale de Lobos
Dona Maria
Caneças
Povoa de Santo
Bobadela
Amoreira
Camarate
Sacavém
A-da Beja
Adrião
Odivelas
Belas
Amadora
Olivais
Carnide
Poço do Bispo
Tercena
LISSABON
Carnaxide
Barcarena
Belem
Rio Tejo
28 - 33 s.S. 129
Almada
Banática
Trafaria
Caparica
Barreiro
Praça de Alvalade
os Estados
os da America
TRECAMPOS
Avenida de Roma
Av. Oscar Monteiro Torres
Campo Pequeno
Av. João XXI
R. do Arco de Cego
Av. dos Defensores de Chaves
Av. Ant. José de Almeida
Praça de Touros
Crisóstomo
Ávila
Av. Rovisco Pais
Praça Duque de Saldanha
Av. Casal Ribeiro
Rua Almirante Barroso
ESTEFÂNIA
Praça Paiva Couceiro
Cemitério do Alto de São João
Parada do Alto de São João
Avenida Mouzinho de Albuquerque
Avenida Afonso III
XABREGAS
Museu Nacional do Azulejo
Parque das Nações
R. Jacinta Marto
R. da Escola do Exército
R. dos Anjos
Av. Almirante Reis
Hospital Miguel Bombarda
R. Gomes Freire
BAIRRO LOPES
Av. General Roçadas
R. dos Sapadores
Museu da Agua da Epal
R. Damasceno Monteiro
GRAÇA
Rua da Palma
Liberdade
Praça dos Restauradores
Teatro Nacional Dona Maria II
MOURARIA
R. da Voz do Operário
C. de Santa Clara
Estação do Rossio
Praça da Figueira
Praça Dom Pedro IV
Rossio
Igreja de São Roque
BAIXA
Castelo de São Jorge
Costa do Castelo
Igreja do Menino-de-Deus
Igreja de São Vicente de Fora
Museu Escola de Artes Decorativas
Museu Militar
Estação Santa Apolónia
Av. Infante Dom Henrique
Nossa Senhora do Carmo
Elevador de Santa Justa
R. Aurea (Rua do Ouro)
R. da Prata
ALFAMA
Arco Triunfal da Rua Augusta
Sé
Casa dos Bicos
R. da Alfândega
Pr. do Município
R. do Alecrim
R. do Arsenal
Praça do Comércio
Av. Ribeira das Naus
Estação Fluvial Terreiro do Paço
Cais do Sodré
Rio Tejo

einem der vielen Cafés am Rossio. Und abends gehörte das Viertel den Theatergängern. Die **Baixa Pombalina**, die Pombalinische Unterstadt, war das Lieblingskind des *Marquês de Pombal*. Der geniale Staatsmann leitete nach dem Beben von 1755 den sofortigen Wiederaufbau Lissabons ein, und verlieh der Unterstadt ihre bis heute unverwechselbare Struktur. Lange vor *Manhattan* und Haussmanns *Paris* entstand eine klar gegliederte City mit rechtwinkligem **Straßenraster** und großzügigen **Flaniermeilen**. Parallel zu den zwei breiten Hauptstraßen (Rua Aurea und Rua da Prata) führen sechs weitere, also insgesamt acht in die Längs- und acht in die Querrichtung. Noch heute erinnern die Straßennamen und Traditionsgeschäfte daran, dass einzelne Gewerbezweige in bestimmten Straßen angesiedelt wurden: die Tuchhändler auf die *Rua Augusta*, die Silberschmiede auf die *Rua da Prata*, die Schuster und Lederwarengeschäfte auf die *Rua dos Sapateiros*.

Der erste Rundgang beginnt an der **Praça do Comércio** ❶, dem ehem. *Terreiro do Paço* (Schlossplatz). Sie stellt das Foyer der nach 1755 entstandenen Baixa dar. Der 177 x 192,5 m große Platz ist an drei Seiten von arkadengeschmückten Barockbauten umgeben und am Südrand zum Tejo hin offen. Von der ins Wasser führenden Marmortreppe des *Cais das Colunas* (Kai der Säulen) hat man einen schönen Blick auf den Platz, die Burg, die Tejobrücken und das bis zu 11 km breite *Mar de Palha* (Strohmeer) – wie man das Tejobecken im Volksmund auch nennt. MItten auf der Praça steht unübersehbar das 29 t schwere bronzene *Reiterstandbild Josés I.* von Machado de Castro (1775), das erste öffentliche Denkmal Portugals. In seinem Rücken erhebt sich der **Arco Triunfal da Rua Augusta** ❷ (Triumphbogen; 1775–1873), eine bemerkenswerte Arbeit von Veríssimo José da Costa. Der Torbogen wird von einer allegorischen Figurengruppe des Bildhauers Anatole Calmels (1822–1906) gekrönt, die schöngeistige Werte und kriegerische Tugenden darstellen. Das königliche Wappen im Hauptfeld flankieren vier Skulpturen von Vítor Bastos: rechts der Seefahrer *Vasco da Gama* und der Staatsmann *Pombal*. Links sieht man *Viriatus*, den Führer im Kampf gegen die Römer, sowie den hl. *Nuno*, der die Spanier in der Schlacht von Aljubarrota besiegte. Auf den Voluten kann man Allegorien der Flüsse *Douro* (links) und *Tejo* (rechts) betrachten.

Geht man die *Rua Augusta* in nördliche Richtung, so kommt man zum Zentrum Lissabons – dem **Rossio** ❸. Der Platz, der amtlich *Praça Dom Pedro IV.* heißt, ist seit seiner Anlage unter Manuel I. das eigentliche Herz des städtischen Lebens. 1849 wurde der Rossio von Straf-

Lebendiges und glanzvolles Herz der Stadt – der Rossio vom Elevador de Santa Justa

Blick vom Altstadtviertel Alfama zum Kloster São Vicente

gefangenen mit einem Mosaik von Pinheiro Furtado aus Basalt und Kalkstein gepflastert – das 2001 sorgfältig restauriert wurde. Die 27,5 m hohe Marmorsäule mit dem *Bronzestandbild Pedros IV.* erhebt sich in der Mitte. Man sieht Pedro, den Kaiser von Brasilien, der 1832–34 gegen seinen Bruder Miguel um die portugiesische Krone kämpfte. Der König – in Generalsuniform mit Königsmantel – hält in der rechten Hand die *Carta Constitucional*, die für seine konstitutionelle Monarchie grundlegene Verfassung. An den Sockelecken sind die Allegorien der Gerechtigkeit, Umsicht, Klugheit und Mäßigung dargestellt sowie die 16 wichtigsten Städte des Landes. Die Säule schuf Germano José de Sales, das Standbild stammt von Elias Robert (1887). An der nördlichen Stirnseite des Rossio steht das am 13. April 1847 eingeweihte **Teatro Nacional Dona Maria II.** 4. Der klassizistische Bau mit dem eleganten sechssäuligen Portikus wurde 1842–46 nach Plänen des italienischen Architekten *Fortunato Lodi* errichtet. Östlich vom Rossio liegt die **Praça da Figueira** 5 (Feigenbaumplatz) mit dem 1885 eingeweihten *Reiterstandbild Joãos I.*, der die Dynastie Aviz begründete und 1385 Portugals Unabhängigkeit gegenüber Kastilien behauptete.

Östliche Stadtviertel

Die **Alfama** (arab. *Al-Hama* = Bad, heiße Quelle) wurde als einziges mittelalterliches Stadtviertel vom großen Erdbeben 1755 weitgehend verschont. Sie bezaubert mit ihren malerischen *Becos* (Gässchen) und *Travessas* (Querstraßen), steilen Steintreppchen und verschachtelten Häusern. Das Viertel braucht keine Wegweiser und keinen Stadtplan, denn am *Largo das Portas Sol* ist an der Wand neben der schmalen Treppenpforte zur Alfama ein Lageplan auf Azulejos dargestellt.

Am Largo das Portas do Sol (Platz der Sonnenpforten) ist im ehemaligen *Palácio Azurara* seit 1953 das **Museu Escola de Artes Decorativas** 6 (Mi–Mo 10–17 Uhr, www.fress.pt) untergebracht. Die kostbare Privatsammlung des Bankiers *Espírito Santo Silva* umfasst portugiesische, englische und französische Möbel, Arraiolos-Teppiche, Porzellan und Keramik, Leuchter, eine Talha-Dourada-Sammlung, wertvolle Gemälde (Werke von Gregório Lopes, Vieira Portuense, Joaquim Marques) sowie Gold- und Silberarbeiten.

TOP TIPP Nur ein paar Schritte entfernt lädt der **Miradouro de Santa Luzia** zu einer Rast ein, eine Aussichtsterrasse mit Meerblick, Bougainvillea überrankter Pergola und bunt gefliesten Sitzbänken für Schaulustige und still Lesende.

Der Blick auf den Tejo und die ferne Brücke Vasco da Gama machen Lust, weitere Aussichtspunkte *(Miradouros)* der Stadt aufzusuchen.

In östlicher Richtung liegt das **Mosteiro de São Vicente de Fora** 7. Trotz seiner Maße wirkt der dem Lissabonner Stadtpatron geweihte Monumentalbau von Kirche und Kloster harmonisch und gut gegliedert. 1582 ließ Philipp II. die romanische Vorgängerkirche abreißen und zwischen 1590 und 1627 einen Neubau nach Plänen von Juan de Herrera errichten. Nach dem Erdbeben von 1755 wurde die Igraja de São Vicente nach dem Vorbild der Jesuitenkirche Il Gesù in Rom wieder aufgebaut. Sie ist das höchstgelegene Gotteshaus Lissabons. Das *Hauptportal* der zweistöckigen, klassisch-strengen Renaissancefassade aus weißem Kalkstein wird von zwei Türmen gekrönt. Die Statuen der hll. Vinzenz, Augustin und Sebastian befinden sich in den Nischen über den drei Portalbögen, in den Seitennischen stehen Statuen der hll. Antonius und Domenikus. Links vom Haupteingang der einschiffigen Kirche befindet sich die kuriose *Grabplatte* für den Ritter *Henrique Alemão* (Heinrich der Deutsche), der bei der Einnahme Lissabons im 12. Jh. von Mauren getötet wurde. Im Auftrag Dom Joãos V. fertigte Machado de Castro den barocken *Hochaltar* mit einem gewaltigen Baldachin. Im südlichen Querschiff liegt am Altar der *Antonio-Kapelle* die noch aus dem Vorgängerbau stammende *Grabplatte der Teresa Taveira*, Mutter des in Lissabon geborenen *hl. Antonius*, der im 13. Jh. außerhalb Portugals durch seine Predigten als Antonius von Padua bekannt wurde. Das benachbarte ehem. Kloster umschließt zwei azulejogeschmückte Kreuzgänge. Das *Refektorium* diente seit 1855 als *Panteão Real* (Königliches Mausoleum) der Brangança. Sie regierten Portugal von 1640 bis 1910. Im 1. Obergeschoss kann man die berühmten blau-weißen Azulejotableaus aus dem 18. Jh. mit fantasievollen Illustrationen von Fabeln *La Fontaines* bewundern.

Pause nach dem Kunstgenuss – im Restaurant des Museu Nacional do Azulejo

Das ehem. Klarissinnenkloster *Madre de Deus* besitzt nicht nur ein sehenswertes manuelinisches *Hauptportal*. Dort ist außerdem eines der schönsten Museen des Landes untergebracht – das

TOP TIPP

Museu Nacional do Azulejo 8 (Di 14–18, Mi–So 10–18 Uhr, http://mnazulejo.imc-ip.pt). Das Azulejo-Museum wurde 1960 auf Initiative des Kunsthistorikers João Miguel dos Santos Simões in den Kreuzgängen und den Klostergebäuden eingerichtet. Azulejos sind aus der Stadtarchitektur Portugals nicht wegzudenken. Hier dokumentieren mehr als 15 000 *Fliesen* aus einheimischer, aber auch maurischer, spanischer und holländischer Produktion die Entwicklungsgeschichte dieser Kunst. Besonders beeindrucken wandfüllende Fliesengemälde, wie das um 1700 entstandene 23 m lange *Azulejotableau* mit dem Stadtpanorama. Es zeigt Lissabon, wie es vor dem großen Erdbeben von 1755 ausgesehen hat. Natürlich ist auch das *Museumscafé* mit Fliesen verkleidet.

Einen herrlichen Blick auf die Hügel der Stadt genießt man vom **Castelo de São Jorge** 9 (März–Okt. tgl. 9–21, Nov.–Febr. bis 18 Uhr, www.castelosaojorge.egeac.pt). Hier oben verbirgt sich die Vergangenheit der Stadt als römisches Forum, westgotische Burg, Maurenfestung und wehrhafte Residenz der portugiesischen Könige. An die Westgoten erinnern die ältesten Teile der Ringmauern und Türme, an die Mauren die Zinnen und Rechtecktürme. Zum 800-jährigen Jubiläum der Rückeroberung Lissabons wurde dem ersten portugiesischen König, Afonso Henriques, ein *Denkmal* errichtet. Einen hervorragenden Überblick über die Geschichte der Burg und der Stadt liefert die Ausstellung *Nucleo Museologico* im ehem. Königspalast

Unweit vom Castelo, am Largo do Menino de Deus, erhebt sich die **Igreja do Menino-de-Deus** 10 – sicherlich eine der schönsten Kirchen in Lissabon. Zum Dank

Auf den Spuren der Römer, Westgoten und Mauren: Castelo de São Jorge

für die Geburt seiner Tochter Maria Bárbara (1711) ließ König João V. durch die Baumeister Frei João Nunes Tinoco und João Antunes das Gotteshaus errichten. Im Innenraum des unvollendeten Barockbaus findet man reichen *Marmorschmuck* und sehenswerte *Gemälde* von André Gonçalves, Jerónimo da Silva, Vieira Lusitano und Policarpo de Oliveira Bernardes. Der Orden der Franziskaner wird in den *Deckengemälden* allegorisch verherrlicht.

Schon von weitem erkennbar ist die **Sé** 11 (tgl. 9–19 Uhr), die einzige romanische Kirche der Hauptstadt. Nach der Rückeroberung Lissabons im Jahre 1147 wurde die große Moschee der Mauren abgerissen und unter den Königen *Afonso Henriques* und *Sancho I.* durch einen Neubau ersetzt. Romanisch sind seit den Erdbeben des 14. Jh. jedoch nur noch das Portal und die Triforiengalerie. Afonso IV. beauftragte die aus der Auvergne stammenden Architekten *Robert* und *Bernard* damit, die Kathedrale im gotischen Stil wieder zu errichten. 1380 wurde die wuchtige *Westfassade* mit den beiden massiven Türmen angefügt. Das Gotteshaus mit seinem wehrhaften Äußeren erinnert an normannische Bauten. Im *Innenraum* findet man links vom Eingang ein restauriertes romanisches *Taufbecken*. Über ihm sollen der hl. Antonius von Padua sowie der berühmte Jesuitenpater António Vieira (1608–1697) getauft worden sein. Prunkstück der gotischen *Capela de Bartholemeu Joanes* ist der barocke *Presépio* (Weihnachtskrippe) von Machado de Castro (1766) mit seinen zahlreichen polychromen Terrakotta-Figuren. Sie stellen neben der Geburt Christi auch den Alltag der Bauern, Fischer und Handwerker dar. Vom *Chorumgang* gelangt man in den zweigeschossigen gotischen *Kreuzgang* aus dem frühen 14. Jh. Neben Fragmenten mittelalterlicher Säulen, Kapitelle und Reliefs kann man freigelegte Mauerreste aus römischer und maurischer Zeit bewundern. Über der barocken *Sakristei* und dem südlichen Seitenschiff befindet sich der *Tesouro da Sé*, die Schatzkammer. Sie birgt ein kostbares silbernes *Schädelreliquiar des hl. Vinzenz*, eine mit 4120 Edelsteinen besetzte *Monstranz* des Juweliers Joaquim Caetano de Carvalho sowie eine Vielzahl edler liturgischer Geräte. und Gewänder

Südlich der Kathedrale steht die **Casa dos Bicos** 12, das ›Haus der Spitzen‹. Es verdankt seinen Namen der mit diamantförmigen Spitzquadern geschmückten Fassade – nach Vorbildern der italienischen Frührenaissance. Das Haus wurde 1521–23 für einen Sohn des Vizekönigs von Indien *Afonso de Albuquerque* errichtet. Nur die beiden unteren Stockwerke überstanden das Beben von 1755, die oberen wurden in den 1980er-Jahren mithilfe alter Stiche und Azulejobilder restauriert. Das Gebäuderinnere wird derzeit komplett umgebaut und künftig als Sitz der *Fundação José Saramago* (www.josesaramago.org), der Stiftung des portugiesischen Nobelpreisträgers für Literatur, Bibliotheks-, Ausstellungs- und Vortragsräume beherbergen.

Westliche Stadtviertel

Eines der Wahrzeichen von Lissabon ist der **Elevador de Santa Justa** 13 (Sommer tgl. 7–23, Winter tgl. 7–21 Uhr). Der filigrane Fahrstuhl, eine 45 m hohe Gusseisenkonstruktion im neugotisch-maurischen Stil, wurde von *Raúl Mesnier du Ponsard* errichtet. Er verbindet seit 1902 die Baixa mit der Oberstadt. Der Höhenunterschied, den der Elevador überwindet, beträgt 31,92 m. Seine zwei holzgetäfelten Kabinen können je 25 Passagiere befördern.

In der Nähe des berühmten Fahrstuhls befindet sich die nicht markante Ruine der Karmeliterkirche **Nossa Senhora do Carmo** 14. Die Carmo-Kirche, das bedeutendste gotische Denkmal Lissabons, ist heute das **Museu Arqueológico do Carmo** (Di 14–18, Mi–So 10–18 Uhr). Bronzezeitliche Tongefäße gehören ebenso zur Sammlung wie Grabdenkmäler und Kunstwerke aus zerstörten Kirchen Lissabons, darunter verzierte *Sarkophag* des *Fernão Sanches* († 1329), eines unehelichen Sohnes von König Dinis. Der *Mozarabische Fries* (9./10. Jh), ein Pfeilerfragment mit feinziseliertem Blattwerk und stolzen Greifen, kündet neben maurischen Grabstelen und hebräischen Inschriften (11. Jh) von der einstigen religiösen Vielfalt Lissabons. Besonders schön gearbeitet sind die mattschimmernden *Alabasterreliefs* (15 Jh.), die eine Werkstatt im englischen Nottingham als Altarschmuck fertigte und auf denen detailfreudig und feingliedrig Szenen der Passion Christi dargestellt sind.

Bindeglied zwischen Ober- und Unterstadt: der filigrane Elevador de Santa Justa

Nordwestlich der Carmo-Kirche befindet sich der *Largo Trindade Coelho* mit der Jesuitenkirche **Igreja de São Roque** 15. (Mo 14–18, Di/Mi, Fr–So 9–18, Do 9–21 Uhr) und dem **Museu de São Roque** (Di/Mi, Fr–So 10–18, Do 14–21 Uhr, www.museu-saoroque.com) nebenan im einstigen Ordenshaus.

Den Grundstein zu der dem hl. Rochus geweihten Jesuitenkirche, die mit ihren acht üppig vergoldeten Seitenkapelle zu den prachtvollsten Portugals gehört, legte João III. im Jahr 1555. Die Bauarbeiten am einschiffigen Gotteshaus im manieristischen Stil zogen sich aber bis ins 17. Jh. hin.

TOP TIPP Schmuckstück ist die **Capela de São João Baptista**. Die Johannes dem Täufer geweihte Kapelle entstand in Folge eines Gelübdes, das João V. 1742 abgelegt hatte. Mit der Ausführung wurden in Rom die Italiener *Luigi Vanvitelli* (1706–1773) und *Nicolò Salvi* (1697–1751) betraut. Diese engagierten ihrerseits mehr als 100 der besten Kunsthandwerker Italiens. Und da Geld offenbar keine Rolle spielte, wurden allein 18 verschiedene Marmortypen, vier Alabasterarten, Ormolu, Agate und Amethyste verarbeitet. Die Einzelstücke der Kapelle wurden in Italien verpackt, verschifft und 1747 unter Aufsicht des Bildhauers *Alessandro Giusti* in Lissabon zusammengesetzt. Als die 1751 geweiht wurde, war der König begeistert über die Wände aus Amethyst, orientalischem Granit, großen Korallenstücken und Lasursteinen in allen Schattierungen. Die *Säulen* des Altars

Ein Resultat des Erdbebens von 1755 – die Ruinen der Kirche Nossa Senhora do Carmo

bestehen aus blauem Lapislazuli mit goldenen Streifen, der *Altartisch* wird von Cherubinen getragen, die aus Silber sind. Die Kassettendecke ist mit Jaspis geschmückt. Sehenswert sind außerdem die ›Gemälde‹, die sich beim näheren Hinsehen als Mosaike entpuppen. Die nicht minder kostbare Ausstattung, darunter Leuchter und liturgische Gefäße aus Gold, Silber oder Bronze sind im Museum zu bewundern. Neben den Schätzen aus der Kirche sind dort weitere kostbare sakrale Kunstwerke, Gemälde und Skulpturen – viele aus dem Besitz der Jesuiten – ausgestellt.

Der nahe *Largo do Chiado* wird flankiert von den beiden Kirchen **Igreja Loreto** und **Igreja da Encarnação** ⑯. Die nördliche, der *Schwarzen Madonna* von Loretto geweihte Kirche (Mo–Sa 8.30–14 und 17–21, So/Fei 8–13 und 16–20 Uhr) wird auch Igreja dos Italianos genannt, weil sie 1517/18 von Filippo Terzi für die italienische Gemeinde Lissabons errichtet worden war. 1651 wurde das Gotteshaus durch einen Brand zerstört, 1676 rekonstruiert, 1755 beim Erdbeben wieder zerstört und 1785 schließlich durch *José da Costa e Silva* (1747–1819) neu errichtet. Hinter der klassizistischen Fassade öffnet sich der lichte einschiffige Innenraum mit üppigem Rokoko-Dekor und einer Statue der Kirchenpatronin auf dem Hochaltar.

Neustadt

Die Lisboetas nennen den weiten Rundplatz auch ›Rotunda‹ – offiziell heißt der Platz, wo die *Avenida da Liberdade* endet und der *Parque Eduardo VII.* beginnt, **Praça do Marquês de Pombal** ⑰. In seiner Mitte steht das 1934 vollendete *Monument des Marquês de Pombal*. Bevor José I. ihn zum Markgrafen erhob, hieß dieser Sebastião José de Carvalho e Melo (1699–1782). Auf dem Sockel des Denkmals sind die Wiederaufbauarbeiten nach dem großen Beben, die von Pombal reformierte Universität von Coimbra sowie Themen aus Landwirtschaft und Industrie dargestellt. Medaillons rund um die 36 m hohe Säule zeigen Bildnisse von Architekten und Bildhauern seiner Zeit, darunter Eugénio dos Santos, Machado de Castro und Manuel da Maia. In der schwarz-weißen Mosaikbepflasterung des Platzes ist das Stadtwappen mit dem Schiff des hl. Vinzenz [s. S. 115] und seinen zwei Raben zu sehen.

Im Norden der Neustadt liegt der *Campo Pequeno* mit der aus roten Backsteinen erbauten Stierkampfarena **Praça de Touros** ⑱. Sie überragt mit ihren Zwiebeltürmchen, Fenstern und Toren im maurischen Stil den Platz, auf dem bereits im 18. Jh. Stierkämpfe veranstaltet wurden. Das 1892 von António José Dias da Silva errichtete Bauwerk hat einen Durchmesser von 80 m und fasst knapp 8500 Zuschauer. Übrigens, der portugiesische Stierkampf geht auf *Dom Sebastião* zurück, der am Vorabend der Expedition nach Alcácer-Quibir (1578) in Xabregas den ersten Stierkampf auf portugiesischem Boden veranstaltete.

Folgt man der *Avenida de Berna* in westlicher Richtung, gelangt man zum **Museu Calouste Gulbenkian** 19 (Di–So 10–17.45 Uhr, www.museu.gulbenkian.pt). Benannt ist das außergewöhnliche Museum nach dem reichen Armenier Calouste Sarkis Gulbenkian (1869–1955), an dessen 100. Geburtstag es eröffnet wurde. Ihm verdanken die Portugiesen ihre ersten Volksbibliotheken und Kulturzentren. Der architektonisch überzeugend gestaltete Museumskomplex liegt inmitten einer 7 ha großen idyllisch begrünten Parkanlage. Das Museum zählt mit mehr als 6000 Exponaten der ägyptischen und griechisch-römischen Kunst, der Buchkunst und Malerei des 15.–19. Jh. zu den größten und bedeutendsten Privatsammlungen der Welt. In 17 Sälen wird die exquisite Ausstellung präsentiert. Die renommierte Gulbenkian-Stiftung unterhält zudem das Museum der Gegenwartskunst **Centro de Arte Moderna** sowie eine umfassende Kunstbibliothek, ein Kinder-Kulturzentrum und ein für Open-Air-Konzerte genutztes Amphitheater. Speziell gefördert werden Klassische Musik, Jazz Ballett und experimentelles Theater.

Unter der Stierkampfarena befindet sich ein modernes Einkaufszentrum

Weiter nördlich liegt am Ende des *Campo Grande* der Palácio Pimenta (1740), in dem das **Museu da Cidade** 20 (www.cm-lisboa.pt, Di–So 10–13, 14–18 Uhr) untergebracht ist. Stadtpläne, Gemälde, Urkunden und Stiche informieren über die wechselvolle Geschichte der Stadt, ergänzt durch prähistorische, römische und mittelalterliche Architekturfragmente. Besonders sehenswert ist ein ausgezeichnetes *Modell* der Stadt, welches das Erscheinungsbild vor 1755 dokumentiert. Des Weiteren ist die Naturkatastrophe in zahlreichen guten Bildern festgehalten.

Bairro da Lapa

Vor 1755 galt der weiter westlich gelegene Stadtteil *Bairro da Lapa* als Schwarzenviertel (Mocambo), später lebten hier überwiegend Seeleute. Nach dem großen Erdbeben zogen vor allem Engländer nach Lapa, später portugiesische Adelige und Großbürger. Zahlreiche Stadtpaläste und Häuser mit Jugendstil-Fassaden machen das Viertel sehenswert. Idealer Ausgangspunkt für einen Bummel ist die strahlend weiße **Basílica da Estrela** 21 (tgl. 8–12.30 und 15–19.30 Uhr) – die letzte große Barockkirche in Westeuropa. Sie erhebt sich weithin sichtbar gegenüber des 1850 angelegten, idyllischen *Jardim da Estrela*. Die von Mateus Vicente de Oliveira, Architekt des Rokoko-Schlosses Queluz, errichtete Basilika wurde nach seinem Tod († 1786) von Reinaldo Manuel dos Santos im klassizistischen Stil vollendet. Der ursprüngliche Entwurf einer mächtigen, zweitürmigen Fassade und einer hohen Vierungskuppel mit Laternenhäuschen zitiert die *Klosterkirche von Mafra*. Aus der Schule von Mafra kamen auch die verantwortlichen Künstler. Der römische Maler *Pompeo Batoni* malte eine ›Anbetung des Heiligen Herzens‹, ein ›Abendmahl‹ und eine ›Hl. Teresa empfängt Gaben von der Königin von Portugal‹. Im rechten Querschiff stehen der aus schwarzem und weißem Marmor gearbeitete *Sarkophag der Königin Maria* sowie weiter links ein *gläserner Kindersarg*. Dieser birgt den reich geschmückten Leichnam des hl. Exuperius, der aus den römischen Katakomben stammt – ein Geschenk von Papst Pius VI. In einem Nebenraum bezaubert eine

Erinnert an die Revolution von 1974 – die Ponte 25 de Abril

Machado de Castro zugeschriebene *Weihnachtskrippe* mit über 500 Figuren, die auch Szenen aus dem damaligen Alltag darstellen.

Richtung Tejo erreicht man die oberhalb des Flusses und der Uferstraße Avenida 24 de Julho stehende ehem. *Casa das Janelas Verdes* (1690), in der seit 1884 das **Museu Nacional de Arte Antiga** 22 (Rua das Janelas Verdes Di 14–18, Mi–So 10–18 Uhr, www.mnarteantiga-ipmuseus.pt) untergebracht ist. Die überwältigende Fülle kostbarer Exponate, die zu großem Teil aus säkularisierten Klöstern oder königlichen Palästen stammt, macht das Museum für Alte Kunst zu einem der bedeutendsten in Portugal. Highlights der Gemäldesammlung sind die Werke ›Versuchung des hl. Antonius‹ von *Hieronymus Bosch* und ›Hl. Hieronymus‹ von *Albrecht Dürer*. Besonders faszinieren auch die sechs Tafelbilder (um 1470–80) von *Nuno Gonçalves*. Das Polyptychon, das einst den Vinzenz-Altar in der Lissabonner Kathedrale schmückte, vereint 60 Porträts von Mitgliedern der damaligen portugiesischen Gesellschaft – darunter der Erzbischof und Afonso V., aber auch Mönche, Ritter und Fischer, die dem hl. Vinzenz, dem Schutzpatron der Stadt Lissabon, huldigen. Außerdem liefert das Museum einen hervorragenden Überblick über die portugiesischen Malschulen des 16. Jh. sowie die reizvollen japanischen *Namban-Wandschirme* aus dem 16. Jh. Auf ihnen sind die Portugiesen, die um 1540 in Japan landeten, aus ostasiatischer Sicht dargestellt. Zu den kostbaren Gold- und Silberschmiedearbeiten, die präsentiert werden, gehört die berühmte *Goldmonstranz*. Gil Vicente soll sie 1506 für das Hieronymuskloster in Belém gefertigt haben – aus Gold, das Vasco da Gama bei seiner zweiten Indienfahrt in Ostafrika als Tribut an die portugiesische Krone einkassiert hatte.

Noch mehr Schätze, die die portugiesischen Entdecker aus Asien mitbrachten, kann man im **Museu do Oriente** 23 (Doca de Alcântara, www.museudooriente.pt, Di–So 10–18, Fr bis 22 Uhr) bewundern. In einem ehemaligen Lagergebäude am Tejo sind zarte Porzellan-, Elfenbein- und Perlmuttarbeiten aus China und Indien

Europäische Milleniumsarchitektur: der Estação Oriente

Eine Welt am Meer

Der Park der Nationen, **Parque das Nações** (www.parquedasnacoes.pt), auf dem Ausstellungsgelände der EXPO '98 am nordöstlichen Stadtrand ist noch immer eine Attraktion für die Lisboetas, vor allem am Wochenende. Neben dem Bahnhof **Gare do Oriente** (Architekt: Santiago Calatrava) und der weiter nördlich gelegenen Brücke **Ponte Vasco da Gama**, die über 17 km lang ist und Lissabon mit dem südlichen Tejoufer verbindet, gibt es u. a. folgende Sehenswürdigkeiten:

Oceanário (Doca dos Olivais, Tel. 218 917002, www.oceanario.pt, April–Okt. tgl. 10–19, Nov.– März tgl. 10–18 Uhr). Der Architekt Peter Chermayeff baute für das größte Meeresaquarium Europas einen riesigen zentralen Glastank mit der bunt schillernden Fauna der Ozeane. Vier kleinere Aquarien sind den Ökosystemen der Meere gewidmet.

Pavilhão do Conhecimento (Alameda dos Oceanos, Tel. 218 917100, www.pavconhecimento.pt, Di–Fr 10–18, Sa/So 11–19 Uhr). Vier Dauerausstellungen sowie aktuelle Sonderschauen führen vor allem jüngere Besucher kenntnisreich in die aufregende Welt der Wissenschaft ein.

Teleférico (Tel. 218 965823, Okt.–Mai Mo–Fr 10–19, Sa/So 11–20, Juni– Sept. Mo–Fr 11–20, Sa/So 10–21 Uhr). Die Seibahnfahrt über die Parkanlagen hinweg bis zur Torre Vasco da Gama ist besonders für Kinder interessant. Von den Gondeln genießt man außerdem einen grandiosen Panoramablick über den Park der Nationen und den Tejo.

Torre Vasco da Gama (Cais das Naus). Der Turm am Tejoufer ist mit 145 m das höchste Bauwerk Lissabons. Wegen seines Umbaus zum Luxushotel ist er derzeit nicht zugänglich.

neben japanischen Namban-Paravents ausgestellt. Besonders wertvoll aber ist die Kwok-On-Sammlung, zu der Kostüme religöser Tänze, mythologische Masken, Theaterpuppen und Musikinstrumente aus verschiedenen Regionen Asiens gehören.

Westlich vom Museum überspannt die 1966 erbaute **Ponte 25 de Abril** 24 den Tejo. Die 2278 m lange Hängebrücke, die mit über 82 m tiefen Fundamenten im Boden verankert ist und zwischen den beiden 190 m hohen Pylonen in 70 m Höhe über den Fluss führt, verbindet Lissabon mit Portugals Süden.

Campo Ourique und Benfica

Nordwestlich vom Zentrum zeigt in einer ehem. Seidenfabrik die **Fundação Arpad Szenes – Vieira da Silves** 25 (Praça das Amoreira 56–58, Tel. 213 880044, www.fasvs.pt, Mo,–Sa 11–19, So 10–18 Uhr) seit 1994 Gemälde des Künstlerehepaars Arpad Szenes (1897–1985) und Maria Helena Vieira da Silva (1908–1992). Die beiden von französsichen Kubisten und Surrealisten beeinflussten Maler hatten eine besondere Vorliebe für Landschaften und Stadtansichten, die sie in hellen Farben und in diffusem Licht darstellten.

Nördlich des *Campo de Ourique* befindet sich der **Aqueduto das Águas Livres** 26. Wassernot zwang die Ingenieure, bis nach *Caneças* im Nordwesten der Stadt zu gehen, um die Wasserversorgung Lissabons sicherzustellen. Die ästhetisch wie technisch gelungene Wasserleitung ist 18,6 km lang und verbindet *Olival do Santíssimo* in den Bergen von Caneças mit der *Mãe d'Águas* (Mutter des Wassers) in Amoreiras. Erst 1888 wurde die Leitung ›der freien Wasser‹ mit ihren barocken Lüftungstürmen vollendet. Prunkstück der Anlage ist der fast 1 km lange Aquädukt, der sich bis zu 65 m hoch mit 14 Spitz- und 21 Rundbogen- über das Alcântara-Tal spannt.

Zwischen der Stadt und dem Waldgebiet *Florestal de Monsanto* steht der **Palácio dos Marqueses de Fronteira** 27 (Largo de S. Domingo de Benfica, Führungen Mai–Sept. Mo–Sa 10.30–12, Okt.–April 11 und 12 Uhr). Das rote Renaissance-Schlösschen umgibt ein wunderbarer **Park** (Mai–Sept. Mo–Sa 10.30–13.30 und 14.30–17, Okt.–April bis 16.30 Uhr), den João de Mascarenhas zwischen 1650 und 1675 anlegen ließ. Der **Jardim Grande** (Große Garten) im italienischen Renaissancestil mit kunstvoll geschnittenen Buchsbaumhecken und Statuen wird an drei Seiten von einem Azulejo-Fries eingefasst. Dargestellt sind darauf etwa die zwölf Monate und Sternzeichen. Die Südseite begrenzt die berühmte **Galeria dos Reis** (Galerie der Könige): über einem 48,4 x 18,5 m großen Wasserbassin prangen die lebensgroßen Darstellungen von zwölf Rittern zu Pferde, die nach Gemälden von *Velasquez* gestaltet sind: Diese auch *Doze de Inglaterra* (Zwölf Ritter auf dem Weg nach England) genannten Reiter sollen angeblich in England für die Ehre von zwölf englischen Damen gekämpft haben. Man kann sie aber auch als Leibgarde der portugiesischen Könige oberhalb betrachten. 15 Marmorbüsten portugiesischer Könige bis João VI. schmücken die Nischen der mit blauen und kupferfarbenen Azulejos verkleideten Galerie. Besonders idyllisch ist der anschließende **Jardim de Venus** (Venusgarten) mit einem leise plätschernden Brunnen. Die Außenwände des Palastes sind außerdem mit *Azulejo-Tableaus* dekoriert, die mythologische und allegorische Figuren sowie das Leben der höfischen Gesellschaft darstellen.

Im Inneren des Palastes sind die Azulejo-Tableaus in der *Sala das Batalhas* mit detaillierten Schlachtenszenen der Restaurationskriege besonders sehenswert.

Belém

7 km westlich von Lissabon liegt der berühmte Vorort Belém (port. Bethlehem). Wegen der wunderbaren Bauwerke und interessanten Museen dort sollte man einen ausgiebigen Besuch einplanen. In Belém, stachen die großen Entdecker in See, und die mit Kanonen bestückte Torre de Belém bewachte den Hafen.

Hauptattraktion ist die weltberühmte Anlage des ehemaligen Hieronymitenklosters **Mosteiro dos Jerónimos de Belém** 28 (www.mosteirojeronimos.pt, Mai–Sept. Di–So 10–18.30, sonst bis 17.30 Uhr) – ein eindrucksvolles Zeugnis für Portugals Macht und Reichtum. Der Legende nach soll Vasco da Gama in der Nacht vor seiner Abfahrt nach Indien im Juli 1497 dort gebetet haben,

TOP TIPP

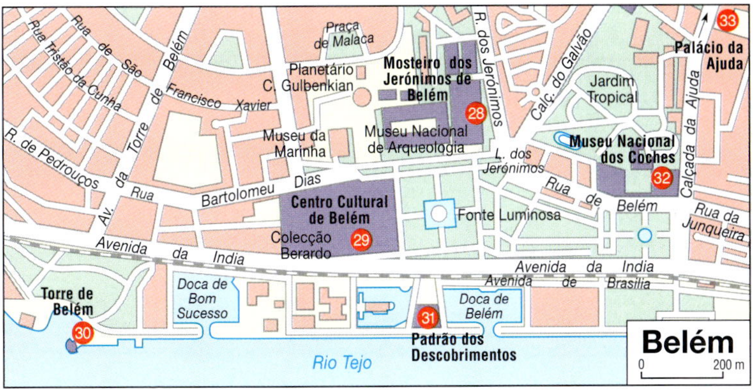

wo dann Manuel I. nach der erfolgreichen Rückkehr des Seefahrers (1499) das gewaltige Bauwerk errichten ließ. Der König selbst legte am 21. April 1500 den Grundstein zu der stilistisch zwischen Spätgotik und Renaissance einzuordnenden manuelinischen Klosteranlage. Die Bauarbeiten an dem 300 m langen, aus weißem Kalkstein errichteten Gebäudekomplex dauerten über 100 jahre. Erster verantwortlicher Architekt war *Diogo Boytac*. Ihm folgte 1516 *João de Castilho*, der bedeutendste Baumeister der Manuelinik. Die **Igreja de Santa Maria** befindet sich an der Südostecke des Klosters. Sie ist eine dreischiffige Hallenkirche mit Querschiff und Chor für die Königsgräber sowie einer Westempore mit dem Mönchschor. Von den beiden Türmen der Westfassade wurde nur der südliche vollendet, der erst 1877 mit der auffälligen Kuppel versehen wurde. Nördlich der Kirche schließt sich der quadratische Kreuzgang an, umgeben von Refektorium, Kapitelsaal und Sakristei.

Das von *João de Castilho* geschaffene **Südportal** [A] der Klosterkirche mit den filigranen Steinmetzarbeiten ist unbestritten der Glanzpunkt der an prächtigen Details ohnehin nicht armen Klosteranlage. Das etwa 12 m breite und 32 m Portal, das wie eine Monstranz in den Himmel ragt, ist mit Säulen, Fialen, Kandelabern und Nischen, Wappen und 24 Statuen reich geschmückt. Die Madonna von Belém scheint schützend ihren Mantel über die vier Kirchenväter, die zwölf Apostel und die anderen Heiligen und geistlichen Würdenträger zu breiten. Die Statue Heinrichs des Seefahrers, der in einen wappenverzierten Mantel gehüllt ist, kann man am Mittelpfeiler erkennen.

Das **Westportal** [B] gilt als eine der wichtigsten Arbeiten von *Nicolas de Chanterène*. Es stellt den Haupteingang zur Kirche dar. Die Szenen in den drei Ni-

Mosteiro dos Jéronimos de Belém

A Südportal
B Westportal
C Sarkophag von Vasco da Gama
D Kenotaph für Luís de Camões
E Querschiff
F Sarkophag von Kardinal-König Henriques
G Kenotaph für Dom Sebastião
H Chor
J Kreuzgang
K Löwenbrunnen
L Museu Nacional de Arqueológia

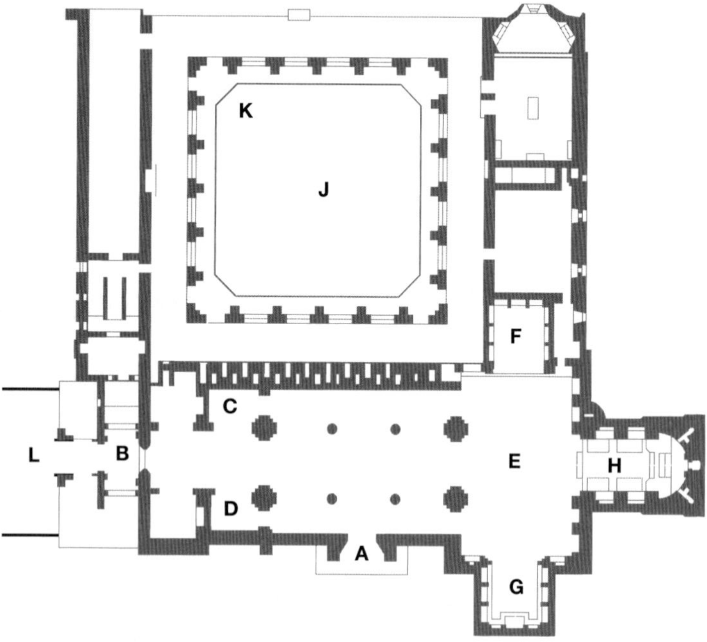

Kühn-elegante Konstruktion – Netzgewölbe der Klosterkirche des Mosteiro dos Jéronimos

schen über dem Torbogen beziehen sich auf Bethlehem. Neben Christi Geburtim Zentrum sind links die Verkündigung und rechts die Anbetung der Heiligen Drei Könige dargestellt. Flankiert wir das Portal von Statuen des Königpaares in Begleitung ihrer Schutzpatrone: Manuel I. mit dem hl. Hieronymus und seine zweite Frau Maria von Kastilien mit Johannes dem Täufer.

Das 92 m lange und 29 m hohe Innere der dreischiffigen Hallenkirche wird von einem wunderbaren *Netzgewölbe* überspannt. Die Pfeiler, auf denen es ruht, sind mit fantastischen Ornamenten der lombardischen Renaissance verziert. Im linken Seitenschiff steht der **Sarkophag von Vasco da Gama** [C], im rechten Seitenschiff das **Kenotaph für Luís de Camões** [D]. Die beiden portugiesischen Nationalhelden liegen einander in üppig dekorierten neomanuelinischen Grabstätten gegenüber. Weitere Grabmale befinden sich im **Querschiff** [E]: Im Nordarm der **Sarkophag von Kardinal-König Henrique** [F], im Südarm das **Kenotaph für Sebastião** [G], der 1578 bei Alcácer-Quibir gefallen war und vermisst blieb.

Stellt in Sachen Manuelinik alles in den Schatten – Mosteiro dos Jéronimos in Belém

Die ursprünglich sehr kleine Apsis des **Chors** [**H**] wurde vom Spanier Diogo de Torralva umgebaut und später von Jerónimo de Ruão im Renaissancestil vollendet. Recht kühl wirkt der als *Panteão Real* (Königliche Grabstätte) genutzte halbrunde Raum mit ihrer polychromen marmornen Kassettentonne. An der Nordseite des Chors stehen die von Elefanten getragenen Sarkophage *Manuels I.* und seiner Frau *Maria*, an der Südseite die Sarkophage ihres Sohnes *João III.* und dessen Frau *Katharina*. Im Chorschluss sieht man ein manieristischen Gemälde des Hofmalers *Cristóvão Lopes* (›Leidensgeschichte Christi‹).

Der Künstler Boytac schuf den prächtigen doppelstöckigen **Kreuzgang** [**J**] an der Nordseite der Kirche. Beeeindruckend ist auch der ornamentale *Schmuck* an den Wandflächen der Arkaden, den der französische Bildhauer Nicolas de Chanterène ausführte. Der **Löwenbrunnen** [**K**] in der Nordwestecke befand sich früher mitten im Hof und gehörte bis 1833 zu einem Wasserbassin, in dem sternförmig kleine Inseln angelegt waren. Unter den Arkaden findet man das schlichte moderne Grabmal für *Fernando Pessoa* (1888–1935). Der große portugiesische Dichter wurde 1985 vom Prazeres-Friedhof hierher umgebettet.

Im lang gezogenen Westflügel, wo einst das Dormitorium war, zeigt heute das **Museu Nacional de Arqueológia** [**L**] (Di–So 10–18 Uhr, www.mnarqueologia-ipmuseus.pt) seine umfangreiche Sammlung vorgeschichtlicher und antiker Exponate. Besonders kostbar sind die feinen mit Blattgold und Halbedelsteinen gearbeiteten Schmuckstücke der ägyptologischen Abteilung.

Padrão dos Descobrimentos – an der Spitze steht Heinrich der Seefahrer

Ebenfalls im Westfügel ist das **Museu de Marinha** (April–Sept. Di–So 10–18, sonst bis 17 Uhr, http://museu.marinha.pt). untergebracht. Neben Navigationsgeräten und Modellen aller portugiesischen Schiffstypen präsentiert es in einem modernen Anbau auch Originalschiffe, darunter eine vergoldete Barke, in der die Könige über den Tejo gerudert wurden.

Gegenüber erhebt sich der massive Bauklotz des **Centro Cultural de Belém** 29 (Mo–Fr 8–20, Sa/So 10–19 Uhr, www.ccb.pt), den der italienische Stararchitekt Vittoriso de Gregotti und sein portugiesischer Kollege Manuel Salgado entwarfen. Das Kulturzentrum wurde eigens für die sechsmonatige EG-Präsidentschaft Portugals im ersten Halbjahr 1992 erbaut und beherbergt inzwischen neben Sälen für diverse Veranstaltungen, Restaurant und Bibliothek auch die interessante **Colecção Berardo** (www.museuberardo.pt, So–Fr 10–19, Sa 10–22 Uhr). Die Sammlung bietet einen hervorragenden Überblick über die internationale Kunst des 20. und 21. Jh. Surrealistische Werke von Max Ernst und Pablo Picasso sind hier ebenso ausgestellt wie die Pop-Artisten Andy Warhol und Roy Lichtenstein, sowie fotorealistische Arbeiten des deutschen Künstlers Gerhard Richter.

Weiter südwestlich ragt am Tejo die **Torre de Belém** 30 (Mai–Sept 10–18.30, Okt.–April Di–So 10–17 Uhr) empor – der wohl meistfotografierte Bau Lissabons: Der 35 m hohe und viergeschossige Turm, den Francisco de Arruda zwischen 1515 und 1521 errichten ließ, diente ursprünglich zur Sicherung der Flusseinfahrt. Die mehrfach restaurierte *Festung* besteht aus einer weit in den Fluss vorspringenden Bastion und dem Turm. Steinernes Tauwerk umschlingt den manuelinischen Bau, Kreuze der Christusritter zieren die Zinnen. Besonders beeindruckend sind die zierlichen Faltkuppeln, die das Bollwerk krönen. Sie zitieren das berühmte *Koutoubia-Minarett* in Marrakesch. Auf der Bastion steht eine *Statue der Muttergottes von Belém*, die den Kanonieren Beistand leisten sollte. Die Turmkonsolen schmücken ein Widder, ein Löwe und ein Delphin sowie der heute stark verwitterte *Kopf eines Nashorns*. Albrecht Dürer verewigte das Tier 1515 in seinem berühmten Holzschnitt. Im Innern des Turms steigt man von den niedrigen Räumen der Kasematten hinauf in den ersten Stock mit

Lissabons berühmtestes Wahrzeichen: der Torre de Belém

den *Wachzimmern*. Darüber liegt der *Königssaal* (Sala regia) mit einer dem Fluss zugewandten Loggia im venezianischen Stil. Im dritten Stock befinden sich *Empfangs- und Speisesaal,* eine Etage höher eine *Kapelle* mit Kreuzgewölbe. Und der Ausblick von der Turmplattform in 35 m Höhe sucht seinesgleichen!

Flussaufwärts sieht man bereits das markante **Padrão dos Descobrimentos** 31 (www.padraodescobrimentos.egeac.pt, Mai–Sept. tgl 10–19, sonst Di–So 10–18 Uhr). Der Architekt Cottinelli Telmo und der Bildhauer *Leopoldo de Almeida* schufen das 52 m hohe Denkmal der Entdeckungen, das 1960 am Tejoufer aufgestellt wurde. Auf dem stilisierten Bug einer Karavelle mit hoch aufragendem, geblähtem Segel sind 32 wichtige Persönlichkeiten der portugiesischen Geschichte dargestellt. Die überlebensgroße Figurengruppe von Seeleuten, Kartographen, Gelehrten, Dichtern und Mönchen führt *Heinrich der Seefahrer* an. Betrachtet man das Denkmal von vorne, von der *Terreiro de Boa Esperança* (Platz der Guten Hoffnung) aus erscheint es als stehendes Schwert, dessen Knauf in einem Christusritterkreuz endet. Das Pflaster des Platzes schmückt die vom Mosaikkünstler Cristino da Silva gestaltete **Windrose** aus rotem, weißem und schwarzem Marmor, in deren Zentrum eine *Weltkarte* zu sehen ist.

1905 gründete Königin Marie-Amélie das **Museu Nacional dos Coches** 32 (Di–So 10–18 Uhr, www.museudoscoches-ip-museus.pt) in der ehemaligen Reitschule des benachbarten Palastes. Mit 59 Wagen aus dem 16. bis 19. Jh. besitzt das Museum eine der weltweit größten und bedeutendsten Sammlungen von **Kutschen** und **Karossen**. Viele von ihnen gab der Prunk liebende João V. in Auftrag. Die meisten Prachtfahrzeuge wurden in London, Wien und Paris angefertigt. Unter den goldstrotzenden Exponaten befindet sich auch die Kutsche, mit der *Philipp II. von Spanien* zur Übernahme der

Museu Nacional dos Coches – prächtige Karossen aus königlichen Zeiten

Lissabons kulinarische Traditionen

Seit 1923 treffen sich die Alentejaner zum Essen in ihrer **Casa do Alentejo**, einem Traum aus 1001 Nacht. Dabei sind die Portionen immer größer als jeder Appetit. Ganz in der Nähe bietet das **O Solar dos Resuntos** eine deftig-feine Küche mit portugiesischen Fleisch- und Fischgerichte. Oberhalb des Rossio überrascht die kleine **Casa Transmontana** mit typischen Speisen aus dem Nordosten des Landes. Probieren sollte man die *Alheira*, eine mit Hühnerfleisch gefüllte Wurst. Und beim Castelo da São Jorge offeriert das **Via Graça** vorzügliche Weißweine zu leckeren Riesenkrebsen (Sapateiras recheadas) mit schönem Blick auf die angestrahlte Burg. Stets heiß begehrt: die Pastéis de de Belém (Vanillepasteten mit Zimt und Zucker) der **Confeitataria dos Pastéis de Belém**.

Casa do Alentejo, Rua das Portas de Santo Antão 58, Lissabon, Tel. 213 40 51 40, www.casadoalentejo.pt Metro: Restauradores.

Casa Transmontana, Calçada do Duque 39, Lissabon, Tel. 213 43 11 26, Metro: Rossio.

Confeitaria dos Pastéis de Belém, Rua de Belém 84, Lissabon, Tel. 213 63 74 23, www.pasteisdebelem.pt Eléctrico: 15.

O Solar dos Presuntos, Rua das Portas de Santo Antão 150, Lissabon, Tel. 213 42 42 53, www.solardos presuntos.com (So geschl.), Metro: Restauradores.

Via Graça, Rua Damasceno Monteiro 9B, Lissabon, Tel. 218 87 08 30, www. restauranteviagraca.com (Sa/So mittags geschl.), Metro: Intendente.

portugiesischen Krone 1581 nach Lissabon kam. Ebenso sieht man das Gefährt des *Marquês de Fontes*, der 1716 Papst Clemens VI. im Auftrag von König João V. den Treueschwur überbrachte. Neben kostbaren Kutschen präsentiert das Museum auch einfachere Versionen wie die *Seges*, wacklige Zweiräder, die von zwei Mauleseln gezogen wurden, Sänften und reitaccessoires. Derzeit entsteht auf der schräg gegenüberliegenden Straßenecke ein Neubau, in den das Museum bereits 2011 umziehen soll.

Folgt man der *Calçada da Ajuda* bergauf, gelangt man zum **Palácio da Ajuda** 33 (www.ippar.pt, Do–Di 10–17.30 Uhr). Mit dem Bau des ehem. Königspalastes, der den beim großen Erdbeben 1755 zerstörten Palast am Terreiro do Paço ersetzen sollte, wurde erst 1802 begonnen. Der Genuese Francisco Xavier Fabri und die Portugiesen José da Costa e Silva und Manuel Caetano de Sousa waren für den strengen Bau verantwortlich. Allerdings wurde nur ein Drittel des ursprünglichen Plans ausgeführt. Als offizielle Königsresidenz diente der Palast unter Luís I. ab 1862 bis zum Ende der Monarchie 1910. Seine fantasie- und kunstvolle Innenausstattung verdankt er Luís' Frau Maria Pia von Savoyen. Glanzstück der königlichen *Bibliothek* ist die älteste bekannte portugiesisch-galizische *Liedersammlung* ›Cancioneiro da Ajuda‹ (Ende 13. Jh.) – 88 handbeschriebene, mit Miniaturen und Initialen verzierte Pergamentblätter.

i Praktische Hinweise

Information

Lisboa Welcome Center, Praça do Comércio, Tel. 210 31 28 10, www.visitlisboa.com

Hier kann man auch die für 24, 48 oder 72 Stunden gültige **Lisboa Card** kaufen, die freie Nutzung der öffentlichen Verkehrsmittel, freien oder ermäßgten Eintritt zu Museen bietet. Sie gilt auch für Bahnfahrten nach Cascais und Sintra.

Öffentlicher Nahverkehr

Ein Chipkartensystem regelt den Zugang zu Metro, Straßenbahnen und Bussen. Tagestickets, Einzelfahrscheine oder Geldguthaben erhält man zusammen mit den Chipkarten (Viva Viagem, 7 Colinas) an den Automaten in allen Metro-Stationen. Bei Fahrern von Bussen, Straßen- und Standseilbahnen sowie des Aufzugs Santa Justa kann man noch einzelne Tickets für 1,40 € ohne Chipkarte kaufen (Kleingeld parat halten!)

Metropolitano de Lisboa, Tel. 213 50 01 15, www.metrolisboa.pt

Companhia Carris de Ferro de Lisboa, Tel. 213 61 30 00, www.carris.pt

Hotels

TOP TIPP *******Fours Seasons Hotel Ritz**, Rua Rodrigo da Fonseca 88, Lisboa, Tel. 213 81 14 00, www.fourseasons.

com/lisbon. Das 12-stöckigen Hotel am Parque Eduardo VII. offeriert Zimmer mit Aussicht, einen großzügigen Wellnessbereich, Biokost und -kosmetik.

****Britânia, Rua Rodrigues Sampaio 17, Lissabon, Tel. 213 15 50 16, www.heritage.pt. Ruhiges, traditionsreiches Haus im Art-Deco-Stil mit 30 großen Zimmern im Stadtzentrum.

TOP TIPP ****York House, Rua das Janelas Verdes 32, Lissabon, Tel. 213 96 24 35, www.yorkhouselisboa.com. Komfortables Hotel in einem Kloster aus dem 17. Jh. Idyllischer Innenhof mit Garten.

Albergaria da Senhora do Monte, Calçada do Monte 39, Lissabon, Tel. 218 86 60 02, Fax 218 87 77 83. Der Blick auf den Tejo und die Altstadt ist unvergleichlich schön.

Beliebter Treffpunkt nach dem Stadtbummel – das Café A Brasileira

Restaurants und Cafés

Antigo 1° de Maio, Rua da Atalaia 89, Lissabon, Tel. 213 42 68 40. Das winzige, stimmungsvolle Lokal bietet schmackhafte Küche (So geschl.).

TOP TIPP **Café A Brasileira**, Rua Garrett 120, Lissabon Tel. 213 46 95 41. Vor dem einstigen Literatentreff ist der Dichter Pessoa in Bronze verewigt. Sehenswert ist das Jugendstil-Interieur.

TOP TIPP **Cervejaria da Trindade**, Rua Nova da Trindade 20, Lissabon, Tel. 213 42 35 06, www.cervejariatrindade.pt. Im ehem. Kloster schmeckt das Bier ebenso gut wie die Krustentiere und die Fleischgerichte.

KAIS, Cais da Viscondessa/Rua Cintura do Porto, Lissabon, Tel. 213 93 29 30, www.kais-k.com. Exquisite Küche in ehem. Lagerhaus am Tejo (So. geschl.).

Pavilhao Chinês, Rua Dom Pedro V. 89, Lissabon. Cocktails und Tee inmitten von allerlei bizzarrem Kitsch an den Wänden.

Costa de Lisboa – der Rest ist Landschaft

Die Costa de Lisboa erstreckt sich im Norden bis zur Serra de Sintra, im Süden reicht sie bis zur Halbinsel von Setúbal. Die wald- und wasserreiche **Serra de Sintra** gilt vor allem wegen der guten Luft fernab der Metropole Lissabon noch immer als exquisites Wohn- und Erholungsgebiet. Und Küstenorte wie **Nazaré**, **Sesimbra**, **Peniche**, **Ericeira** und **Setúbal** sind von alters her Ausgangshäfen der Küsten- und Hochseefischerei.

Die Costa de Lisboa ist ein klassisches Ausflugsgebiet. Es locken die Märchen- und Gartenstadt **Sintra** mit dem skurrilen Palácio da Pena sowie der monumentale Klosterpalast von **Mafra**. Vor Lissabons Haustür liegen zahlreiche Strände. Als mondäne Seebäder präsentieren sich **Estoril** und **Cascais** an einer von Sandbuchten gesäumten Atlantikküste. Surfer aus aller Welt begeistert die wildromantische **Praia do Guincho**.

48 Setúbal

Juwel der Manuelinik.

»In der Stadt Setúbal gibt es einen Stein in vielen Farben – mal weiß, mal rosa, mal dunkelrot. Die Stadt ist aus diesem Stein, die Häuser, die Kirchen und die Türme. Der Stein aus der nahen Serra da Arrábida bildet auch die Stadtmauer – sicher die schönste der Welt.« Was *Duarte Nunes de Leão* 1610 über Setúbal schrieb, ist heute schwerlich nachzuvollziehen. Und dennoch: Der Ort mit seinen Industrierevieren, der in den vergangenen Jahrzehnten zu einer Großstadt herangewachsen ist, besitzt eine malerische Altstadt und ist ein Juwel der Manuelinik. Ein solches manuelinisches Schmuckstück ist das Kloster **Convento de Jesus** (Di–So 9–13 und 14–17 Uhr) an der Praça Miguel Bombarda: Schraubenförmig verwundene Säulenschäfte sind wechselweise nach links und rechts gedreht, schiffstauartig geformte Strebepfeiler und Kugelornamente zieren die Kapitelle. Der geniale Architekt Diogo Boytac nahm hier vorweg, was er in *Belém* und *Batalha* meisterhaft steigerte. Im gotischen *Marmorkreuzgang* und in den ehem. Klosterräumen befindet sich das **Museu de Setúbal** (Di–Sa 9–12 und 13–17.30 Uhr). Es verfügt über eine ausgezeichnete Pinakothek mit portugiesischen und flämsichen Gemälden aus dem 16. Jh. sowie über erlesene Goldschmiedearbeiten.

Ausflug

In einem Wald bei Vila Fresca do Azeitão (12 km westlich von Setúbal) liegt die **Quinta da Bacalhoa** (Mo–Sa 11.30–13 Uhr) mit ihren reizvollen maurischen *Kuppeltürmchen* und hinreißenden *Azulejos*. Das im letzten Drittel des 15. Jh. vermutlich vom Italiener *Andrea Sansovino* errichtete Gebäude ist einer der ersten Renaissancebauten in Portugal. Besonders sehenswert sind die zwei *Azulejo-Paneele* (1565) in den Badehäusern der *Casas de Prazer*: Nach Stichen von Aeneas Vico und Jan Metzijs zeigen diese die mythologische Darstellung vom ›Kampf der Lapithen mit den Kentauren‹ und die alttestamentarische Darstellung einer überaus sinnlichen ›Susanna im Bade‹ (1565). Die offene Innenterrasse des Haupthauses zeigt *Fliesenbilder* mit allegorischen Darstellungen der fünf Flüsse Euphrat, Nil, Donau, Douro und Mondego – umgeben von integrierten Kartuschen im flämi-

◁ **Oben:** *Verwunschen und very british – der Park von Monserrate bei Sintra*
Unten: *Beliebt bei den Lisboetas – die geschützten Sandbuchten von Cascais*

Der manuelinische Stil in seinen Anfängen – Igreja de Jesús in Setúbal

schen Stil. An der Rückseite einer Gartenbank ist die ›Entführung Europas‹ dargestellt. Die *Casa da India* am äußersten Ende des Gartens ist innen vollständig mit polychromen *Renaissance-Azulejos* bedeckt.

Praktische Hinweise

Information

Posto de Turismo, Avenida Luísa Todi 468, Setúbal, Tel. 265 53 44 02, www.mun-setubal.pt

Hotels

******Pousada de São Filipe**, Castelo de São Filipe, Setúbal, Tel. 265 55 00 70, www.pousadas.pt. Luxusherberge in den Mauern des historischen Kastells.

TOP TIPP ******Estalagem Quinta das Torres**, Vila Nogueira de Azeitão (westlich von Setúbal), Tel. 212 18 00 01, www.estalagensdeportugal.com. In dem prachtvollen Renaissancegebäude genießen heute Gäste die zehn stilvollen Zimmer, ein vorzügliches Restaurant, gepflegte Gärten und himmlische Ruhe. Den Speiseraum schmücken zwei herrliche Majolika-Fayencen.

49 Queluz

Versailles und Sanssouci der Bragança.

Eigentlich ist das nur 15 km von Lissabon entfernte Queluz (48 000 Einw.) ein Industriezentrum, doch die Fahrt lohnt sich wegen des berühmten Rokokoschlosses, das zu den schönsten Schlössern in Portugal zählt. Der **Palácio Nacional de Queluz** (www.imc-ip.pt, Mi–Mo 9–17 Uhr) wurde 1747 und 1755 für Pedro III. errichtet. Die dreiflügelige Anlage, die *Mateus Vicente de Oliveira* (1706–1785) entworfen hatte, wurde nach dem großen Erdbeben zwischen 1758 und 1794 im Geist des kapriziösen Rokoko restauriert und erweitert. 1779 baute der Franzose *Jean-Baptiste Robillon* den *Westflügel* mit der monumentalen *Löwentreppe* an. Robillon, eigentlich gelernter Dekorateur und Graveur, arbeitete bis zu seinem Tod (1782) an der Ausschmückung der *Innenräume* und der Gestaltung der ausgedehnten **Rokoko-Gärten** (Mai–Sept. 9.30–18, sonst bis 17 Uhr). Die elegante Schaufassade des Palastes ist den beiden geometrisch abgezirkelten französischen Gärten zugewandt, dem kleinen *Jardim de Malta* und dem größeren *Jardim Pênsil* mit dem zentralen Neptunbrunnen, zahlreichen Skulpturen, steinernen Vasen und kunstvoll geschnittenen Buchsbaumhecken.

Romantisch verwunschen sind die angrenzenden Grünanlagen mit Bäumen, Grotten und Statuen. Zauberhaft ist auch der von einer Brücke überspannte 115 m lange und mit Azulejos verzierte **Kanal** *Ribeira de Jamar*, auf dem einst Wasserspiele stattfanden. Hier wird der flämische Einfluss von Robillons Mitarbeiter Gerald van der Kolk sichtbar. Mittwochs (11 Uhr) können Besucher in den Gärten die Künste der Portugiesischen Reitschule bewundern.

Praktische Hinweise

Restaurant

TOP TIPP **Cozinha Velha**, Palácio Real de Queluz, Queluz, Tel. 214 35 02 32. Das hervorragende Restaurant in der ehem. Schlossküche des Palácio ist vor allem für seine raffinierten Vorspeisen bekannt.

50 Costa do Sol

Die ›portugiesische Riviera‹.

Im Sommer und vor allem an den Wochenenden gibt es hier, wo Meer und Strand ungetrübtes Freizeitvergnügen versprechen, wahre Völkerwanderungen. An der portugiesischen Costa do Sol findet man herrliche Strände, versteckte Parks und prachtvolle Grünanlagen mit Blumenbeeten, die landeinwärts in Piniewälder übergehen, sowie eine zum Teil schroffe Szenerie der felsigen Küste.

Prachtvolle Strände mit Klippen und Sand bieten die mondänen Badeorte Estoril, Cascais und Guincho. **Estoril** (20 km westlich von Lissabon), im 19. Jh. noch ein bescheidenes Fischerdorf, entwickelte sich dank seines milden Klimas schon Anfang des 20. Jh. zu einem kosmopoliten Badeort mit *Riviera-Ambiente*.

Auch wenn die Atmosphäre in den vergangenen Jahrzehnten unter dem Ansturm der Touristen und dem Restaurierungswahn der Portugiesen gelitten hat – einige der bizarr in die Landschaft gesetzten *Villen* des frühen 20. Jh. sind noch immer sehenswert. Estoril besitzt darüber hinaus die größte **Spielbank** (tgl. 15–3 Uhr) Portugals mit einer riesigen *Varietébühne*. Die Wassertemperatur von 12 Grad im Winter verlockt indes keineswegs dazu, im Atlantischen Ozean zu baden; infolge eines kühlen Meeresstroms wird das Wasser erst im Sommer angenehm warm.

Auf Estoril folgt der Hauptort der Costa do Estoril: **Cascais** (25 km westlich von Lissabon) konnte im Gegensatz zu Estoril mehr von seinem dörflichen Charme erhalten. Zudem hat sich der Ort mit edlen Boutiquen und interessanten Museen für eine gehobene Klientel an Erholungssuchenden herausgeputzt. Neben einigen schönen *Stränden*, einem lebhaften *Hafen* und der hübschen Uferpromenade lockt vor allem die moderne **Casa das Historias Paula Rego** (Av. da República 300, www.casadashistoriaspaularego.com, tgl. 10–22 Uhr). Die Sammlung umfasst etwa 500 Werke von Paula Rego, die 1935 in Lissabon geboren wurde und derzeit die international bekannteste portugiesische Malerin ist.

Das Sommerschloss Palácio Real de Queluz – prächtiger Palast im Geist des Rokoko

Sie laden zu langen Spaziergängen ein – die Sandstrände der Costa de Lisboa

Fährt man auf der Küstenstraße weiter, erreicht man die **Boca do Inferno** (Höllenschlund). Von einer in den Fels hineingebauten Plattform aus kann man beobachten, wie sich die Wellen mit Elementargewalt an der rotbraunen, ausgespülten und 20 m hohen Felswand brechen. 6 km nordwestlich von Cascais liegt vor großen Dünenbergen die **Praia do Guincho** mit ihrem herrlichen Sandstrand – und den günstigen Winden, wegen denen die Bucht besonders bei Surfern beliebt ist. Nördlich markiert weithin sichtbar ein *rot-weißer Leuchtturm* den westlichsten Punkt des europäischen Kontinents: Am **Cabo da Roca** stürzt Europa steil in den Atlantik.

51 Sintra

Romantische Schlösser und herrliche Landschaft.

»Zum Ausgleich ist das Städtchen Cintra, ungefähr fünfzehn Meilen von der Hauptstadt entfernt, das vielleicht entzückendste in Europa, es enthält Schönheiten aller Art, natürliche und künstliche, Paläste und Gärten, die sich inmitten von Felsen, Katarakten und Abgründen erheben.« So enthusiastisch schwärmte der englische Poet und Playboy **Lord Byron** vor fast 200 Jahren. Auch Schriftsteller wie der Araber Al-Bacr (»Das Klima von Sintra heilt, und seine Einwohner werden sehr alt.«), Luís de Camões, Gil Vicente (»Ein irdischer Paradiesgarten, den König Salomon dem portugiesischen König schenkte.«), Hans Christian Andersen (»Der schönste Ort Portugals.«), Almeida Garrett (»Hier hat der Frühling seinen Thron.«), Laura Junot (»Sintra ist ein Paradies, in dem alles duftet.«), William Beckford und Robert Southey (»Das gelungenste Stück Erde auf der bewohnten Erdkugel.«) priesen die unvergleichliche Schönheit der Stadt. Und der portugiesische Literatur-Nobelpreisträger **José Saramago** bekennt begeistert: »Alle Wege führen nach Sintra.« Seit 1982 gehört die Kulturlandschaft von Sintra mit ihren Bauten zum UNESCO-Welterbe..

Über Sintra erhebt sich breit und mächtig, bekrönt von zwei riesigen konischen Schornsteinen der **Paço Real** (Palácio Nacional de Sintra, http://pnsintra.imc-ip.pt, Do–Di 9.30–17.30 Uhr). Der Palast in der Altstadt *Cintra Antiga* reicht im Kern auf König Dinis I. ins 13. Jh. zurück, der sich auf den Resten eines alten Maurenschlosses eine Sommerresidenz errichten ließ. Starke Umbauten nahmen vor allem João I. und Manuel I. vor. Letzterer erweiterte den Palast nach Süden um den Wappensaal und nach Osten um die

Prinzengemächer. Fenster und Portale erhielten zierliche Säulen, Hufeisenbogen, Fialen, naturalistische Astgeflechte und Tauwerk im manuelinischen Stil. Fast alle *Innenräume* wurden mit mit vorzüglichen Azulejos ausgekleidet, sodass der Palast heute als das schönste historische *Azulejo-Monument* Portugals gilt. Vor dem Haupteingang steht ein Brunnen mit einem prächtig gemeißelten spätgotischen Schaft, ursprünglich Teil eines *Pelourinho*: Aus einer polygonalen Basis mit Flechtwerk steigt eine Skulpturengruppe aus drei einander umschlingenden Halbsäulen auf. Die Besichtigung startet und endet im *Saal der Bogenschützen* (*Sala dos Archeiros*). Nebenan, über der Eingangsfront, liegt der festliche *Saal der Schwäne* (*Sala dos Cisnes*). Die Kasstten der Holzdecke ließ Manuel I. mit 27 schneeweißen Vögeln ausmalen, die entzückende Goldkronen tragen. Türen- und Fenstererahmen wurden mit stilisierten Burgen, Turmspitzen und Zinnen verziert. Im *Saal der Elstern* (*Sala das Pegas*) hingegen schauen 136 vorwitzige Elstern von der Decke auf den Betrachter herab. In ihren Schnäbeln haben sie kleine Zettel, auf denen steht: ›*Por bem*‹ (in Ehren). es wird erzählt, dass João I. in diesem Saal einer schönen Hofdame einen Kuss gestohlen habe. Weil die Hofdamen die pikante Geschichte publik machten, ließ Königin Dona Filipa diese (es waren angeblich 136) als schwatzhafte Elstern malen, um sie daran zu erinnern, dass die Ehre eines Königs über Tratsch erhaben sei. Der *Saal der Araber* (*Sala dos Árabes*) ist dagegen mit kleinen farbigen Azulejos verkleidet, die Rauten und Sternenmuster bilden. Eine Augenweide ist der 14 x 13 m großeunter Manuel I. errichtete *Wappensaal* (*Sala dos Brasões*) mit der achteckigen, holzverkleideten Kuppel. Vergoldetes Schnitzwerk rahmt die Wappen des königlichen Hauses und von 72 Adelsgeschlechter des 16. Jh. Die Wände darunter schmücken blau-weiße Azulejo-Tableaus mit reizvollen Jagdszenen (18. Jh.). Die *Kapelle* schließlich begeistert mit einer Mudéjardecke in geometrischen Mustern, Sternen und Vielecken und einem Fußbodenmosaik, das wie ein Teppich zum Altar hin verlegt wurde. Fernab der anderen Räume befindet sich die große *Palastküche* mit riesigen weißen Kachelöfen. Über der Küche ragen die zwei konischen Kamine turmartig empor, die zu Sintras Wahrzeichen avancierten.

Ausflüge

TOP TIPP

In unmittelbarer Nachbarschaft der Stadt erstreckt sich die **Serra de Sintra**, die wegen ihrer zahlreichen Sehenswürdigkeiten viele Besucher anlockt. as Erholungsgebiet liegt inmitten eines dicht begrünten Felsengebirges mit reicher Vegetation, hat ein erfrischendes Höhenklima – und den Atlantik (fast) immer in Sichtweite. Wenigstens teilwei-

Kunst mit bunten Steinen

Sie prangen an Kirchen- und Palastfassaden, in Cafés und Restaurants, in Bahnhöfen und Markthallen, an öffentlichen Bädern und Brunnen ebenso wie an Hausfassaden, Treppenaufgängen und in heiteren Gartenanlagen: **Azulejos**, arabisch ›Al-Zulayi‹, ›polierte Steinchen‹. Im Winter schützen sie vor Kälte und im Sommer vor der Hitze. Sie verbinden Zweckmäßigkeit mit der portugiesischen Liebe zur Schönheit. Mit ihrer lebendigen, plastischen Wirkung, ihrem abwechslungsreichen **Kolorit** und ihrem verschwenderischen **Dekor** vermögen sie Städte und Wohnungen regelrecht zu verwandeln und sind auch nicht zu übersehen. Straßen, Häusern und Metro-Stationen geben sie mit ihrem verspielten Rocaille-Dekor sichtbar Namen und Nummer, und als gefliester **Stadtplan** führen sie Besucher durch das Labyrinth des historischen Lissabonner Stadtteils Alfama. Azulejos erzählen auf kolossalen, zusammengesetzten Bildern vom beschwerlichen Leben der Bauern und Fischer. Sie zeigen **Jagdszenen** mit wilden Tieren ebenso wie anmutige **Schäferidyllen**. Darstellungen musizierender Affen verspotten bissig die Gesellschaft ihrer Zeit, andere Fliesenbilder erinnern an längst vergangene Städte, feiern das Zeitalter der Entdeckungen und die Fortschritte der Technik. Die **Mauren** führten die bemalten Fliesen einst in Spanien ein und von dort gelangten sie im 15. Jh. nach Portugal. Als sich 1560 flämsiche Keramiker in Lissabon niederließen, begann die Produktion hierzulande. Zu den eindrucksvollsten Beispielen der frühen Fliesenkunst gehört der **Paço Real** in Sintra.

Palácio da Pena – portugiesische Konkurrenz für Neuschwanstein

se findet man noch *Glorious Eden* vor, wie es Lord Byron einst beschrieb. So entdeckt man verwunschene *Gärten*, überwucherte *Parks*, karge *Klöster* und prächtige *Schlösser*, mal manuelinisch und mal gotisch, mal romanisch, mal barock.

Von SIntra führt eine kurvenreiche Straße bergan zur einstigen Maurenburg **Castelo dos Mouros** (Mai–Mitte Sept. tgl. 9.30–20, sonst 10–18 Uhr, www.parquesde sintra.pt). Die verfallene Festung aus dem 8./9. Jh. wurde im 19. und 20. Jh. rekonstruiert und besteht heute aus zwei Türmen, die durch eine zinnenbesetzte Doppelmauer verbunden sind. Vom *Torre Real* hat man einen schönen Ausblick.

TOP TIPP Weitere 2 km bergan erreicht man den **Palácio Nacional de Pena** (www.parquesdesintra.pt, Palast: April–Sept. 9.45–19, sonst 10–18 Uhr; Park: April–Sept. 9.30–20, sonst 10–18 Uhr; die Kasse schließt 1 Std. früher). Der erste Blick vermag die vielen architektonischen Details kaum zu fassen. Doch das portugiesische Neuschwanstein auf dem letzten Gipfel der *Serra de Sintra* fasziniert als stilistisches Potpourri aus neogotischen Türen und neomanuelinischen Fenstern, neobyzantinischen Decken und neomaurischen Azulejos, Kuppeln im Renaissancestil und romantischen Erkern. Ein Bauwerk, das den Stil des Katalanen Antoni Gaudí ebenso vorwegnahm wie Disney World. Architekt der kuriosen, 1840–50 erbauten Anlage war im Auftrag Fernadandos II. aus den HauseSachsen-Coburg und Gotha der deutsche *Baron von Eschwege* (1777–1855). Unbedingt lohnend ist ein Spaziergang durch den umliegenden Park. Zwischen Wasserläufen, Pavillons, Seen und Grotten gedeihen Planzen aus aller Welt, darunter kalifornische Mammutbäume und australische Riesenfarne.

Abseits der N 375, ca. 2 km westlich von Penha Verde, liegt der exotische Landschaftsgarten **Parque de Monserrate** (April–Sept. tgl. 9.30–20, sonst 10–18 Uhr). Hier findet man baumhohe Farne, wildwuchernden Efeu, Korkeichen und Platanen – ideale Kulisse für eine romantische Oper: verwunschene *Marmortreppen*, die ins Leere führen, etruskische *Gräber* (angeblich in Rom erstanden), *Grotten* im Park, verfallene *Kioske*, in denen die Poeten früher so angenehm zu plaudern wussten. In dem über 140 ha großen Garten erholte sich einst der portugiesische Adel und die Lissabonner Bourgeoisie von den ›Anstrengungen‹ des Nichtstuns. Glanzstück des Parks ist die **Quinta de Monserrate**, ein Sommerhaus im neogotischen Stil, das der exzentrische englische Schriftsteller William Beckford 1794 pseudo-orientalisch umbauen und überkuppeln ließ.

Die **Quinta da Regaleira** (Führungen nach Anmeldung: Tel. 219106650), 5 km vom Stadtzentrum Sintras entfernt, umgibt eine jener riesig-bizarren Gartenanlagen, die dem staunenden Besucher vor Augen führen, was reiche Portugiesen mit ihrem Geld so alles anstellten.

i Praktische Hinweise

Information

Posto de Turismo, Praça da República 23, Sintra, Tel. 219231157, www.cm-sintra.pt

Hotels

*******Lawrence's**, Rua Consiglieri Pedroso 38, Sintra, Tel. 219105500, www.lawrenceshotel.com. Der charmante Stadtpalast (1764) verwöhnt siene Gäste in 16 gemütlich und individuell eingerichteten Zimmern und mit einer exzellenten Küche. Doch der Luxus hat seinen Preis.

*******Quinta da Capela**, Estrada dVelha de Colares, Sintra, Tel. 219290170, www.quintadacapela.com. Der Filmemacher Arturo da Silva Pereira stattete das 1773 erbaute Anwesen zu einem eleganten Hotel aus.

52 Mafra

Gewaltiger Klosterpalast, der den Escorial bei Madrid übertreffen sollte.

Eine »Marmor gewordene Geschmacklosigkeit« nannte ihn der portugiesische

Palácio Nacional

A1 Nördlicher Eckpavillon (Museum)
A2 Südlicher Eckpavillon
B Eingang zur Basilika
C Vorhalle
D Basilika
E Eingang zum Kloster- und Palastkomplex
F Kreuzgänge
G Capela do Campo Santo
H Refektorium
J Bibliothek

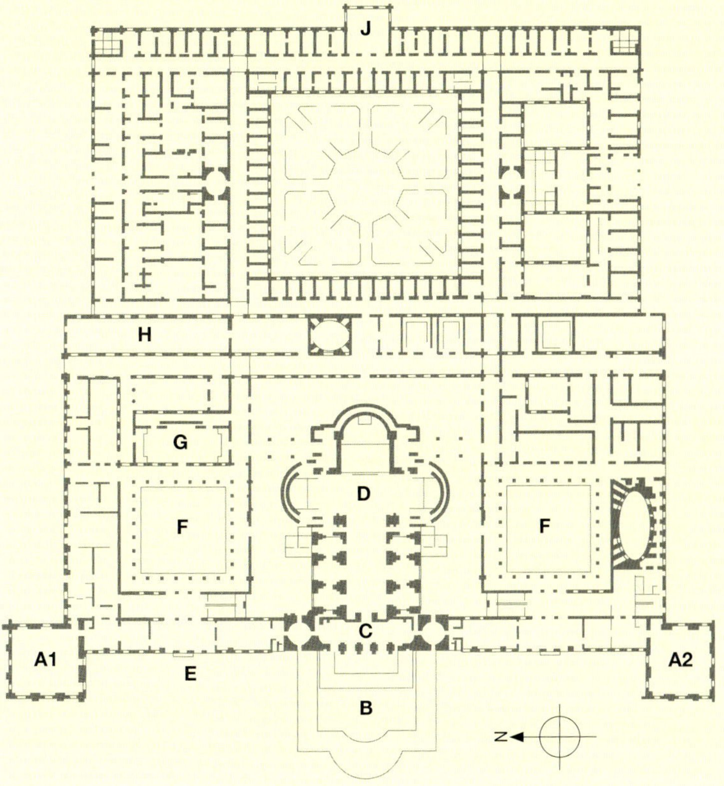

Historiker und Schriftsteller Alexandro Herculano. Der exzentrische William Beckford hingegen lobte den Bau und bekannte, »niemals ein so kostbares Ensemble aus Marmor gesehen zu haben«. Der gewaltige Palast-Kloster-Komplex des **Palácio Nacional e Convento de Mafra** (www.ippar.pt, Mi–Mo 10–17 Uhr), der hinter den Hügeln von Sintra die Landschaft völlig beherrscht, lässt auch heute keinen Besucher unbeeindruckt.

Geschichte Lange mussten die Franziskaner auf ihr Kloster warten. Erst als *Anna Maria von Österreich* ihrem Mann *João V.* 1714 einen Thronerben geschenkt hatte, konnte mit dem Bau des größten portugiesischen Klosters begonnen werden. Und da die Anlage den Escorial in Madrid übertreffen sollte, investierte der König all sein brasilianisches Gold. Als Baumeister engagierte er den deutschstämmigen Silberschmied und Architekten *João Frederico Ludovice*. Am 17. November 1717 begann man mit dem auf einer Anhöhe gelegenen Bau, die einen freien Blick auf Ericeira und den Atlantik garantierte. Beschäftigt waren hier zeitweise 50 000 Arbeiter – unter der Aufsicht von 7000 Soldaten. 1388 Arbeiter starben für das übermäßige Gelübde eines verschwenderischen Königs, und die Kosten für das gigantische Kloster hätten das Land fast ruiniert. 13 Jahre nach der Grundsteinlegung wurde am 22. Oktober 1730 die Kirche acht Tage lang feierlich eingeweiht

Das **Baumaterial** wurde aus Brasilien, Rom, Venedig, Mailand, Holland und Frankreich herangeschafft. Römische Bildhauer lieferten so viele **Statuen**, dass Mafra heute als *das* Studienzentrum für römische Plastik des 18. Jh. gilt. Für nur 30 Mönche und die königliche Familie wurde der Klosterpalast konzipiert, doch wohnten nach dessen Fertigstellung bis zu 300 Mönche in dem überdimensionierten Komplex. Die königliche Familie, die sich mit dem unpersönlichen Prachtbau nicht anfreunden konnte, verbrachte dort indes keinen Tag. Insgesamt gibt es in der Anlage 880 Säle und Zimmer, 300 Zellen, 4500 Türen und Fenster, 154 Treppenfluchten und 20 Höfe.

Besichtigung Die Anlage nimmt eine Gesamtfläche von mehr als 40 000 m² ein

◁ *Mit den Reichtümern Brasiliens finanziert – der Klosterpalast Palácio Nacional in Mafra*

Der Haupttrakt mit den wuchtigen Eckpavillons umfasst neben der zentralen Basilika mit ihrer hoch aufragenden Doppelturmfassade Verwaltungsräume, den Kapitelsaal, das Refektorium, ein Festsaal sowie ein Hospital. Daran schließen sich zwei Kreuzgänge und Kapellen, Kloster- und Palasträume an, darunter die Bibliothek sowie die Küchen.

Zwei barocke **Eckpavillons** [A1, A2] mit gedrückten Zwiebelkuppeln flankieren die stattliche, nach Westen ausgerichtete Hauptfront. In der Mitte befindet sich der **Eingang zur Basilika** [B]. Ihre Fassade aus weißem Kalkstein ist mit Säulen und Dreiecksgiebeln geschmückt. Zu beiden Seiten erhebt sich ein je 68 m hoher Glockenturm. In jedem hängen 57 aufeinander abgestimmte Glocken, die der Antwerpener *Nicolau Levache* schuf.

Eine breite Freitreppe führt in die **Vorhalle** [C]. Hier stehen kunstvolle Standbilder aus Carrara-Marmor, die zwei größten stellen den hl. Vinzenz und den hl. Sebastian dar, die anderen zeigen die hll. Bento, Bernardo, Bruno und João da Mata. Die über dem Grundriss eines lateinischen Kreuzes errichtete **Basilika** [D] ist mit rosa, weißem, blauem, gelbem, rotem, grauem und schwarzem Marmor ausgestattet. 62 gerippte Pfeiler tragen das kassettierte *Tonnengewölbe*. Im Kuppeltambour erscheint ein perspektivisch angelegtes Fenster, wie es vom *Palazzo Barberini* in Rom her bekannt ist. Im Hochchor über dem Hauptaltar befindet sich ein *Ölgemälde* des römischen Malers Trevisiani mit der Darstellung der Jungfrau, dem Jesuskind und dem hl. Antonius (18. Jh.). Die Basilika ist insgesamt mit 11 Kapellen, 45 Emporen und 6 Orgeln reich ausgestattet.

Der offizielle Besuchsweg führt nördlich der Basilika durch den **Eingang zum Kloster- und Palastkomplex** [E] zunächst in die **Kreuzgänge** [F]. Dahinter befindet sich die **Capela do Campo Santo** [G] sowie das **Refektorium** [H]. Die wohl bedeutendste Sehenswürdigkeit der Anlage ist die **Bibliothek** [J]: 50 Fenster erleuchten den maßvoll dekorierten, 88 m langen, 9,50 m breiten, 13 m hohen barocken Bibliotheksraum, der von einem Tonnengewölbe überspannt ist. Der Raum wurde nach einem Entwurf von *Manuel Caetano de Sousa* im Rocaille-Stil Ende des 18. Jh. vollendet. Um den wertvollen Marmorfußboden nicht zu beschädigen, darf der Besucher die Bücherschränke nur in gebührendem Abstand bewundern. Unter den rund 40 000 Bänden befinden sich kostbare Erstdrucke von *Horaz, Caesar* und *Cicero*, die Erstausgabe der ›Obras‹ von Gil Vicente (1562), die ›Lusiadas‹ aus dem Morgado de Mateus und die ›Nürnberger Chronik‹ (1493) von Schedel. Sehenswert ist außerdem das *Museum*, das seit 1911 im nördlichen **Eckpavillon** [A1] eingerichtet ist. In den 11 Sälen des *Museu de Escultura Comparada* werden Sarkophage und Grabplatten, Teppiche und Gemälde gezeigt. Der Schwerpunkt der Sammlung liegt auf Abgüssen von Reliefs, Skulpturen und Säulenkapitellen portugiesischer Künstler des 12. bis 17. Jh.

i Praktische Hinweise

Information

Posto de Turismo, Palácio Nacional – Torreão Sul, Terreiro D. João V., Mafra, Tel. 261817170, www.cm-mafra.pt

Costa de Prata – der Zauber des Silbers

Eigentlich ist die gesamte Küste zwischen Lissabon und Porto ein einziger fortlaufender Sandstrand mit **Fischerdörfern**. Im Hinterland gibt es idyllische Orte, gewaltige Klöster und Burgen oder auf mit weißem Segeltuch bespannte **Windmühlen**. Ausgedehnte weiße Dünenstrände, Olivenhaine, riesige Pinienwälder, Salzgärten und Flüsse prägen die Küstenregion. Und weil die Wellen durch die Strahlen der Sonne silbern glitzern, wird sie auch **Costa de Prata**, Silberküste, genannt. Vor allem aber war und ist diese Region Portugals geistiges und kulturelles Zentrum. So wird in **Conímbriga** die Römerzeit lebendig, und im **Castelo da Feira** wurde einst die Unabhängigkeit Portugals besiegelt. Die Universitätsstadt **Coimbra** verkörpert portugiesische Bildungsgeschichte, **Batalha** den Stolz und das Geschichtsbewusstsein der Portugiesen, **Alcobaça** ist für die einen Ausdruck der schmucklosen Tradition der Zisterzienser, für die anderen ein Wallfahrtsort der Liebenden. Und die mittelalterliche Stadt **Óbidos** wurde in ihrer Gesamtheit unter Denkmalschutz gestellt.

53 Óbidos

Die Stadt mit großer Vergangenheit wurde zum portugiesischen Nationalmonument erklärt.

Wie ein Adlerhorst sitzt die kleine Stadt Óbidos (4000 Einw.) 79 m auf einer felsigen Anhöhe oberhalb des *Rio Vargem*. Im 12. Jh. lag Óbidos noch ganz nah am Meer, bevor die Bucht *Lagoa de Óbidos* in den folgenden Jahrhunderten immer mehr versandete. 1148 vertrieb Afonso Henriques die Mauren aus der Stadt. König Dinis machte sie 1282 seiner Frau Isabel, der *Santa Rainha*, zum Hochzeitsgeschenk, wodurch Óbidos bis 1833 zum persönlichen Besitz (Casa das Rainhas) der portugiesischen Königinnen wurde.

Die als historisches Ensemble unter Denkmalschutz stehende Stadt ist von einer intakten, 13 m hohen *Ringmauer* umschlossen. Über der Stadt thront das mächtige **Castelo**, auf dessen zinnenbewehrter Mauer man entlanggehen sollte, denn von hier aus eröffnen sich überraschende Perspektiven: rote Dachlandschaften und labyrinthisch verwinkelte Gassen, strahlend weiß getünchte Häusern mit blau abgesetzten Tür- und Fensterumrandungen. Überall rankt Grün über Mauern, Treppen und Fenstern, blühen zartrosa Oleander und pinkfarbene Bougainvilleen.

Vom Castelo, in dem übrigens die *Pousada do Castelo* [s. u.] eine charmante Übernachtungsmöglichkeit bietet, führt die **Rua Direita**, eine schmale mit Kopfstein geplasterte Gasse, hinunter in die Altstadt. Sehenswert sind hier die Renaissancekirche **Santa Maria** *(Praça de Santa Maria)* mit einem Jean de Rouen zugeschriebenen Grabmal aus Ança-Stein für João de Noronha (1555), das zu Recht als eines der Hauptwerke der portugiesischen Renaissance gilt. Im Kirchenschiff bezaubert die blaue Azulejoverkleidung (um 1690) – ein überzeugendes Beispiel für die gelungene Integration der Fliesen in die Innenarchitektur. Die *Kapelle der hl. Katharina* besitzt Bilder der einheimischen Malerin und Kupferstecherin Josefa de Óbidos (1634–1684), darunter eine ›Mystische Vermählung der hl. Katharina‹. Vor der Kirche unter einer gestuften Ädikula sieht man den manuelinischen *Cruzeiro da Memória* mit einer Pietà.

◁ *Gigantische Ausmaße: Portal der Westfassade des Klosters Batalha*

Strategisch bedeutsam – Óbidos war schon in maurischer Zeit hervorragend befestigt

Das **Museu Municipal** (Di–So 10–13, 14–18 Uhr) im ehem. *Paços do Concelho* an der *Praça de Santa Maria* zeigt seine kleine Sammlung portugiesischer Gemälde von Diego Teixeira, António da Costa, Garcia Fernandes, Melchior Matos, Josefa de Óbidos sowie Skulpturen aus dem 15. Jh. Darüber hinaus werden Basreliefs, Barockmöbel, archäologische Funde und Waffen ausgestellt. Auf halbem Weg zwischen Stadttor und Castelo steht ein reich ornamentierter **Pelourinho** (15. Jh.). Der Schandpfahl zeigt das Emblem der Dona Leonora, ein Krabbennetz.

i Praktische Hinweise

Information

Posto de Turismo, Parque de Estacionamento da Porta da Vila, Óbidos, Tel. 262 95 92 31, www.obidos.pt

Hotels

****Albergaria Rainha Santa Isabel**, Rua Direita, Óbidos, Tel. 262 95 93 23, www.arsio.com. Geschmackvolle Zimmer in einem Haus, das einst Schule und Teil des Klosters war.

****Pousada do Castelo**, Paço Real, Óbidos, Tel. 262 95 50 80, www.pousadas.pt. Sechs klimatisierte Zimmer und drei Suiten bietet die hervorragend geführte Pousada. Am schönsten sind die Turmzimmer Nr. 8 und 9.

Casa do Poço, Travessa da Rua Nova, Óbidos, Tel. 262 95 93 58. Renoviertes Haus mit vier Gästezimmern – Turismo Rural – unterhalb der alten Stadtmauern.

Restaurants

Albergaria Josefa de Óbidos, Rua Dr. João de Ornelas, Óbidos, Tel. 262 95 92 28, www.josefadobidos.com. Nettes Terrassenrestaurant.

O Conquistador, Rua Josefa de Óbidos, Óbidos, Tel. 262 95 95 28. Zu den Spezialitäten des Hauses gehören gefüllter Aal und Wildschwein-Schnitzel (Di geschl.).

54 Peniche

Halbinsel mit einem vorgelagerten Insel-Naturschutzgebiet.

Die Nähe zum Meer prägt das wirtschaftliche Leben in Peniche: Hier werden Langusten, Sardinen und Thunfisch verarbeitet. Das betriebsame Fischerstädtchen (15 000 Einw.) liegt auf einer Halbinsel, die durch einen Sanddamm mit dem Festland verbunden ist. Am westlichen Ende liegt **Cabo Carvoeiro** mit dem 25 m hohen *Leuchtturm* und den bizarr geformten imposanten Felsklippen Nau dos Corvos (Rabenschiff), Ponte de Papoa und Verandas dos Pilates. Vom Kap aus hat man einen guten Blick auf die 12 km nordwestlich gelegenen Berlenga-Inseln.

Im 17. Jh. sicherte die im Auftrag Joãos III. zwischen 1557 und 1645 erbaute **Fortaleza de Peniche** die Stadt – die stärkste Seefestung Portugals. Zur Zeit der Salazar-Diktatur litten in dem Bau politische Häftlinge, heute befindet sich hier das kleine **Museu Municipal** (Di–Fr 9–12.30, 14–17.30, Sa/So 10–12.30, 14–17.30 Uhr), in dem man sich über die unterschiedlichen Aspekte der Stadtgeschichte bestens informieren kann.

Sehenswert sind zudem die Barockkirchen des Ortes. Die Sakristei der **Igreja de Nossa Senhora da Ajuda** (17.–18. Jh.) ist mit wertvollen Azulejos im Diamantmuster ausgestattet. Die **Igreja da Misericórdia** schmücken Gemälde von Josefa de Óbidos sowie Fliesenbilder aus dem 18. Jh. Die **Igreja de São Pedro** wird von einer bemalten Holzdecke und einem Talha-Dourada-Retabel aus der Barockzeit geschmückt.

TOP TIPP Ein einzigartiges Natur- und Vogel schutzgebiet sind die **Ilhas de Berlenga**, die man von Peniche aus nach einer einstündigen Bootsfahrt erreicht. Die Inseln bilden eine kleine, wilde Gruppe aus rotem Granit. Nur die etwa 1,4 km lange, bis zu 800 m breite und bis zu 88 m hohe Hauptinsel *Berlenga Grande* wird im Sommer von einigen Fischern bewohnt. Überall brüten Seemöwen und Eiderenten, nur notdürftig bedeckt Gras den nackten, rötlichen Fels. Eine Brücke verbindet Berlenga Grande mit dem vorgelagerten **Castelo de São João Baptista** (Mitte des 17. Jh.). Sie diente der Verteidungung der Insel gegen maurische, englische und französische Piraten oder andere feindliche Schiffe. In der Festung, die zu den eigenartigsten portugiesischen Militärbauten zählt, wurde 1666 die Hochzeit zwischen Afonso VI. und der schönen Maria Francisca Isabel von Savoyen gefeiert. Südlich vom Kastell führt der 70 m lange natürliche Meerestunnel *Furado Grande* zu der engen Felsenbucht **Cova do Sonho**. Besonders zauberhaft ist die unterhalb des Forts gelegene **Gruta Azul** (Blaue Grotte). Steigt man die Treppe zum Leuchtturm hinauf, steht man an der höchsten Stelle der Insel. Von hier kann man das Eiland auf einem markierten Weg (ca. 1 ½ Std.). zu Fuß umrunden.

Ein besonders Erlebnis ist eine Bootsfahrt zu weiteren interessanten **Eilanden** wie etwa *Berlenga Pequena*, den 18 *Estelas*, *Forcadas* und *Farilhões* sowie die Erkundung der zahlreichen Höhlen, Riffe und Felsklippen.

i Praktische Hinweise

Information

Posto de Turismo, Rua Alexandre Herculano, Peniche, Tel. 262 78 95 71, www.cm-peniche.pt

Reserva Natural das Berlengas, Avenida Mariano Calado 57, Peniche, Tel. 262 78 79 10, www.icnb.pt. Informationen zu Bootsfahrten und Führungen durch das Natur-und Vogelschutzgebiet.

Schiff

Boote nach Berlenga Grande, Hafen, Peniche, Juli/Aug. tgl. 9.30 und 11.30, Mitte Mai–Juni/1.–15. Sept. tgl. 10 Uhr, Rückfahrt ab Berlenga Grande tgl. 16.30, Juli/Aug. zusätzlich 18.30 Uhr, www.viamar-berlenga.com.

55 Alcobaça

Zwischen den Flüssen Alcoa und Baça liegt Alcobaça und die größte Zisterzienserkirche Europas.

Ein Besuch des Städtchens lohnt sich vor allem wegen des zum UNESCO-Weltkulturerbe gehörenden Zisterzienserklosters. TOP TIPP Das majestätische **Mosteiro de Santa Maria de Alcobaça** (www.igespar.pt, April–Sept. tgl. 9–19, Okt.–März tgl. 9–17 Uhr) wirkt zunächst abweisend. Schließlich ist es eine Gründung der ›schmuckfeindlichen‹ Zisterzienser. Gemäß ihrer Ordensregeln in der Tradition von *Cîteaux* und *Cluny* sollte nichts den Geist der Arbeit und die Klarheit des Glaubens stören. Die größte aller europäischen Zisterzienserkirchen ist zugleich der größte Kirchenraum Portugals. Das Innere mit seinen drei gleich hohen Schiffen, zwölf gotisch gewölbten Jochen über 24 Pfeilern verdankt seine Schönheit dem asketischen Ernst der Zisterzienerarchitektur. Alcobaça braucht den Vergleich mit *Cister, Pontigny* und *Clairvaux* nicht zu scheuen.

Geschichte Die Entstehung des Klosters geht auf ein Gelübde von *Afonso Henriques* zurück. Nach einer siegreichen

Schlacht gegen die Mauren 1139 erfüllte der mittlerweile zum König ausgerufene Afonso sein Versprechen und schenkte dem Land 1152/53 eines der schönsten portugiesischen Klöster. Auch wenn es bald von den Mauren zerstört werden sollte – *Mönche von Clairvaux* bauten es zwischen 1178 und 1222 schöner und gewaltiger wieder auf. Die **Zisterzienser** kamen zwischen 1143 und 1144 nach Portugal und gründeten über der Abtei von Claraval die Abtei *São João de Tarouca*. Bereits 1269 wurde in Alcobaça die erste öffentliche Schule ins Leben gerufen, Vorstufe der Universität von Coimbra. *Pedro I.* vermachte dem Kloster große Stiftungen und bestimmte es als **Grablege** für sich und für seine Geliebte *Inês de Castro*. Das Erdbeben von 1755 und die großen Überschwemmungen von 1772 verursachten gewaltige Schäden. Ab 1834 wurde Alcobaça im Rahmen der Säkularisierung wie die meisten portugiesischen Sakralbauten als Armenhaus, Lager oder Kaserne zweckentfremdet. Wertvolles Mobiliar ging verloren, einige Stücke kamen in Museen. Die berühmte **Bibliothek** wurde aufgelöst und ihr Bestand auf die Stadtbibliothek und auf das Staatsarchiv *Torre do Tombo* in Lissabon verteilt. Nach einer Restaurierung wurde Alcobaça 1930 unter Denkmalschutz gestellt.

Mosteiro de Santa Maria

A Hauptportal
B Langhaus
C Seitenschiffe
D Sala dos Reis (Königssaal)
E Sarkophag von Inês de Castro
F Sarkophag von Dom Pedro
G Sala dos Túmulos (Grabkapelle)
H Capela da Morte de São Bernardo
J Hauptaltar
K Chorumgang, Kapellen
L Vorraum
M Sakramentskapelle
N Sakristei
O Claustro do Silêncio (Großer Kreuzgang)
P Brunnenhaus
Q Refektorium

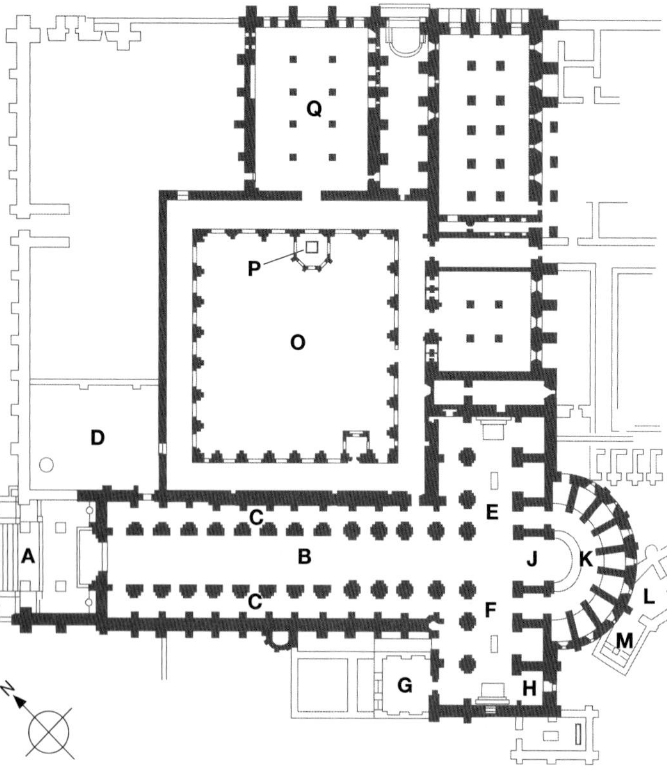

Üppiger als die Zisterzienser es erlauben – das Kloster in Alcobaça

Besichtigung Das Mosteiro de Santa Maria in Alcobaça gilt als eindrucksvollstes und schönstes Beispiel der Zisterzienserarchitektur im christlichen Europa. Die **Abteikirche** besitzt ein Langhaus mit drei gleich hohen Schiffen, die von zahlreichen Fenstern erhellt werden. Auffallend ist am Grundriss des Klosters das zweischiffige Querhaus, der Chorumgang und der Kranz von ursprünglich neun, heute nur noch sieben Kapellen. Schon die gewaltige, 221 m lange Hauptfront am Klostervorplatz mit der zweitürmigen, 42 m hohen, 4 m breiten und dreigeschossigen **Barockfassade** verfehlt ihren Eindruck nicht. Allerdings erscheint sie keineswegs so asketisch, wie es die Zisterzienserarchitektur eigentlich vorschreibt. Die Fassade wurde vom italienischen Architekten und Festungsingenieur *Frei João Turriano* zwischen 1702 und 1725 der Kirche vorgeblendet. Das **Hauptportal** [A] mit acht spitzbogigen Archivolten wird flankiert von zwei Barockskulpturen aus Carrara-Marmor: rechts der hl. Bernhard, links der hl. Benedikt. Über dem Portal verläuft eine Veranda mit Schmuckelementen. Zu beiden Seiten der *Fensterrose* stehen vier Statuen, Allegorien der vier Kardinaltugenden: Weisheit, Besonnenheit, Gerechtigkeit und Tapferkeit. Ein schmaler *Fries* mit Pflanzenmotiven, unterbrochen von einen schönen Wappen des portugiesischen Königshauses (zwei Engel halten die Krone), trennt den oberen Baukörper ab. Dieser besteht aus zwei Glockentürmen, die barocke Kuppeln krönen. In der Mittelnische über der Fensterrose befindet sich die anmutige Marienfigur ›Nossa Senhora de Alcobaça‹, darüber ein Kreuz zwischen zwei Engeln auf Voluten.

Vom **Langhaus** [B] teilen 24 kräftige Bündelpfeiler zwei gleich hohe **Seitenschiffe** [C] ab. In der quadratischen **Sala dos Reis** [D] (Königssaal), die durch das linke Seitenschiff zu erreichen ist, sieht man einen Azulejo-Zyklus, der aus der bewegten, legendenumwobenen Geschichte des Klosters berichtet. Im Querhaus befinden sich die im Flamboyant-Stil gestalteten, prunkvollen *Sarkophage* (1370) von *Pedro I.* und *Inês de Castro.* Man hat sie so aufgestellt, dass sich die beiden Liebenden bei der Auferstehung am Jüngsten Tag in die Augen sehen können. Auf sechs kauernden Tiergestalten mit fratzenhaften Gesichtern ruht der **Sarkophag von Inês de Castro** [E]. Wahrscheinlich sind mit diesen Figuren ihre infamen Mörder dargestellt. Leider kann man sich heute kein Bild mehr vom Aussehen Inês' machen, da napoleonische Soldaten das Antlitz der Liegefigur verstümmelten. Die Längsseiten des Grabmals sind mit Darstellungen aus dem Leben und der Passion Christi dekoriert. Sechs Löwen, Zeichen für Macht und Würde, stützen den **Sarkophag von Dom Pedro** [F] im rechten Querhausarm. An den Längsseiten des prunkvollen Sarkophages findet man Szenen aus dem Leben des hl. Bartolomäus, des Schutzpatrons von Dom Pedro. Am Fußende wird das Leben des Monarchen dargestellt, am Kopfende die innige Beziehung des Liebespaares Inês und Pedro.

In der **Sala dos Túmulos** [G] (Grabkapelle) stehen zudem sehesnwerte Sarkophage der Königinnen Urraca und Brites. In der gegenüberliegenden **Capela da Morte de São Bernardo** [H] sind ihre Ehegatten, die Herrscher Afonso II. sowie Afonso III., beigesetzt.

Hinter dem **Hauptaltar** [J] liegt der **Chorumgang** mit den neun bzw. sieben **Kapellen** [K]. Dieser führt zum **Vorraum** [L], der mit einem beachtenswerten Netzgewölbe sowie zwei ornamentierten Portalen im manuelinischen Stil ausgestattet ist. Rechts davon befindet sich die **Sakramentskapelle** [M], auf der linken Seite liegt die **Sakristei** [N]. Hier sind besonders die beiden reich geschnitzten Schränke mit Elfenbein-Intarsien (1662) sehenswert. Von dort gelangt man wieder ins Langhaus und dann – über das nördliche Seitenschiff – in den **Claustro**

Pilgerstätte für Liebende – die Grabmäler von König Pedro und seiner Inês

do Silêncio [O], den Großen Kreuzgang. Das Erdgeschoss wurde zwischen 1308 und 1311 im Stil der Gotik errichtet, der obere Teil des Kreuzgangs im manuelinischen Stil stammt aus dem frühen 16. Jh. Hübsch anzusehen ist das an Nordseite des Kreuzgangs liegende **Brunnenhaus** [P] mit einem Renaissance-Brunnen.

In der Küche neben dem **Refektorium** [Q] befindet sich ein mächtiger, 18 m hoher und von acht eisernen Säulen getragener *Kamin*, unter dem ganze Ochsen gebraten werden konnten. Immerhin mussten hier einst jeden Tag rund 1000 Mönche und Pilger verköstigt werden.

i Praktische Hinweise

Information

Posto de Turismo, Praça 25 de Abril, Alcobaça, Tel. 262 58 23 77, www.rt-leiriafatima.pt

Hotel

*****Casa da Padeira**, Aljubarrota, (an der E.N.8) Tel. 262 50 52 40, www.casadapadeira.com. Landhaus mit Blick auf die *Serra dos Candeeiros* und das Meer.

Restaurant

Corações Unidos, Rua Frei António Brandão 39, Alcobaça, Tel. 262 58 21 42. Die Speisekarte des Restaurants ist von der Liebe zur regionalen Küche bestimmt.

Meisterleistung mittelalterlicher Baukunst – Dormitorium des Mosteiro de Santa Maria in Alcobaça

56 Batalha

Inmitten eines fruchtbaren Tals liegt das einfache Landstädtchen mit einem weltberühmten Kloster.

In Batalha erinnert sich Portugal an seine bedeutende Geschichte: an die **Schlacht von Aljubarrota**, an die marokkanische Eroberung und an das Opfer des *Infanto Santo*, an die Zeit der Entdeckungen und an die Eroberung Indiens. Für die Portugiesen vereint Batalha unübersehbar den Höhepunkt der nationalen Kunst und die Sternstunden der portugiesischen Vergangenheit.

Geschichte Am 14. August 1385 gelobte *João I.*, erster König der Dynastie Aviz, nach der gegen die Spanier gewonnenen Schlacht von Aljubarrota, der Jungfrau Maria ein Dominikanerkloster zu stiften. Drei Jahre nach dem Sieg begann man 4 km vom Schlachtfeld entfernt, inmitten von Pinienhainen, Eichen- und Ulmenwäldern mit dem Bau der Anlage. Dieses Siegeskloster, an dem 15 Architekten im Auftrag von sechs Königen arbeiteten, wurde erst 200 Jahre später fertig gestellt. Bis 1934 nutzten es Bettelmönche und Predigerbrüder.

TOP TIPP ***Besichtigung*** Das zum UNESCO-Weltkulturerbe zählende **Mosteiro de Santa Maria da Vitória** (www.igespar.pt, April–Sept. tgl. 9–18.30, Okt.–März 9–17.30 Uhr) ist eine der größten mittelalterlichen Klosteranlagen Portugals. Zum Kloster von Batalha gehören mehrere Bauwerke, darunter eine **Kirche** von gigantischen Ausmaßen, zwei königliche **Grablegen** (Gründerkapelle und Unvollendete Kapelle) sowie zwei **Klosterhöfe** (Königlicher Klosterhof, Kloster-

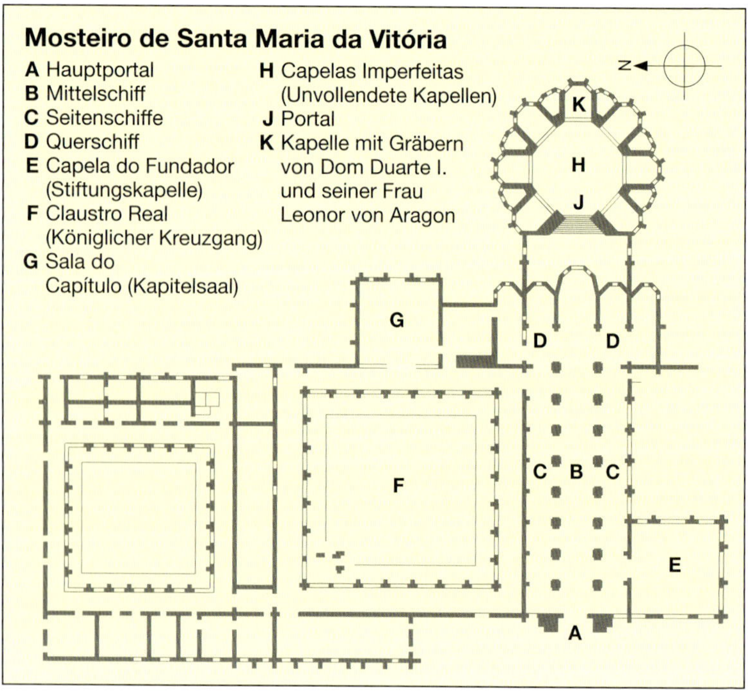

hof von Afonso V.). Die beteiligten Handwerker kamen aus Portugal, Spanien, dem Baskenland, Frankreich, Flandern, Deutschland und England. Der portugiesische Baumeister *Afonso Domingues* († 1402) errichtete große Teile der Anlage – die Kirche, den Königlichen Kreuzgang, den Kapitelsaal sowie die Nebengebäude und das Seitenportal. Er ließ sich dabei von der Kirche in *Alcobaça* [s. S. 149], der Kathedrale in *Évora* [s. S. 85] und der Sé in *Lissabon* [s. S. 123] inspirieren.

Vor dem Kloster steht das martialische **Reiterstandbild des Feldherrn Nuno Álvares Pereira**, dem Portugal seinen großen Sieg über die Spanier verdankt. Das **Hauptportal** [A] an der spätgotischen *Westfassade* der Kirche ist nach französischem Vorbild modelliert. es wird von einem sechsstufiger Spitzbogen gerahmt. Im Tympanon erkennt man die *Maiestas Domini*, einen thronenden Christus, der eine Weltkugel in der linken Hand hält und von den vier Evangelisten mit ihren Attributen umgeben ist. In den seitlichen Gewänden stehen Statuen von Engeln, Propheten, Heiligen und Königen. Das Portal wurde im 19. und 20. Jh. restauriert und mit (umstrittenen) Kopien der Skulpturen versehen. Die Originale befinden sich heute im Klostermuseum.

Die **Klosterkirche** ist ein achtjochiger Bau von großer Klarheit mit einem nach basilikalem Schema gestuften **Mittelschiff** [B], zwei **Seitenschiffen** [C] und

Nationalstolz in Stein – das Kloster erinnert an die Schlacht von Aljubarrota, in der die Anhänger Joãos I. die zahlenmäßig überlegenen spanischen Truppen besiegten

einem **Querschiff** [D], das sich mit dem Langhaus zur T-Form verbindet. Schon die Ausmaße des Innenraums sind beeindruckend: Er ist mehr als 32 m hoch, über 80 m lang und 22 m breit. Die Schiffe sind durch mächtige Pfeiler voneinander getrennt.

Im Eingangsbereich befinden sich unter dem Fußboden die *Grabstätten* des Baumeisters Mateus Fernandes und der Ritter Diogo Gonçalves de Travessos und Martim Gonçalves de Maçada. Rechts vom Eingang liegt die zwischen 1426 und 1434 errichtete, oktogonale **Capela do Fundador** [E] (Stiftungskapelle). Sie wurde von João I. für sich und seine Frau *Filipa de Lencastre* in Auftrag gegeben. Hier befinden sich die *Gräber der Aviz-Könige*: in der Mitte der von acht Löwen getragene Doppelsarkophag mit den Liegefiguren des Königs und seiner Gemahlin. Unter wunderbar ziselierten Baldachinen sieht man die königlichen Wahlsprüche ›Por bem‹ (In Ehren) von João und ›Y me Plet‹ (Zu meiner Freude) von Filipa.

In den Nischen im Süden und Westen stehen die Sarkophage ihrer Kinder und Enkel, mit Ausnahme von *Duarte*, dem Philosophenkönig, der in den Capelas

Imperfeitas (s. u.) seine letzte Ruhestätte fand. An der Südwand der Kapelle liegen Heinrich der Seefahrer *(Henrique o Navigador)*, Pedro, der ›rechtschaffene Prinz‹, Humanist und Mitarbeiter seines Bruders Heinrich. Außerdem die beiden anderen Brüder: *Fernão*, der Infante Santo, und João. An der Westseite befinden sich die Gräber von Afonso V., seiner Gattin Isabella, deren Sohn João II. und Enkel Afonso. Der Rundgang führt weiter in den **Claustro Real** [**F**], den königlichen Kreuzgang, ein filigranes Wunderwerk aus weißem Marmor. Die Ausschmückung der Arkaden mit einem gitterartigen Maßwerk aus feinem, durchbrochenem Naturstein erzeugt einen berückenden Eindruck von orientalischer Üppigkeit. In der **Sala do Capítulo** [**G**] (Kapitelsaal) gelang dem Architekt *Huguete* (Ouguete) ein Meisterwerk: Ein quadratisches Gewölbe von 28 m Seitenlänge ohne stützende Pfeiler. Das farbige Glasfenster im manuelinischen Stil (1508) wird dem Glaskünstler *Mestre João* zugeschrieben.

Die **Capelas Imperfeitas** [**H**] (Unvollendete Kapellen) waren für *Duarte* und seine Gemahlin *Dona Leonor von Aragón* sowie für die ihnen nachfolgenden Könige als Grablege bestimmt. Die Architektur der Kapellen tradieren zwei verschiedene Bauphasen und Stile: die des 14. Jh. und die des manuelinischen 16. Jh. Ein 15 m hohes und 7,5 m breites **Portal** [**J**], das auf beiden Seiten behauen und mit Ranken, Fialen, Krabben, Trauben, Blumen und Delphinen üppig ornamentiert ist, führt in einen achteckigen Raum, um den sieben Radialkapellen von je 8,7 m Tiefe angeordnet sind. Dazwischen stehen

Schafft Durchblick – das kapellenartige Brunnenhaus im Claustro Real von Batalha

Großartige Raumwirkung – das hochgotische Innere der Klosterkirche von Batalha

niedrigere kleine Zwickelkapellen über trapezförmigem Grundriss. Dem Eingang gegenüber befindet sich die kleine **Kapelle** [K] mit dem Sarkophag von Duarte und Leonor. Mehr als 200-mal findet man hier den königlichen Leitspruch eingemeißelt: Leauté la faray – Ta Yasserey (Treu werd' ich sein, solange ich lebe).

In der Nähe des Siegesklosters lohnt die Pfarrkirche **Santa Cruz** einen Besuch. Sie wurde 1512 von Manuel I. gestiftet und besitzt ein manuelinisches Portal (1532) von *Diogo Boytac*. Im Innenraum gibt es ein sehenswertes Renaissance-Retabel.

i Praktische Hinweise

Information

Posto de Turismo, Praça Mouzinho de Albuquerque, Batalha, Tel. 244765180, www.rt-leiriafatima.pt

Hotels

****__Hotel Mestre Afonso Domingues__, Largo Mestre A. Domingues 6, Batalha, Tel. 244765260, http://hotel.mestreafonsodomingues.pt. Stilvolles Hotel mit moderner Einrichtung in Klosternähe.

***__Quinta do Fidalgo__, Avenida D. Nuno Álvares Pereira, Batalha, Tel. 244765114. Gutshaus aus dem 17. Jh. inmitten von Platanengärten.

57 Fátima

TOP TIPP

Das auf der unfruchtbaren Hochebene von Cova da Iria gelegene Örtchen zählt zu den bedeutendsten Pilgerstätten der katholischen Kirche.

1917 wurde der schon in maurischer Zeit besiedelte, aber bis dahin unbedeutende Ort mit einem Schlag weltberühmt: Am 13. Mai soll den Hirtenkindern Lucia, Francisco und Jacinta die ganz in Weiß gekleidete *Virgem do Rosário* (Muttergottes vom Rosenkranz) erschienen sein. Die Erscheinung wiederholte sich jeweils am 13. Tag der folgenden fünf Monate, bei der letzten wurden 70 000 Menschen Zeugen des *Milagre do Sol*, bei dem eine glutrote Sonne um ihre eigene Achse rotiert sein soll. Der Vatikan untersuchte die Vorfälle acht Jahre lang und erkannte die Madonnenverehrung von Fátima schließlich an. Am 13. Mai 1928 wurde mit dem Bau der **Rosenkranzbasilika** begonnen, zu der jährlich Hunderttausende von Gläubigen pilgern, manche auf bloßen Knien rutschend, um den Segen der Jungfrau zu erbitten. Der Platz vor der wenig

Anbetungswürdige Madonnenfigur: Nossa Senhora de Fátima

gelungenen Kirche umfasst 152 000 m² und ist damit doppelt so groß wie der Petersplatz in Rom. In seiner Mitte erhebt sich die **Erscheinungskapelle** an der Stelle, wo die Muttergottes den Kindern erstmals erschienen sein soll. Im Inneren der Basilika sind Gemälde der Erscheinung von Fátima und Darstellungen der ›15 Geheimnisse des Rosenkranzes‹ zu sehen. Im Chor ruhen seit 1952 die beiden im Jahr 2000 seliggesprochenen Hirtenkinder Francisco († 1919) und Jacinta († 1920). Ihr früher Tod war Teil der von Lucia empfangenen Prophezeiungen. Sie trat 1928 in ein Kloster ein und wurde nach ihrem Tod 2005 an der Seite ihrer Geschwister bestattet.

i Praktische Hinweise

Information

Posto de Turismo, Avenida Dom José Alves Correia da Silva, Fátima, Tel. 249 53 11 39, www.rt-leiriafatima.pt

Santuário de Fátima, Fátima, Tel. 249 53 96 00, www.santuario-fatima.pt

Veranstalter von Pilgerreisen

Bayerisches Pilgerbüro, Dachauer Str. 9, 80335 München, Tel. 089/545 81 10, www.pilgerreisen.de

Hotel

*****Três Pastorinhos**, Rua João Paulo II, Fátima, Tel. 249 53 99 00, www.hotel3pastorinhos.pt. Ansprechendes, doch trubeliges Pilgerhotel mit 92 zweckmäßigen Zimmern.

58 Leiria

Im Kastell von Leiria schrieb der Dichterkönig Dom Diniz seine berühmten Liebeslieder.

Besonders Malern hatte es die Leira (50 000 Einw.) am Zusammenfluss des *Rio*

◁ *Monument des Wunderglaubens – die Wallfahrtskirche von Fátima*

Liz und des *Rio Lena* angetan: Die Engländer George Vivian (1798–1873), James Holland (1800–1870), James Murphy (1796–1841) hielten die Stadt in ihren Skizzenbüchern fest. Ihnen folgten wenig später die portugiesischen Maler Alfredo Keil, Ribeiro Cristino da Silva und João Vaz.

Im hübsch restaurierten **Palácio Real** (April–Sept. Mo–Fr 9–18.30, Sa/So 10–18.30, sonst bis 17.30 Uhr) aus dem 14. Jh. soll König Dinis seine berühmten Liebeslieder *(Cantigas d'Amor)* geschrieben haben, die zu den bedeutendsten Werken der portugiesischen Literatur gezählt werden. Auf dem 113 m hohen Hügel ließ Afonso Henriques über römischen und maurischen Strukturen das **Castelo** errichten, das zu den interessantesten Burgen des Landes gehört. Von der einstigen königlichen Pracht zeugen noch die *Loggia* mit den schlanken gotischen Säulen und die *Burgkapelle Nossa Senhora da Pena* mit ihrem schönen gotischen Portal, den Zwillingsfenstern und dem Turm.

Am Burgberg steht die einschiffige **Igreja de São Pedro** (Ende 12. Jh.), einst romanisches Schmuckstück, doch heute stark restaurierungsbedürftig. Die zum ersten Mal 1195 erwähnte Kirche wurde 1390 erheblich vergrößert. Umbauten des 15.–18. Jh. ließen das Westportal und den Chor unberührt. Im 19. Jh. diente die Kirche als Gefängnis, Lager und Theater. Das *Westportal* liegt tief in einem Vorbau, die vier Archivolten sind noch rundbogig. Die drei inneren Archivolten weisen einen für Portugal einzigartigen Schmuck auf: Sie sind mit kleinen Menschenfiguren versehen, die – teils nur mit Köpfen, teils als Halbfiguren – in die Hohlkehlen eingefügt sind und deren Glieder hinter den Rundstäben verschwinden. Die kleine Kirche besitzt nur ein Schiff, die drei Apsiden sind von je einer Tonne überwölbt, wobei die der Mittelapsis in einer Halbkugel endet.

In der Altstadt von Leiria befindet sich die 1559–70 errichtete **Sé**, ein dreischiffiger Renaissancebau mit Netzgewölbe und einer kassettierten Tonne im Chor. Das angeschlossene kleine *Museum* zeigt einige Gemälde des 15.–17. Jh., Keramik und Glas.

Dem Burghügel gegenüber führt eine imposante, barocke Treppenanlage zur 1588 errichteten, einschiffigen Wallfahrtskirche **Nossa Senhora da Encarnação** (Mo–Fr 9–14, Sa/So 9–18 Uhr). Diese mit einer sehenswerten Barockfassade gestaltete Kirche besitzt polychrome *Azulejos* (16. Jh.), wertvolle Gemälde (Ende 17. Jh.) sowie eine Sammlung von gemalten Exvotos – naiv illustrierte Wunder, die der Senhora da Encarnação zugeschrieben wurden.

i Praktische Hinweise

Information

Posto de Turismo, Jardim Luís de Camões, Leiria, Tel. 244 84 87 70, www.rt-leiriafatima.pt

Hotel

****Quinta da Serrada**, Vale do Horto, Acoia (EN 1 zwischen Leira und Batalha), Tel. 244 87 28 00. Nettes Landhaus mit 5 Zimmern im typischen Stil der Region.

Altes und Neues – das Castelo von Leira vom 2004 entstandenen Fußballstadion gesehen

59 Conímbriga

Das ›Portugiesische Pompeji‹.

Conimbriga, Portugals größtes Ruinenfeld, erstreckt sich in der Nähe der Stadt *Condeixa-a-Velha*. Das 130 000 m² große, dreieckige Grabungsareal der **Ruinas de Conímbriga** (www.conimbriga.pt, Juni–Sept. tgl. 9–20, Okt.–Mai tgl. 10–18 Uhr), das 1930–44 sowie 1964–71 nur zum Teil freigelegt wurde, gibt einen großartigen Einblick in die Kultur der römischen Provinz Lusitanien. Zu sehen sind vor allem die Reste einer römischen Stadt, die ab 139 v. Chr. über einer keltischen Siedlung errichtet und im 5. Jh. von den Sueben niedergebrannt wurde. Im 8. Jh. gaben die Einwohner ihre Siedlung auf. Gut erhalten sind eine christliche *Basilika* mit kreuzförmiger Apsis und kreisrundem *Baptisterium* (6. Jh.). Aus den Zeiten der Römer stammen ein *Amphitheater* und die *Thermen*, die über das 3 km entfernte Aquädukt gespeist wurden. Hauptattraktion sind jedoch die Überreste der **Casa dos Repouxos** (3. Jh. n. Chr.). In einem säulenumstandenen Hof stellen farbenprächtige Mosaike klassische Motive der griechischen Mythologie dar: Man entdeckt zum Beispiel Minotaurus im Labyrinth und Perseus, der einem Seeungeheuer das Haupt der Medusa zeigt, sowie Jagdszenen und Delphine.

Im liebevoll konzipierten **Museu Monográfico** (Juni–Sept. Di–So 9–20, Okt.–Mai Di–So 10–18 Uhr) sind Modelle des Forums und des Tempels sowie Grabungsfunde ausgestellt, darunter Votivstelen, Grabstelen und Porträtbüsten.

60 Coimbra

»Quem não viu Coimbra, não viu coisa linda« (Wer Coimbra nicht kennt, hat noch nichts Schönes gesehen).

Man nennt die Terrassenstadt Coimbra auch *Perle des Mondego*. Die kunst- und traditionsreiche Stadt (140 000 Einw.) liegt 106 m hoch an einem Hang über dem *Rio Mondego*. Dieser ›Fluss der Dichter‹ war schon immer ein Grenzfluss zwischen Abend- und Morgenland, zwischen Kreuz und Halbmond. An seine Ufer setzte Afonso Henriques mächtige Wehrburgen. Er entspringt als ›kleiner Mondego‹, als Mondeguinho, hoch in den Monte dos Hermínios der *Serra da Estrela*, bewässert die Ebene von Coimbra und mündet schließlich südlich vom *Kap Mondego* bei Figueira da Foz in den Atlantischen Ozean. Er ist 225 km lang, davon sind 84 km schiffbar.

Geschichte Der Name des Ortes leitet sich von der Römersiedlung *Conimbriga* (südlich der heutigen Stadt) her, die im 5. Jh. von den Sueben zerstört wurde. Die Nachfolgesiedlung **Aeminium** erfuhr dank ihrer günstigen Lage einen wirtschaftlichen und kulturellen Aufschwung. Nach der maurischen Eroberung durch *Abd al-Aziz ben Musa ben Nu-syar* im Jahre 715/716 konnte sich Coimbra (arab. = *Kulumriya*) oder Kulunbiriya als bedeutendes **maurisches Zentrum** (arab. = *Kura*) behaupten. Die Mischbevölkerung aus Mozarabern (islamisierten Christen), Mauren und Juden wohnte jeweils in eigenen, streng abgeschirmten Stadtvierteln. Die Mauren lebten in der *Almedina* (innerhalb der befestigten Stadt, der Zitadelle) und in der *Arrabalde* (außerhalb der Wälle); die Juden lebten in der *Judiaria*. Noch heute zeigen Straßen-, Gebäude- und Ortsnamen in der Umgebung den starken **arabischen Einfluss**.

878 wurde die Stadt durch *Graf Hermengildo Mendes* erobert und in das Königreich Asturien-León eingegliedert. 987 nahm *Al-Mansur* die Stadt ein. Erst 1064 wurde Coimbra von *Fernando Magno von León* nach sechsmonatiger Belagerung endgültig zurückerobert. 1139–1256 war Coimbra sogar Hauptstadt

Oase der Stille mitten in Coimbra – der Claustro do Silêncio im Kloster Santa Cruz

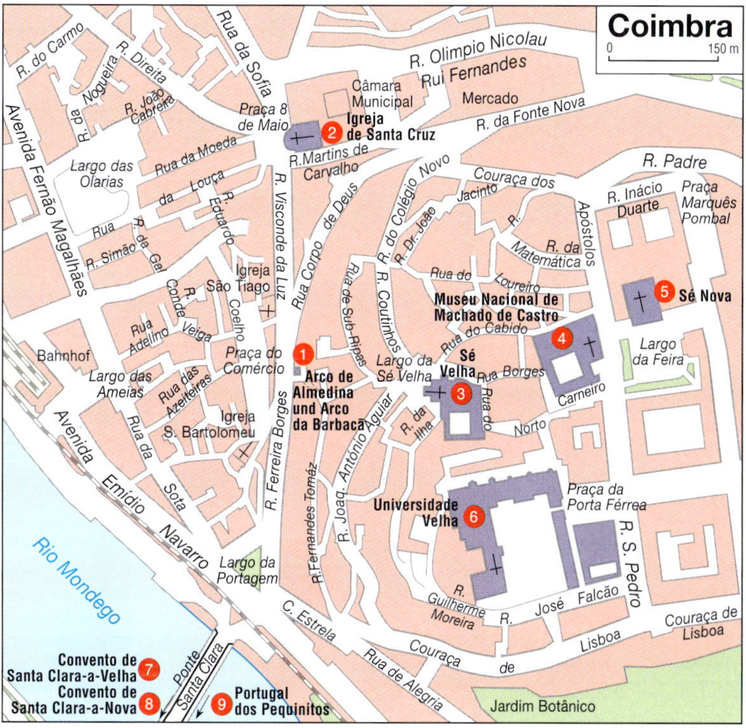

Traditionsreiches Zentrum der Gelehrsamkeit – die alte Universitätsstadt Coimbra

Portugals. 1307 verlegte König Dinis die 1290 gegründete *Escolas Gerães* (Universität) von Lissabon nach Coimbra. Als João III. der **Universität** 1537 einen Flügel seines Königspalastes überließ und bedeutende Gelehrte sowie ausländische Studenten aus Paris, Bologna und Salamanca nach Coimbra kamen, erlebte die Universität eine erste Blütezeit. 1555 gründeten Jesuiten ein eigenes, unabhängiges Kolleg, das nach der Vertreibung der Jesuiten aus Portugal (1759) an die bestehende Universität angegliedert wurde. Der Ruhm der Stadt gründet sich auf das ehemalige *Augustinerkloster Santa Cruz*, wo der *hl. Antonius von Padua* (Fernão de Bulhões) und *Luís de Camões*, Portugals bedeutendster Dichter, studierten.

Neben dem im Parque Verde am Mondego wieder aufgebauten **Portugal-Pavillon**, den Siza Vieira für die Expo 2000 in Hannover entwarf, setzen die asymmetrische Hängebrücke **Ponte Rainha Santa Isabel** (2004) über den Mondego und auch einige architektonisch spannende Neubauten der Universität moderne Akzente..

Historischer Rundgang

Die *Rua Ferreira Borges* teilt die Stadt in zwei Hälften: Die Unterstadt ist das Viertel der Händler, die Oberstadt gehört den Studenten. An die Nähe zu Nordafrika erinnert die vitale Geschäftigkeit in den engen Treppengassen und alten Gemäuern, Pátios, Lädchen und Bücherstuben. Rechts der Rua Ferreira Borges stehen die rekonstruierten Torbögen **Arco de Almedina und Arco da Barbacã** 1 (12. Jh.). Die wuchtigen Hufeisenbögen gehörten zur Befestigung des alten arabischen Stadtteils *Medina*. Über dem Arco de Almedina wurde im 15. Jh. ein zweigeschossiger Turm errichtet, der im 16. Jh. das ›Blutgericht‹ beherbergte. Heute ist hier ein kleines *Ethnographisches Museum* untergebracht.

Über die *Rua de Sub-Ripas* führt der Weg zum **Paço de Sub-Ripas**, einem schönen Adelspalast mit reich verziertem Portal (Anfang 16. Jh.), Renaissancefenstern, Rundreliefs (aus der Werkstatt von Jean de Rouen) und einer sehenswerten Holzdecke. Am Ende der Straße steht die **Torre de Anto**, früher Teil der alten Stadtmauer, benannt nach dem Poeten *António Nobre*.

Geht man zurück zur *Rua Visconde da Luz* gelangt man zur Klosterkirche **Igreja de Santa Cruz** 2 (tgl. 10–12, 14–18 Uhr) an der *Praça 8 de Maio*. Das Kloster wurde 1131 von den Domherren des Augustinerordens gegründet und 1502–30 von *Boytac* und *Pires* im manuelinischen Stil verschwenderisch umgebaut. Voller Staunen blickt man auf das mit Statuen, Säulen, Pilastern, Fialen, Strebepfeilern und Nischen verzierte *Westportal*, an dem Nicolas de Chanterène mitwirkte. Nicht weniger prächtig sind die spätgotischen *Prunkgräber* der ersten portugiesischen Könige Afonso Henriques († 1185) und Sancho I. († 1211). Der *Triumphbogen* (Anfang 19. Jh.) ist eine Arbeit von José de Couto. Die einfarbigen *Azulejos* des Kirchenschiffs mit Szenen aus dem Leben der hll. Cruz und Augustin stammen aus einer Lissabonner Fabrik. Die *Sakristei* wurde 1622–24 im manieristischen Stil errichtet und mit Malereien der Meister Grão Vasco und Cristóvão de Figueiredo ausgeschmückt. Beeindruckend sind die fein gearbeitete *Steinkanzel* (1522) mit den Statuen der Kirchenväter sowie das manuelinische *Chorgestühl* mit Szenen der Indienfahrt von Vasco da Gama und Darstellungen aus den ›Lusiaden‹ des Camões. Den Grundriss des *Claustro da Manga* (1533/34) – ein weiträumiger Kreuzgang mit Gartenanlage und Brunnen, der vom Reformer des Augustinerordens *Frei Brás de Barros* stammt – soll João III. angeblich auf seinen Ärmel *(Manga)* gezeichnet haben. Neben der Kirche ist im ehem. Refektorium das beliebte Café Santa Cruz [s.u.] untergebracht.

Vom Gotteshaus führt eine Treppenanlage zum **Jardim da Manga** mit einem maurisch anmutenden Kuppelgebäude und munter sprudelnden Fontänen.

Über die *Rua Mar Carvalho* gelangt man in die *Rua do Colégio Novo*. Von dort führt die *Rua dos Coutinhos* zur **Sé Velha** 3, der Kathedrale aus den Anfängen des portugiesischen Königreichs. Die im Stil einer romanischen Wehrkirche von den französischen Architekten Robert und Bernard um 1170 begonnene und Anfang des 16. Jh. durch die französische Bildhauerkolonie in Coimbra prächtig ausgeschmückte Kirche lässt mit ihren geschlossenen Wandflächen eher an ein Bollwerk als an eine Kathedrale denken. Prunkstück der turmlosen Sé aus gelblich-braunen Kalksteinquadern ist die nördliche *Porta Especiosa*, ein von Nicolas de Chanterène 1540 im Stil der italienischen Renaissance errichteter, rundbogiger Portalvorbau aus weißem Marmor, der bis zu den Zinnen reicht. Im *Innenraum* befinden sich nahe des Westportals Reste von großartigen hispano-arabischen Azulejos, mit denen zu Beginn des 16. Jh. große Teile der Wände vergekleidet wurden. Ferner ist ein spätgotischer *Schnitzaltar* (1498– 1508) der flämischen Meister Olivier de Gand und Jean de Ypres zu bewundern. Das in Gold und Blau gehaltene Werk zeigt die Himmelfahrt Mariens. In der linken Apsidiole steht das Grabmal für den Kirchenfürsten und Kunstliebhaber *Jorge de Almeida*

Leidensweg unzähliger Studenten – die ›Via Latina‹ führte in den Prüfungssaal der Universität

(1481–1543), das João de Ruão in Form eines Triumphbogens für seinen großen Gönner schuf. Im nördlichen Seitenschiff (zwischen dem vierten und fünften Pfeiler) liegen *Grabdenkmäler* der Gotik und der Renaissance. Im südlichen Flügel des Kreuzgangs befindet sich der *Sarkophag* des Grafen Sesnando, der nach der Rückeroberung Coimbras im Jahre 1064 die Geschicke der Grafschaft lenkte. Eine besondere Attraktion aber sind die mehr als 380 romanischen *Kapitelle* – nirgendwo sonst in Portugal findet man eine derart kunstvolle maurische Ausgestaltung der Säulenköpfe. Sie sind überwiegend mit pflanzlichen Motiven geschmückt, daneben gibt es aber auch solche mit Tier- und Menschenköpfen.

Von der Kathedrale aus kommt man über die *Rua Borges Carneiro* zum **Museu Nacional de Machado de Castro** 4 (http://mnmachadodecastro.imc-ip.pt, April–Sept. Di–So 10–18, Okt.–März 10–12.30 und 14–18 Uhr). Das 1913 eröffnete und jüngst renovierte Museum ist nach dem in Coimbra geborenen Bildhauer *Joaquim Machado de Castro* (1731–1822) benannt. Es ist in einem ehem. Bischofspalast mit vier beachtlichen Portalen untergebracht. Dieser wurde über den Ruinen einer römischen Krypta, Rest des *Forum de Civitas Aeminium*, errichtet. Die Sammlung zeigt neben bedeutenden römischen Funden aus Conimbriga und Aeminium mittelalterliche Skulpturen aus den Kirchen der Stadt und der Beira Litoral. Die Bildhauerschule von Coimbra ist mit Arbeiten von Nicolas de Chanterène, Olivier de Gand, João de Ruão und Philippe Hodart vertreten. Ferner sind Holzskulpturen und Kleinplastiken (13.–16. Jh.), Möbel, Fayencen, Gläser, Goldschmiedearbeiten, das kostbare *Rainha-Santa-Zimmer* sowie ein Triptychon von Quintin Massys (16. Jh.) zu sehen. Zu den kostbarsten Stücken des Museums zählt ein Kelch aus vergoldetem Silber (Mitte 12. Jh.). Von der *Loggia* des Museums hat man einen herrlichen Blick auf die Sé Velha und die Dächer der Altstadt.

Von der gegenüberliegenden Schautreppe gelangt man zur **Sé Nova** 5 (Neue Kathedrale) am *Largo da Feira*. Die einstige Jesuitenkirche wurde 1772 – nach der Verbannung des Ordens (1759) – zur ›neuen‹ Kathedrale geweiht. Hinter der prächtigen zweigeschossigen *Fassade birgt sie* ein schönes Chorgestühl in Ebenholz (früher in der Sé Velha), barocke Altaraufsätze, ein manuelinisches Taufbecken (aus der Sé Velha) sowie 16 Gemälde, darunter 14 Kopien italienischer Meister.

Universität

Die **Universidade Velha** 6 (Mo–Fr 9–17, Sa/So 10–16 Uhr) hoch über der Stadt besteht aus dem ehem. *Königspalast*, den João III. 1547 der Universität zur Verfügung stellte, der Universitätskirche, dem Uhrturm (Torre do Relógio) sowie den Kollegiatsgebäuden aus dem 18. Jh. Die Besichtigung eine der ältesten Universi-

Schmuckstück der Universitätskapelle – die prächtige Barockorgel der Capela de São Miguel

Hort des Wissens – die barocke Universitätsbibliothek von Coimbra

täten Europas beginnt am **Largo da Porta Férrea**, am Eisernen Tor. Hier erhält man auch die Eintrittskarten. Die Porta Férrea, Teil des alten Kastells, wurde 1634 im Renaissancestil gestaltet und führt in den weiten Hof mit dem **Paço das Escolas** (Schulpalast) und der **Via Latina** (Lateinischer Weg), in der die Schüler nur lateinisch sprechen durften. Im Schulpalast befindet sich die große **Sala dos Capelos** (Saal der Doktorhüte), der frühere Thronsaal, mit den gemalten Wappen und Porträts aller portugiesischen Könige. Die manieristische Holzdecke ist eine Arbeit von Jacinto da Costa. Die Azulejo-Tapeten stammen aus einer Lissabonner Fabrik. Die manuelinische Universitätskirche **Capela de São Miguel** (1517–22) an der Westseite besitzt schöne Azulejos und Rokoko-Retabeln von Domingos Moreira sowie eine prächtige *Barockorgel* (Ende des 17. Jh.) mit Chinoiserie-Malereien von Gabriel Ferreira da Cunha. Der *Hochaltar* mit vergoldetem Schnitzwerk und manieristischen Gemälden zum Leben Christi wird Simão Rodrigues und Domingos Vieira Serrão zugeschrieben. Das *Standbild der Santa Catarina*, Schutzheilige der Studenten, stammt vom Benediktinermönch Frei Cipriano Cruz. Sehenswert ist außerdem das elegante, manuelinische *Zwillingsportal* von Marcos Pires und Diogo de Castilho mit den Symbolen der portugiesischen Seefahrt: in der Mitte das Wappenschild von König Diniz, links das Christuskreuz und rechts die Himmelskugel. Unmittelbar neben dem Portal befindet sich ein kleines *Museum* für sakrale Kunst.

Schmuckstück des Universitätskomplexes aber ist die barocke **Biblioteca Joanina**, die man über eine kleine Schautreppe erreicht. Diese Bibliothek verdankt ihre Pracht den Reichtümern Brasiliens und der Verschwendungssucht von João V. (1706–1750). Unter der Leitung von *João Carvalho Ferreira* wurde sie zwischen 1716 und 1728 nach einem Entwurf des Franzosen *Claude Laprade* errichtet – Vorbild war die Wiener Hofbibliothek. Die einzigartige Sammlung besitzt mehr als 120 000 kostbare, kunstvoll gebundene Werke des 16.–18. Jh., dazu 3000 mittelalterliche Handschriften und 200 prachtvolle Wiegendrucke. Gold glänzt auf Lackmalereien, Wappen verstrahlen Glanz und über Durchgängen hängen Girlanden, die wie Dekorationen an Triumphbögen aufgehängt sind. Jeder der drei prunkvollen *Säle*, aufgereiht an einer Längsachse, präsentiert sich in einer anderen Farbe. Allegorische Emble-

me der Fakultäten schmücken die Durchgänge. Die *Deckengemälde* in den Sälen von António Simões Rodrigues und Vicente Nunes stellen in perspektivischer Bemalung Allegorien dar: die Künste, die Wissenschaften sowie die göttliche Weisheit. Die *Tische* weisen Intarsien aus indischen und brasilianischen Hölzern auf. Die Emporen werden von sich nach unten verjüngenden Freistützen getragen. Eine *Galerie* führt in Zimmerhöhe an den Bücherwänden entlang, die geschmückt sind mit Goldbeschlägen, Al-fresco-Malerei und Chinoiserien. Die vergoldeten Schnitzereien (1723) an den Bücherschränken und über den Durchgängen stammen von João Rodrigues de Almeida.

Über den Rio Mondego

Über die *Ponte de Santa Clara* führt der Weg zum **Convento de Santa Clara-a-Velha** 7 (Rua António Augusto Gonçalves). Der Bau des Klosters wurde 1286 im gotischen Stil begonnen. Die Lage war schlecht gewählt, denn im Frühjahr tritt der Mondego regelmäßig über die Ufer und die Kirche drohte bald in den Schwemmsanden des Flusses zu versinken. Heute stehen die Pfeiler und Rippen der Santa Clara-a-Velha schon mehr als 5 m tief im Sand. Die romantische Ruine erinnert an zwei populäre Frauen der portugiesischen Geschichte: an die heilig gesprochene Königin *Isabel von Aragón* (1271–1336), die das Kloster stiftete, und an die schöne, aber unglückliche *Inês de Castro*. Nach ihrer Ermordung fand Inês hier ihre (vorläufig) letzte Ruhe, bevor König Pedro ihren Leichnam exhumieren und seine Geliebte in der Sé Velha posthum zur Königin krönen und in einer feierlich-makabren Prozession nach Alcobaça [s. S. 152] überführen ließ.

Über die *Calçada de Santa Isabel* und die *Avenida João das Regras* führt der Weg weiter auf den *Monte da Esperança* (Berg der Hoffnung) hinauf, auf dem 1649–69 das ehem. Klarissinnenkloster als Ersatz für das im Rio Mondego versandende alte Santa-Clara-Kloster errichtet wurde. Der **Convento de Santa Clara-a-Nova** 8 ist ein 90 m langes Gebäude, das heute als Kaserne dient. Auf der schmalen Terrasse vor dem Kloster steht ein *Denkmal* der Santa Rainha Isabel von Álvaro de Bré. Heute können nur die *Kirche* und der *Kreuzgang* (1733) besichtigt werden. Im Chor steht der Hauptaltar mit dem 1614 aus Silber und Kristall gefertigten Grabschrein der Königin. Dem Altar gegenüber steht am anderen Ende des Kirchenraums das **Kenotaph** der Santa

Romantischer Entwurf eines Theaterarchitekten – das Schlosshotel Buçaco

Isabel: Sechs kauernde Löwen stützen den von Meister Pêro um 1330 aus einem einzigen Block (Ança-Stein) gemeißelten, leeren Grabschrein. Auf dem *Sarkophag* liegt die Statue der hl. Isabel mit den Emblemen der Santiago-Pilger – Stab, Reisetasche und Muschel.

Da staunen nicht nur Kinder: Jenseits des Flusses stehen der Turm von Belém, die Casa dos Bicos aus Lissabon und der Torre dos Clérigos aus Porto neben afrikanischen Hütten und asiatischen Tempeln. Der 1940 eingerichtete Themenpark **Portugal dos Pequinitos** 9 (Rossio de Santa Clara, Juni–15. Sept. tgl. 9–20, 16. Sept.–15. Okt./März–Mai tgl. 10–19, Okt.–Febr. tgl. 10–17 Uhr, www.portugaldospequenitos.pt) zeigt Portugal im Miniaturformat – sowie berühmter Monumente in den portugiesisch sprachigen Landern. Leider fehlt es an einer kritischen Dokumentation von Portugals Geschichte als Kolonialmacht.

Einen guten Fußmarsch entfernt steht die **Quinta das Lágrimas**, das ›Landhaus der Tränen‹, mit dem ›Brunnen der Liebenden‹ (*Fonte dos Amores*). Hier wird man erinnert an das berühmteste Liebespaar der portugiesischen Geschichte und Literatur: Inês de Castro und Infante Pedro, der später als Pedro I. den Thron bestieg. Nachdem die beiden an jenem Ort viele glückliche Stunden gemeinsam verbrachten, wurde Inês eben dort hinterhältig ermordet.

i Praktische Hinweise

Information

Posto de Turismo, Largo da Portagem, Coimbra, Tel. 239 48 81 20, www.turismocentro.pt

Hotels

******Quinta das Lágrimas**, Rua António Augusto Gonçalves, Coimbra, Tel. 239 80 23 80, www.quintadaslagrimas.pt. Romantisches Hotel im verwunschenen ›Landsitz der Tränen‹.

******Tivoli**, Rua João Machado 4–5, Coimbra Tel. 239 85 83 00, www.tivolihotels.com. Luxuriöses großes Stadthotel.

*****Astória**, Avenida Emídio Navarro 21, Coimbra, Tel. 239 85 30 20, www.almeidahotels.com. Wunderschönes Belle-Époque-Hotel.

Restaurant

Café Santa Cruz, Praça 8 de Maio, Coimbra, Tel. 239 83 36 17, www.cafesantacruz.com. Im ehem. Refektorium eines Augustinerklosters ist eines der bezauberndsten Kaffeehäuser des Landes untergebracht.

61 Parque Nacional do Buçaco

Eine der schönsten Parkanlagen Portugals, wenn nicht Europas.

Der Park gilt zu Recht als eine der schönsten Anlagen des Landes, von dem der Volksmund sagt, dass »Buçaco der Monarch der Berge ist und der Herr der Einsamkeit«. Schmale Wege führen an Bächen und Teichen entlang, vorbei an ineinander verschlungenen Pflanzen, an Steineichen und Mimosen, afrikanischen, indischen und mexikanischen Zedern, Lorbeerbäumen, Baumheiden, Erdbeerbäumen oder stämmigen Filirien. Mehr als **700 verschiedene Baumarten** wurden aus dem Libanon, aus Goa und vom

Traum vom Garten Eden – Veranda des Palace Hotel do Buçaco

Ganges, aus Kreta, Italien, aus Afrika, Amerika und Asien eingeführt: so zum Beispiel der jahrhundertealte Ginkgobaum, der den Wasserfall bewacht, der tasmanische Eukalyptus ebenso wie Ulme und Atlaszeder. Im Park gibt es **Kapellen**, **Grotten** und **Höhlen**, kleine Seen und Brunnen. Den von Benediktinermönchen im 6. Jh. angelegten, 480 ha großen Wald durfte auf päpstliche Anordnung keine Frau betreten. Papst Urban VIII. drohte 1653 jedem mit Exkommunizierung, der auch nur einen einzigen Baum fällen würde. Karmelitermönche, die 1628 an der Stelle der ehem. Einsiedelei ein kleines Kloster gründeten, pflegten und hegten diesen einzigartigen Park. Sie legten auch die 5700 m lange *Umfassungsmauer* an mit zehn, zum Teil herrlich geschmückten Toren.

Gaumenfreuden und Kunstgenuss – der Speisesaal des Palace Hotel do Buçaco

Im Zentrum des Parks steht die **Sommerresidenz** der königlichen Familie, in der heute ein Luxushotel untergebracht ist. Sie wurde erst 1887 errichtet. König Carlos I. ließ neben dem kleinen Karmeliterkloster von dem italienischen Theaterarchitekten *Luigi Manini* (1848–1911) einen *Sommerpalast* im neomanuelinischen Zuckerbäckerstil erbauen – eine königliche Verrücktheit und das letzte Werk der bauwütigen Bragança, die trotz ihres immensen Reichtums leider keinen Kunstverstand hatten. Der mit einem 40 m hohen *Turm*, Skulpturen und bizarren Details reich verzierte Prunkbau wurde bereits 1909 in ein Hotel umgewandelt. Im *Innenraum* stellen aufwendige Fliesenbilder bekannte historische Ereignisse dar: Auf der Veranda erkennt man Episoden aus den ›Lusiaden‹ von Camões, im Spielsalon ›Schäferspiele‹ sowie die Darstellung der ›Einnahme von

Ceuta‹ – ein Werk des Keramikkünstlers Jorge Colaço.

In der einstigen **Klosterkirche** erinnern Gemälde an die Geschichte des Klosters. In einer der korkverkleideten Mönchszellen soll Wellington vor der Schlacht am 28. September 1810 gegen die französischen Truppen gebetet und geschlafen haben. Das englisch-portugiesische Heer entschied den Kampf für sich.

i Praktische Hinweise

Hotels

TOP TIPP *******Palace Hotel do Buçaco**, Mata do Buçaco, Luso, Tel. 231 93 79 70, www.almeidahotels.com. Bombastische Architekturfantasie, wie für eine Wagneroper entworfen. Das königliche Jagdschloss hat fliesengeschmückte Festsäle, ein imposantes Treppenhaus und ringsum den wohl schönsten Waldpark des Landes.

******Vila Duparchy**, Rua José Duarte Figueiredo 148, Luso (6 km östl. von Mealhada), Tel. 231 93 07 90. Westlich des Buçaco liegt das kleine, mit Antiquitäten geschmackvoll möblierte Herrenhaus im Wald.

62 Aveiro

Bunte Azulejos und grandiose Jugendstilfassaden spiegeln sich in den Kanälen des ›Lusitanischen Venedig‹.

Nach vielen Jahrhunderten hatte es der *Rio Vouga* endlich geschafft und durch Ablagerungen eine 60 000 ha große Binnenlagune gebildet. Südlich von Porto erstreckt sich ein bizarres **Lagunengebiet** mit weiß schimmernden Salinenfeldern und Meersalzpyramiden. Man sieht ein fantastisches Labyrinth von Kanälen, auf denen bunt bemalte Boote mit Viereckseglen fahren. Lang gestreckte Sandhaffs dringen mit ihren Kanälen, Flüssen und Bächen krakengleich bis in die Stadt vor und machen Aveiro zu einer Wasserstadt mit einem Hauch von Amsterdam und Venedig: versteckte Grachten und majestätische Kanäle, bucklige Brücken und verspielte Veduten, so weit das Auge reicht. Und überall glitzern weiße Pyramiden, Salzberge, einst Gewinn bringende Einnahmequelle. Von den 267 Salinen, aus denen in den 1930er-Jahren noch jährlich 80 000 t Salz gewonnen wurden, sind heute nur noch 50 in Betrieb.

Wie einst das römische *Aviarium*, so lebte auch das portugiesische Aveiro vom Meer. Im Zeitalter der Entdeckungen verließen die Karavellen den Hafen der Stadt, um die *Terra nova*, die Neue Welt zu entdecken. Die Bürgerstadt wurde im 15. und 16. Jh. wohlhabend durch das Salz, das aus den flachen Pfannen der Ria gewonnen wurde, sowie durch den Kabeljaufang vor Neufundland. Als der *Rio Vouga* immer mehr Sand ablagerte, wurde die Hafenstadt langsam landeinwärts gedrängt, sodass in den folgenden Jahrhunderten der Kanal zwischen *Jacinto* und *Barra* versandete. Das führte schließlich zum Ende der Schifffahrt und der Fischerei.

Hauptschlagader der Stadt (50 000 Einw.) ist heute der malerische **Canal da Cidade** – in der Hochsaison ein beliebter Ausgangspunkt für Rundfahrten in die nähere Wasserumgebung. Der Stadtkanal trennt die südlich gelegene und früher dem Adel vorbehaltene **Vila Velha** (Altstadt) mit *Kathedrale* und ehem. *Convento de Jesus* von der nördlichen Fischerstadt **Vila Nova** (Neustadt) aus dem 15. Jh. Weitere malerische Kanäle sind der Canal das Pirâmidas, Canal de São Roque, Canal dos Santos Mártires und Canal do Matadouro.

Ausgangspunkt für einen Rundgang durch Aveiro ist die *Praça da República* mit Rathaus und Kirche. Die **Igreja da Misericórdia**, die vermutlich nach Plänen des Italieners Filippo Terzi zwischen 1599 und 1622 errichtet wurde, besitzt ein grandioses *Portal* in der Form eines zweistufigen Renaissancealtars. Die Fassade des Gotteshauses wurde in der 2. Hälfte des 19. Jh. mit Azulejos verkleidet. Im Innenraum befindet sich ein prächtiger *Renaissance-Hochaltar* (Ende 17. Jh.) mit den Holzskulpturen der Senhora da Conceição und des Ecce Homo. Vor der Kirche erhebt sich Portugals wohl schönstes Wegekreuz, der *Cruzeiro de São Domingos*.

Im ehem. **Convento de Jesus** am Rande der Altstadt von Aveiro richtete 1911 der Kunstkritiker *Marques Gomes* im Auftrag der Stadtverwaltung das **Museu de Aveiro** (Di–So 10–17.30 Uhr) ein. Zu den ausgezeichneten Exponaten igehört ein *Nuno Gonçalves* zugeschriebenes Porträt der ›Hl. Prinzessin‹ (15. Jh.). Das Jesuskloster in Aveiro verdankt seinen Ruhm der Prinzessin Joana (1452–1490), die 1472 in das Dominikanerinnenkloster eintrat, wo sie niedrigste Klosterdienste auf sich

Jugendstil auf portugiesisch – Fassaden in Aveiro, dem ›Lusitanischen Venedig‹

nahm. Von den ständigen Kasteiungen im Dienste Gottes geschwächt, starb die bescheidene Prinzessin am 12. Mai 1490. Die *Zelle der Joana* (zugleich ihr Sterbezimmer) wurde 1734 mit vergoldeten Holzwänden verschalt, naive Bilder illustrieren ihr Leben. Besonders Beachtung verdient auch das 1711 von João Antunes im italienischen Stil gestaltete barocke *Prunkgrab* der Santa Joana. Außerdem wird im *Aveiro-Saal* die Geschichte der hiesisgen Fischer dokumentiert, ausgestelltsind beispielsweise eine Moliceiro-Barke und die typischen Arbeitsgeräte der Tangfischer.

Aveiro ist aber auch ein Jugendstil- und Azulejo-Paradies: Sehenswert sind besonders die Fliesen an der **Estação** (Bahnhof) am Ende der *Avenida Dr. Lourenço Peixinho*, an der **Casa do Major Pessoa** in der *Rua de Barbosa de Magalhães* sowie an den Gebäuden in der *Rua João Mendonza* und in der *Rua do Rato*.

Ausflug

Das Schwemmland und seine Seen zwischen Aveiro und den langen Nehrungen heißt **Ria de Aveiro**. Die Ria breitet sich zwischen *Ovar* und *Mira* aus und ist See und Meer zugleich. Heute beträgt der Abstand zur Küste schon 8 km. Um die Lagune vor weiterer Versandung zu retten, unternimmt man große Anstrengungen. Das ca. 60 000 ha große Haff, das wegen seiner vielarmigen Ausdehnung von den Einheimischen *Pólipo aquático* (Seepolyp) genannt wird, ist auch heute noch ein Ort für Träumer und Poeten, inzwischen aber auch für Windsurfer und Segler – und natürlich für Naturfreunde, die auf Booten die 45 km lange, durchschnittlich 7 km breite *Lagunenlandschaft* durchqueren. Die *Rota da Luz* (www.rotadaluz.pt) organisiert vom 15. Juni bis 15. September Kanalfahrten, vorbei an Salzgärten mit ihren typischen Salzkegeln, Reisfeldern und Badestränden. Beliebtes Postkartenmotiv sind die *Barcos moliceiros*, die hochgeschnäbelten Boote der **Tangfischer**. Jedes Jahr im März findet ein Wettbewerb um das am prächtigsten bemalte Boot statt.

Praktische Hinweise

Information

Posto de Turismo, Rua João Mendonça 8, Aveiro, Tel. 234 42 07 60, www.turismodocentro.pt

Hotel

*****Afonso V.**, Rua Dr. Manuel das Neves 65, Aveiro, Tel. 234 42 51 91, www.hoteisafonsov.com.pt. Solides Hotel im Wohnviertel Bairro Do Liceu, unweit der Innenstadt und des historischen Zentrums mit Kathedrale und Kloster.

63 Vila da Feira

Die Burg der Helden und Verschwörer.

Auf einem Hügel neben der Autobahn – und umgeben von einem kleinen, romantischen Wald – liegt Vila da Feira. Das 195 m hoch gelegene **Castelo Santa Maria da Feira** (Top Tipp) (www.castelodafeira.com, Mai–Sept. Di–Fr 9.30–12.30 und 13.30–18, Sa/So 10–12.30 und 13.30–18.30, Okt.–April Di–Fr 9.30–12.30 und 13–17, Sa/So 9.30–12.30 und 13–17.30) zählt wegen seiner bemerkenswerten Architektur und seiner Geschichte zu den bedeutendsten Zeugnissen des portugiesischen Mittelalters.

In der Festung von Feira soll zum ersten Mal der Ruf nach Unabhängigkeit der *Grafschaft Portucalia* ertönt sein. Es muss um das Jahr 1125 gewesen sein, als *Tareja*, Herrin über die Grafschaft Portucalia und Witwe Heinrichs von Burgund, ihren Gefühlen nachgab und eine verhängnisvolle Affäre begann. Als Geliebten nahm sie sich ausgerechnet einen Ritter aus Galizien. *Fernão Perez de Trava* hieß er, und er war für den misstrauischen Adel daheim ein Affront. Die portucalesisch Gesonnenen konspirierten mit Tarejas Sohn *Afonso Henriques*. Der Adel drängte den Sohn zum Handeln gegen die eigene Mutter. Afonso Henriques besiegte schließlich die Truppen seiner Mutter bei Mamede, nahm sie selbst gefangen und schickte sie in die Verbannung. Im Jahre 1140 riefen Afonso Henriques' Soldaten ihren jungen Anführer zum König aus – dies war das Geburtsjahr des Königreichs Portugal. Der Burgherr von Feira, *Ermígio Moniz*, war ein treuer Vasall des Königs, das Bauwerk selbst wurde zum Symbol der jungen Nation. Heute ist die Stadt vor allem durch die im August stattfindende Kunsthandwerksmesse **Farav** bekannt.

Das auf römischen und maurischen Mauern errichtete, ursprünglich romanische **Castelo** wurde vom *Baron Fernão Pereira* 1448 im Stil gotischer Festungsarchitektur umgebaut. Kreuzförmige Schießscharten *(Seteiras)* sollten das Schussfeld erweitern. Vier kleine *Türme* flankieren die ausgezeichnet erhaltene Burg, die an einen Palast erinnert. Im 1. Stock besitzt sie einen großen, gotischen *Bankettsaal* mit vier Kaminen, sechs Fenstern, einer Galerie und einem Balkon für die Musiker. Über eine schneckenförmige Treppe gelangt man auf die Aussichtsterrasse.

Die 1560 unterhalb der Burg errichtete **Igreja do Convento do Espírito Santo** zeigt an den Außenwänden der zwei Glockentürme blau-weiße Azulejos (17. Jh.) und im einschiffigen Innenraum polychrome Fliesenteppiche.

Farbsinfonie vor blauem Himmel – Fischerhäuschen in Costa Nova bei Aveiro

SATA Internacional
Die Airline der Azoren

Qualität auf höchstem Niveau und angenehm günstige Preise

SATA Internacional verbindet die Azoren mit Europa und Nordamerika. Moderne und komfortable Flugzeuge, wie der Airbus A320, bringen die Passagiere zum Beispiel nonstop in nur vier Stunden von Frankfurt nach Ponta Delgada auf Sao Miguel, ohne zeitraubendes Umsteigen in Lissabon. Der Hin- und Rückflug ist bereits ab 397,– Euro, inklusive der Zugfahrt zum Flughafen Frankfurt sowie aller Gebühren, buchbar.

Fliegen mit der SATA Internacional heißt aber auch Sicherheit und Qualität auf höchstem Niveau. Erfahrene Piloten bringen die Passagiere sicher an ihr Ziel, der einzigartige Komfort und der exzellente Service an Bord lassen die Zeit wie im Flug vergehen.

Inselhopping auf den Azoren mit dem Azoren Airpass

SATA Air Açores macht mit ihren täglichen Flügen das Inselhopping zwischen den neun Azoreninseln zum schnellen und preisgünstigen Urlaubserlebnis. Der „Azoren Airpass" ist ideal für Gäste, die mit SATA Internacional ab Frankfurt nach Ponta Delgada fliegen. Die Tarife der einzelnen Flugstrecken liegen hier weit unter den normalen Preisen. Der „Azoren Airpass" ist ein Coupon-System, das mit bis zu sieben Coupons für sieben unterschiedliche Flüge kombiniert werden kann.

Deutschlands renommierte Reiseveranstalter haben die Azoren im Programm und nutzen SATA Internacional als die bevorzugte Airline. Es gibt vielfältige Angebote für Pauschal- oder Individualreisen. Wer die Azoren als Urlaubsziel wählt, lernt eine neue, unverfälschte Welt kennen – SATA Internacional bringt Sie hin.

Information und Buchung:

SATA Internacional
Leonhardstraße 22
61139 Friedberg

T: 06031-737640
F: 06031-725081
info@flysata.de
www.flysata.d

SATA Internacional
Touch the Atlantic Spirit

Portugal aktuell A bis Z

Vor Reiseantritt

ADAC Info-Service:
Tel. 018 05/10 11 12 (0,14 €/Min.)

Unter dieser Telefonnummer und bei den ADAC-Geschäftsstellen können ADAC-Mitglieder kostenloses **Informations- und Kartenmaterial** anfordern. Im ADAC Verlag sind auch die Reiseführer Lissabon Plus, Algarve und Algarve plus erschienen.

ADAC im Internet:
www.adac.de
www.adac.de/reisefuehrer

Portugal im Internet:
www.visitportugal.com

Informationen zur Vorbereitung der Reise erhält man bei:

Deutschland
Turismo de Portugal,
Tel. 018 05 00 49 30, (0,14 €/Min.),
info@visitportugal.com

Österreich
Turismo de Portugal,
Tel. 08 10 90 06 50 (kostenpflichtig),
info@visitportugal.com

Schweiz
Turismo de Portugal,
Tel. 080 01 012 12 (kostenpflichtig),
info@visitportugal.com

Allgemeine Informationen

Reisedokumente

Deutsche, Österreicher und Schweizer, auch Kinder, benötigen einen gültigen Personalausweis oder Reisepass bzw. Kinder bis zum 12. Lebensjahr einen Kinderreisepass.

Kfz-Papiere

Man benötigt einem gültigen Führerschein und die Zulassungsbescheinigung Teil 1 (vormals Fahrzeugschein). Die Internationale Grüne Versicherungskarte ist zwar nicht vorgeschrieben, aber im Notfall nützlich. Empfohlen wird auch der Abschluss einer Kurzkasko- und Insassenunfallversicherung.

Krankenversicherung

Seit 2006 erhalten alle gesetzlich Versicherten die **Europäische Krankenversicherungskarte** von ihrer Versicherung. Sie garantiert eine eventuell notwendige ärztliche Behandlung und Versorgung. Zusätzlich empfiehlt sich der Abschluss einer privaten Reisekranken- und Rückholversicherung.

Für **Hunde** und **Katzen** ist bei Reisen innerhalb der EU ein gültiger, vom Tierarzt ausgestellter EU Heimtierausweis vorgeschrieben, ebenso Kennzeichnung durch Mikrochip oder Tätowierung. Bis zum Jahr 2011 gelten Übergangsregelungen.

Zollbestimmungen

Innerhalb der EU dürfen Waren zum eigenen Verbrauch unbegrenzt mitgeführt werden. Zur Abgrenzung von privater und gewerblicher Verwendung gelten folgende Richtmengen: 800 Zigaretten, 400 Zigarillos, 200 Zigarren, 1 kg Rauchtabak, 10 kg Kaffee, 10 l Spirituosen, 20 l andere alkoholische Getränke bis 22 % Alkoholgehalt, 90 l Wein (davon max. 60 l Schaumwein) und 110 l Bier.

Für Reisende aus Nicht-EU-Ländern (*Schweiz*) gelten folgende Obergrenzen: 200 Zigaretten oder 50 Zigarren, 1 l Spirituosen mit mehr als 22 % alc. oder 2 l unter 22 % alc., 4 l Wein, 16 l Bier, 50 ml Parfüm, 250 ml Eau de Toilette, 500 g Kaffee, 100 g Tee, Waren bis zu einem Wert von 300€, bei Flug- und Seereisen 430€ (Weitere Informationen unter: www.zoll.de)

Geld

Währungseinheit ist der Euro. Die gängigen *Kreditkarten* werden in touristischen Zentren sowie in Banken, den meisten Hotels und vielen Geschäften akzeptiert. Es gibt ein Netz von ›mehrsprachigen‹ *EC-Maestro-Geldautomaten (Multibanco)*, an denen man rund um die Uhr Geld abheben kann.

Tourismusämter im Land

Auskünfte zu ganz Portugal sind bei Turismo de Portugal im Land unter Tel.

80878 1212 erhältlich. In allen größeren Orten gibt es **Fremdenverkehrsämter** (*Posto de Turismo*), in denen man Stadtpläne, Broschüren und Veranstaltungskalender erhält. Die Adressen sind im Haupttext bei den jeweiligen Ortsbeschreibungen unter Praktische Hinweise angegeben.

Notrufnummern

Notruf (Número Nacional de Emergencias): Tel. 112 (EU-weit, auch mobil: Polizei, Unfallrettung, Feuerwehr)

Touristenpolizei (Policía de Seguridad Pública – Comisaría Turismo), Palácio Foz, Praça dos Restauradores, Tel. 213 42 16 34

Automóvel Club de Portugal (ACP), Rua Rosa Araújo 24, Lissabon, Tel. 213 18 01 00, cm.acp@mail.telepac.pt

ADAC Notrufstation (Barcelona): Tel. 00 34/935 08 28 08 (die Deutsch sprechenden Mitarbeiter sind auch für Portugal zuständig)

ADAC-Notrufzentrale München: Tel. 00 49/89/22 22 22 (24 Std.)

ADAC-Ambulanzdienst München: Tel. 00 49/89/76 76 76 (24 Std.)

ÖAMTC Schutzbrief-Nothilfe: Tel. 00 43/(0)1/251 20 00

TCS Zentrale Hilfsstelle: Tel. 00 41/(0)2 24 17 22 20

Gesundheit

Bei Krankheit oder Verletzung sucht man am besten die Notaufnahme (Urgência) eines Krankenhauses (Hospital) auf. Eine aktuelle Liste englisch- oder deutschsprachiger Ärzte findet man auf der Seite der deutschen Botschaft in Lissabon.

Apotheken (Farmácias) sind in der Regel Mo–Fr 9–19, Sa 9–13 Uhr geöffnet, manche schließen mittags zwischen 13 und 15 Uhr. Adressen für den 24-Stunden-Notfalldienst hängen aus.

Diplomatische Vertretungen

Deutschland
Embaixada da Republica Federal da Alemanha, Campo dos Mártires de Pátria 38, Lissabon, Tel. 218 81 02 10, www.lissabon.diplo.de

Österreich
Embaixada da Áustria, Avenida Infante Santo 43, Lissabon, Tel. 213 94 39 00, www.bmeia.gv.at

Schweiz
Embaixada da Suíça, Travessa do Jardim 17, Lissabon, Tel. 213 94 40 90, www.eda.admin.ch/lisbon

Besondere Verkehrsbestimmungen

Tempolimits (in km/h): für alle motorisierten Verkehrsteilnehmer innerorts 50. Pkw, Motorräder und Wohnmobile bis 3,5 t außerorts 90, auf Schnellstraßen 100, auf Autobahnen 120. Wohnmobile über 3,5 t außerorts 80 bzw. 90, auf Autobahnen 110. Pkw mit Anhänger außerorts 70 bzw. 80, auf Autobahnen 100.

Fahrer, die den Führerschein noch kein Jahr besitzen, dürfen max. 90 km/h fahren. Wohnmobile und Anhänger sind bis zu 2,5 m Breite und 12 m Länge zugelassen, Gespanne bis zu 18 m Gesamtlänge.

Rechts hat Vorfahrt, jedoch motorisierte Fahrzeuge immer vor Radfahrern und Fuhrwerken.

Auf Autobahnen muss auch tagsüber mit *Abblendlicht* gefahren werden.

Die *Promillegrenze* liegt bei 0,5.

Zeit

Auf dem portugiesischen Festland gilt im MEZ bzw. MESZ minus 1 Stunde.

Anreise

Auto

Für die etwa 2500–3000 km lange Fahrt von Deutschland nach Lissabon sollte man zwei bis drei Tage veranschlagen. Je nachdem ob man von Nord- oder Süddeutschland aus startet, ist die Strecke über Paris–Bordeaux–San Sebastian zur spanisch-portugiesischen Grenze zwischen Ciudad Rodrigo und Guarda zu empfehlen oder über Lyon–Avignon–Barcelona. Von dort kann man über Madrid oder an der Mittelmeerküste weiter fahren.

Französische, spanische und portugiesische Autobahnen sind gebührenpflichtig. Informationen zu *Mautgebühren* in Portugal unter www.brisa.pt.

Portugal besitzt ein flächendeckendes Netz von Tankstellen mit bleifreiem Superbenzin (Gasolina sem chumbo). Tankstellen sind in der Regel 7–22 Uhr, Autobahntankstellen durchgehend geöffnet.

Bahn

Die beste und schnellste Zugverbindung führt in rund 30 Stunden über Paris mit dem *TGV-Atlantique* bis Hendaye/Irún an der Grenze von Frankreich zu Spanien und weiter mit dem *Sud–Expresso* nach Lissabon zum Bahnhof *Estação Santa Apolónia*. An der französisch-spanischen Grenze muss man wegen unterschiedlicher Spurweiten umsteigen. Schlaf- und Liegewagen werden auf das andere Fahrwerk gehoben. Von Lissabon verkehren Anschlusszüge nach Nord- und Südportugal – entweder vom Bahnhof Estação Santa Apolónia oder vom Gare do Oriente im Osten der Hauptstadt.

Autoreisezüge verkehren von Berlin, Hamburg, Düsseldorf, Hildesheim und Frankfurt/Neu-Isenburg nach Narbonne in Südfrankreich.

Fahrplanauskunft:

Deutsche Bahn, 018 05/99 66 33 (0,14 €/Min.), Tel. 08 00/150 70 90 (sprachgesteuert), www.bahn.de

Österreichische Bundesbahn, Tel. 05 17 17, www.oebb.at

Schweizerische Bundesbahnen, Tel. 09 00 30 03 00, www.sbb.ch

Bus

Fernreisebusse steuern via Paris und Irún mehr als 100 portugiesische Orte an. Die Busse sind komfortabel, aber die Fahrt dauert 40 Stunden.

Deutsche Touring, Am Römerhof 17, 60486 Frankfurt am Main, Tel. 069/790 35 01, www.touring.de

Flugzeug

Es gibt internationale Flughäfen in Lissabon, Porto und Faro. *Lufthansa* (www.lufthansa.de), *TAP Portugal* (www.flytap.com) sowie zahlreiche Chartergesellschaften fliegen von den großen deutschen Flughäfen wie Berlin, Hamburg, Frankfurt/Main und München sowie von Wien und Zürich aus zum Teil mehrmals täglich nach Lissabon, Porto oder Faro.

Aeroporto Internacional Lisboa, Alameda das Comunidades Portuguesas, Lissabon, Tel. 218 41 35 00, www.aeroportodelisboa.com.pt

Aeroporto do Porto, Pedras Rubras, Maia, Tel. 229 43 24 00, www.ana.pt

Aeroporto de Faro, Faro, Tel. 289 80 08 00, www.ana.pt

Bank, Post, Telefon

Bank

Banken sind in der Regel an Werktagen 8.30–15 Uhr geöffnet.

Post

Postämter (*Correio* und *CCT)* sind Mo–Fr 9–18 Uhr offen, Sa vormittags nur Hauptpostämter sowie an Flughäfen. In kleineren Orten schließen sie zwischen 12.30 und 14 Uhr.

Telefon

Internationale Vorwahlen:
Portugal 003 51
Deutschland 00 49
Österreich 00 43
Schweiz 00 41

In Portugal sind die einstigen Ortsvorwahlen fester Bestandteil jeder Teilnehmernummer und werden immer mitgewählt, auch im jeweiligen Ortsnetz.

Von öffentlichen Telefonzellen *(Cabines Telefónica)* kann man im In- und Ausland anrufen – mit Münzen oder Telefonkarten *(Cartão Credifone)*. Dese erhält man in Postämtern oder Geschäften mit dem Schild ›Credifone‹.

In Portugal können handelsübliche **GSM-Mobiltelefone** aller deutschen Anbieter benutzt werden. Allerdings muss man in manchen ländlichen Regionen (v. a. im Norden) mit schlechtem Empfang rechnen.

Viele Hotels bieten ihren Gästen Zugang zum **Internet** per *W-LAN*. Zudem findet man inzwischen an einigen öffentlichen Orten, in Cafes oder Restaurants – v. a. in Groß- und Universitätsstädten –, *Wi-Fi-Hotspots* (www.hotspotlocations.com, www.wi-fihotspotlistcom).

Einkaufen

Die üblichen Geschäftszeiten sind Mo–Fr 9–13 und 15–19, Sa 9–13 Uhr. Die großen Einkaufszentren sind durchgehend 10–22 oft bis 24 Uhr geöffnet. Kleine Lebensmittelgeschäfte und die Läden in Feriensiedlungen haben meist täglich und mindestens bis 20 Uhr geöffnet.

Souvenirs

Wer in Portugal nach schönen Mitbringseln sucht, wird bei den regionaltypischen Kunsthandwerk-Erzeugnissen fündig. Glasierte **Tonwaren** kauft man am besten in Mafra, traditionelles Tongeschirr stammt aus Caldas da Rainha. Typische **schwarze Töpferwaren** findet man in Bisalhões (Vila Real) und in Viseu; wer nach blau-weißer Keramik Ausschau hält, findet sie in Coimbra.

Freunde von goldenem **Filigranschmuck** werden in Gondomar fündig; Ketten und Ohrringe gibt es in Viana do Castelo. Aus Barcelos stammen die **gestickten Schals** in Kreuzstich-Muster, gestreifte **Baumwolldecken** kauft man am besten im Alentejo, wo auch die bekannte **Barro-Keramik** herkommt. **Tapisserien** sollte man in Portalegre kaufen, die schönsten **Webwaren** aus Flicken kommen von der Serra da Estrêla, hübsche Teppiche kann man in Arraiolos erwerben. Für **Korbwaren** und **Tischlerei-Erzeugnisse** ist die Serra de Monchique berühmt. Überall wird auch der berühmte **Portwein** angeboten, ebenso die landestypischen **Branntweine** *(Aguardentes)* sowie schmackhafte **Fruchtliköre**, die vor allem aus dem Algarve stammen.

Essen und Trinken

Die **portugiesische Küche** ist einfach und deftig. Wer es eilig hat, nimmt eine kleine Mahlzeit am *Balcão* (Theke), der Stammgast bestellt in der *Tasca* (kleine Kneipe) ein *Prato combinado* (Menü). Begleitet wird die Mahlzeit am besten von einem portugiesischen *Vinho tinto* (Rotwein), *Vinho branco* (Weißwein) oder einem *Vinho rosado* (Rosé).

Essenszeiten: Das Mittagessen, *Almoço*, wird zwischen 12.30 und 14.30 Uhr, das Abendessen, *Jantar*, zwischen 19.30 und 21.30 Uhr serviert.

Die typische, meist sehr reichhaltige portugiesische **Mahlzeit** besteht aus *Acepipes* (Vorspeisen), einer *Sopa* (Suppe), *Peixes, Mariscos* und *Crustáceos* (Fische und Schalentiere), *Carne, Aves* und *Caça* (Fleisch, Geflügel und Wild), *Queijos* (Käse), *Sobremesas, Doces* und *Pastéis* (Nachtisch, Süßspeisen und Gebäck) und *Frutas* (Obst).

Eine portugiesische Leidenschaft sind **Eintöpfe**, etwa der *Cozido à portuguesa*, ein schmackhafter Gemüseeintopf mit Fleisch. Überall an den Küsten wird die *Caldeirada* gekocht, eine reichhaltige Fischsuppe. Unter *Caldo verde* versteht man eine sämige Kartoffel-Kohlsuppe, die *Açorda* besteht aus Gemüse, Fisch und eingeweichtem Brot. Typisch sind auch die vielen verschiedenen **Wurstsorten**, allen voran die *Alheiras de Mirandela*, schwach geräucherte Würste aus gekochtem Kalb-, Hühner- oder Putenfleisch mit Brotstücken und Gewürzen.

Ein **Fleischgericht**, das man auf jeden Fall probieren sollte, ist *Carne de porco em vinho de alhos*, Schweinefleisch in Weinsauce. Es schmeckt besonders gut im Norden, wo die Schweine noch natürlich gehalten werden und sich von Eicheln und Kastanien ernähren. Im Landesinneren wird neben Schaffleisch, Zicklein und Lamm auch gern *Leitão* serviert, im Steinofen gebratenes, knuspriges Spanferkel. Bei *Papas de sarabulho* handelt es sich um einen mit Schweineblut vermischten und pikant gewürzten Maisbrei, der mit Schinken, Huhn oder Rebhuhn angereichert wird. *Galinha recheada*, gefülltes Huhn, bekommt seinen köstlichen Geschmack durch Portwein. Die *Tripas à moda do Porto*, Kutteln nach Porto-Art, verdanken ihre Entstehung Heinrich dem Seefahrer, der den Einwohnern von Porto beim Aufbruch zu seiner Eroberungsfahrt nach Ceuta nichts außer Kutteln übrig ließ.

Trotz der unermesslichen Vielfalt an **Fischgerichten** ist der Favorit bei den Portugiesen nach wie vor der *Bacalhau*. Es soll mehr Gerichte aus Stockfisch geben als Tage im Jahr. Der Fisch wird gegrillt, gebraten, gekocht, geschmort oder zu leckeren Imbissen verarbeitet, wie zum Beispiel *Pastéis de bacalhau*, Stockfischpasteten. Im Frühjahr sollte man unbedingt *Lampreia* probieren, das Flussneunauge, das in den Flüssen des Nordens gefangen wird. Weitere Meeresspezialitäten sind *Lulas recheadas*, gefüllte Tintenfische, und *Risol de camarão*, in Teig frittierte Krabben.

Zum Abrunden der Mahlzeit nehmen die Portugiesen gern süße **Desserts** zu sich – meist wahre Kalorienbomben aus Honig, Ei und Zucker. Aus Klosterbäckereien stammen Spezialitäten mit fantasievollen Namen wie *Papos de anjo*, Engelsbäckchen, oder *Toucinho do céu*, Himmelsspeck. Häufig angeboten werden *Leite frio*, in heißem Öl gebratener Vanillepudding, und *Sonhos de arroz*, kleine, aus Reis gebackene Kuchen. *Rabanadas* sind Weißbrotscheiben, die erst in Ei und

Frisch auf den Tisch – Meeresfrüchte fehlen auf keiner Speisekarte

Milch getaucht und dann in Butterschmalz gebacken werden. Leckermäuler sollten auch einmal *Pastéis de abóbora* probieren, mit Kürbismarmelade gefüllte Törtchen, oder *Velharocos*, gekochter und pürierter Kürbis, der mit Mehl, Eiern und Zucker vermischt und dann in Fett schwimmend ausgebacken wird.

Die portugiesischen **Weine** werden in zwei Kategorien geteilt: *Vinho verde* und *Vinho maduro*. Beides sind Weine, die in der Flasche altern und rot oder weiß sein können. Zu den bekanntesten portugiesischen Weinen gehören der *Madeira* und der *Vinho do Porto*, die beide auf eine mehr als 200 Jahre alte Tradition zurückblicken können.

Eine Besonderheit sind die Rotweine aus dem Alentejo, die in Ton-Amphoren oder *Lagares* (Steintrögen) vergoren werden, hier besonders zu empfehlen der legendäre *Mouchão* und der nicht minder gute *Tinto velho,* die leider äußerst selten zu haben sind.

Feste und Feiern

Feiertage

1. Januar: Neujahr *(Ano Novo)*, Februar: Faschingsdienstag (*Terça-feira de Carnaval*), März/April: Karfreitag *(Sexta-feira Santa)*, 25. April: Jahrestag der Nelkenrevolution 1974 *(Dia da Liberdade)*, 1. Mai: Tag der Arbeit *(Dia do trabalho)*, Juni: Fronleichnam *(Corpo de Deus)*, 10. Juni: Todestag von Luís de Camões *(Dia de Portugal)*, 15. August: Mariä Himmelfahrt *(Assunção)*, 5. Oktober: Ausrufung der Republik 1910 *(Dia da República)*, 1. November: Allerheiligen *(Todos os Santos)*, 1. Dezember: Befreiung von der spanischen Fremdherrschaft 1640/Unabhängigkeitstag *(Dia da Restauração)*, 8. Dezember: Mariä Empfängnis *(Conceição Imaculado)*, 25. Dezember: Weihnachten *(Natal)*

Darüber hinaus hat jeder Ort einen eigenen Feiertag *(Dia do Município)*, der in der Regel dem oder der Stadtheiligen geweiht ist. Zu diesem Anlass werden zahlreiche Wallfahrten, Kirchweihen und Prozessionen feierlich begangen.

Feste

Mehr als **150 Feste** finden in einem portugiesischen Festjahr statt – Märkte, Prozessionen oder Wallfahrten (Festas, Feiras e Romarias). Informationen erhält man beim Portugiesischen Fremdenverkehrsamt [s. S. 173] oder im Internet unter www.guiadeportugal.pt. Hier eine Auswahl:

Januar

Vila Nova de Gaia (Anfang Januar): *Festa de São Gonçalo e São Cristóvão.* Beim Winzerfest trinkt man Portwein und isst dazu *Velhotes*, ein traditionelles Gebäck in sinnfälliger phallischer Form.

Februar

Estoril, Loulé, Nazaré, Portimão, Torres Vedras: Große Festlichkeiten anlässlich des Karnevals.

März/April

Braga: In der ›Stadt der tausend Kirchen‹ begeht man die Karwoche mit der *Festa de Semana Santa* besonders aufwendig.

Aveiro (25. März–25. April): Anlässlich der Messe *Feira de Março* wird das Tangfischerboot mit der schönsten Bugverzierung prämiert.

Lissabon (27. März): *Procissão dos Passos da Graça.* Seit dem 16. Jh. findet jährlich eine Prozession durch die Straßen des Graça-Viertels statt. Die Tragbilder sind über und über mit Veilchen geschmückt.

Mai

Monsanto, Idanha-a-Nova (8. Mai): *Festa das Cruzes – Festa do Castelo.* Erinnerung an die Belagerung der Burg, bei der die Eingeschlossenen ein fettes Kalb über die Burgmauer warfen, um ausreichende Verpflegung nachzuweisen.

Fátima (12./13. Mai): Beginn der Wallfahrten *(Festas de Nossa Senhora de Fátima).*

Abenteuer für die Sinne – die portugiesischen Volksfeste

TOP TIPP **Coimbra** (1. Maihälfte): **Festa da Queima das Fitas**. Ein Studentenfest zum Abschluss des Studienjahres, bei dem sich die Studenten auf dem Campus treffen und Bänder mit den Farben ihrer Fakultät verbrennen.

Juni

Santarém (Anfang Juni): Großer Jahrmarkt *(Feira)* mit Volkstanz und Reiterspielen.

Amarante (1. Sa): *Festa de São Gonçalo* mit großem Jahrmarkt [s. S. 50]

TOP TIPP **Lissabon** (12./13. Juni): **Festa de Santo António**, turbulentes Fest zu Ehren des Lissabonner Stadtheiligen Santo António. Auf der Avenida Liberdade präsentieren sich Folkloregruppen verschiedener Stadtteile bei einem karnevalsähnlichen Umzug, man feiert ausgelassene Straßenfeste tanzt bis in den frühen Morgen und schenkt sich Töpfe mit Basilikum, das Unheil abwehren soll.

Porto (23./24. Juni): Festa de São João zu Ehren des hl. Johannes [s. S. 24].

Juli

Coimbra (1. Julihälfte in geraden Jahren): Zu Ehren der heiligen Königin Isabel wird die Festa da Rainha Santa Isabel gefeiert.

Vila Franca de Xira: *Fest der ›Roten Weste‹* mit Stierkämpfen, Essen und Tänzen.

August

Guimarães (1. Sonntag im August): *Festas Gualterianas* mit Jahrmarkt, Stierkampf und Umzügen.

Santa Marta de Portuzelo (2. Sonntag im August): Trachtenumzug.

Alcochete: *Fest der ›Grünen Mütze‹* mit Segnung der Salinen und Eintreiben der Stiere.

Peniche (6.–8. August): *Festas da Senhora da Boa Viagem* mit zwei Prozessionen zu Wasser und zu Land.

Viana do Castelo (um den 20. August): Die Kirchweih *Nossa Senhora da Agonia* ist eines der bedeutendsten volkstümlichen Feste in Portugal. Sie wird mit Stierkämpfen, Feuerwerk und Trachtenumzügen gefeiert.

Mar-Esposende (22.–24. August): *Romaria de São Bartolomeu do Mar.*

September

Tomar (Anfang September, alle zwei Jahre): *Festa dos Tabuleiros.*

Lamego (6.–8. September): Kirchweih *Nossa Senhora dos Remédios* mit einem großen Stadtfest.

Nazaré (8.–14. September): *Fest der Senhora da Nazaré* mit Jahrmarkt, Stierkampf und Volkstanz.

Buçaco (27. September): Mit der *Festa da Senhora da Vitória* wird Tag der siegreichen Schlacht des englisch-portugiesischen Heeres über die napoleonischen Truppen am 27. September 1810 gefeiert.

Oktober

Vila Franca da Xira (1. Sonntag im Oktober): Jahrmarkt mit Eintreiben der Stiere und Stierkampf.

Fátima (12./13. Oktober): Letzte große Wallfahrt *(Romaria)*.

November

Golegã (Anfang November): *Feira de São Martinho* mit Reiterspielen und großer Pferdeschau.

Klima und Reisezeit

Ein mildes, atlantisch-subtropisches Klima ohne große Temperaturschwankungen macht Portugal zu einem angenehmen Reiseland: Im Sommer scheint fast immer die Sonne, und im Winter statistisch an jedem zweiten Tag.

Der **Norden** ist rau, windig, im Sommer ist es dennoch glühend heiß und im Winter fällt Schnee. Im **Süden** gibt es heiße Sommer. Die Wassertemperaturen an der **Algarveküste** sind badefreundlicher als an der sehr windigen **Küste** im Westen und Norden. An der Lissabonner Küste herrschen nur im Hochsommer optimale Badebedingungen.

Klimadaten Lissabon

Monat	Luft (°C) min./max.	Wasser (°C)	Sonnen- std./Tag	Regen- tage
Januar	9/15	15	5	7
Februar	9/16	15	6	6
März	11/17	15	7	8
April	12/20	16	9	5
Mai	14/22	17	11	3
Juni	17/25	18	11	1
Juli	19/28	19	12	0
August	20/28	20	12	0
September	19/26	20	9	2
Oktober	16/22	19	7	4
November	13/19	17	5	7
Dezember	10/16	16	6	7

Kultur live

Opern, Konzerte und Theaterstücke stehen auf dem Spielplan des *Teatro Nacional* (Rua Serpa Pinto, 9, Tel. 213 46 59 14) und des *Teatro Municipal* (Rua António Maria Cardoso, 54, Tel. 213 42 71 72) in **Lissabon**. Im *Auditório Nacional* in **Porto** (Rua dos Oliveiras, 43, Tel. 222 00 45 40) werden klassische Konzerte aufgeführt.

Kenner wissen die jährlich stattfindenden internationalen *Musikfestivals* zu schätzen, die die Fundação Calouste Gulbenkian in und um **Lissabon** organisiert. Spitzenleistungen werden auch auf dem *Festival de Música* in **Sintra** (Mitte Juni bis Mitte Juli) geboten. Den Konzertreihen mit Interpreten von Weltrang folgt im August ein *Tanzfestival*.

Nachtleben

Pozor ist die portugiesische Antwort auf die Frage: Wo und wie verbringe ich in der weißen Stadt am Tejo die buntesten Nächte. Die *Amüsiermeile* **Lissabons** erstreckt sich am Flussufer zwischen *Cabo Ruivo* und *Belém* mit den schrillsten Diskotheken und den coolsten Bars in den umgebauten Bahnhofs- und Dockanlagen von *Santa Apolónia, Alcântara* und *Terreiro do Trigo*. Wer es lieber gediegen mag, dem sei das *Bairro Alto* empfohlen, das ewig junge *Trendviertel* mit seinen gemütlichen Restaurants, originellen Bars und stimmungsvollen Fado-Lokalen. Im *São-Bento-Viertel* fühlt man sich nach *Afrika* versetzt: In den Diskotheken wird zu Live-Musik aus *Angola* oder den *Kapverdischen Inseln* getanzt. Und in der *Alfama* vergnügen sich die Einheimischen in den kleinen volkstümlichen Restaurants wie eh und je bei gebratenen Sardinen.

Tafeln in den Straßen von Lissabon – Rua das Portas de Santo Antão

Sport

Dass Portugal ein **Golfland** mit außergewöhnlichen Greens ist, hat sich herumgesprochen. Vor allem die Plätze im *Algarve* und bei *Sintra* gehören wegen ihres hohen Standards und ihrer herrlichen Lage zu den beliebtesten Golfplätzen Europas. Ein Verzeichnis aller Golfplätze kann beim Portugiesischen Frendenverkehrsamt [s. S. 173] angefordern.

An der *Costa Verde*, *Costa de Prata* und *Costa de Lisboa* gibt es hervorragende **Segel-** und **Tauchreviere**. An der *Algarveküste* kann man das **Wasserskifahren** erlernen und für **Surfer** sind die *Costa Verde* und die *Costa de Lisboa* ein Paradies. Ideal für Anfänger ist der Strand von *Carcavelos*, sehr schwierig der von *Guincho*.

Pferdeliebhabern seien besonders die **Reitschulen** im *Algarve* und im *Alentejo* empfohlen. Wer sich die Landschaft lieber auf Schusters Rappen erschließt, kann dies bei **Wanderungen** in den Nationalparks tun, am besten im *Parque Nacional da Peneda-Gerês*.

Vom Schmerz, ein Portugiese zu sein

Der portugiesische **Fado** erzählt von Sehnsucht, Schicksal, Liebe und Trennungsschmerz. Bevor er gegen Ende des 19. Jh. gesellschaftsfähig wurde, war er eng mit der **Lissabonner Unterwelt** verbunden, die ursprünglich eine Art Monopol auf diese Gesänge hatte. Fado-Lokale durften zunächst nur in den **Armenvierteln** Alfama, Mouraria und Bairro Alto eingerichtet werden, und noch heute sind die Wehmutsmelodien dort zu Haus, zum Beispiel im ›Parreirinha de Alfama‹ (Beco do Epírito Santo 1, Tel. 218 86 82 09, tgl. 20.30–2 Uhr), wo die Zuhörer gegen Mitternacht dicht gedrängt an winzigen Tischen sitzen und leiden. Begleitet von einer Gitarre geben sich die **Fadistas** weltentrückt und ekstatisch ihrer Klage hin: Das *Ser triste*, das Traurigsein, ist für Portugiesen ein sichtbares Vergnügen. Ob der Fado von den **Mauren** abstammt, von **Seefahrern**, die ihn im späten 15. Jh. von ihren Eroberungs- und Entdeckungsfahrten nach Portugal mitgebrachten, oder vom **Jundú**, dem lasziven Tanz der Angolaner, das können selbst Experten nicht entscheiden. Populär aber war der Fado in Portugal immer. Als bekannteste Interpretin machte sich **Amália Rodrigues** weltweit einen Namen. Sie war die Ikone des Fado zur Zeit der Salazar-Diktatur, heute ist es die Sängerin **Mísia**.

In Lissabon gibt es sogar ein eigenes Fado-Museum: **Museo do Fado**, Largo do Chafariz de Dentro 1, Tel. 218 82 34 70, www.museudofado.egeac.pt, Di–So 10–18 Uhr).

Statistik

Lage: Portugal liegt im äußersten Südwesten des europäischen Kontinents. Im Westen und Süden wird es vom Atlantik begrenzt. Im Norden und Osten stößt die portugiesische Staatsgrenze an Spanien, den einzigen Nachbarstaat.

Verwaltung: Portugal ist seit 1976 eine parlamentarische Demokratie. Der Staat wird zentral von Lissabon aus regiert und verwaltet. Festlandportugal gliedert sich in fünf Regionen (*Regiões*) bzw. 18 Distrikte *(Distritos)*. Diese sind in Amtsbezirke *(Concelhos)* unterteilt, die sich wiederum aus 300 Kreisen *(Municípios)* zusammensetzen. Diese umfassen insgesamt 4200 Gemeinden (*Freguesías*). Die beiden autonomen Inselregionen sind direkt in Kreise eingeteilt (11 auf Madeira, 19 auf den Azoren).

Hauptstadt: Lissabon (600 000 Einwohner, im Großraum rund 2,1 Mio.)

Fläche: Das portugiesische Festland hat eine Fläche von 88 944 km². Von Norden nach Süden erstreckt sich das Land über 560 km, zwischen Osten nach Westen liegen 110 km bis 200 km.

Bevölkerung: In Portugal leben rund 10 Mio. Menschen, darunter etwa 700 000 Einwanderer aus den einstigen Kolonien. Die starke Landflucht hat bewirkt, dass sich inzwischen über die Häfte der Bevölkerung in den Großräumen Lissabon und Porto konzentriert. Mehr als 95 % der Portugiesen sind Katholiken, es gibt protestantische, muslimische und jüdische Minderheiten.

Wirtschaft: Obwohl Portugal in den vergangenen Jahren einen wirtschaftlichen Aufschwung erlebt hat, zählt es noch immer zu den ärmsten Ländern der EU und leidet unter der gegenwärtigen Fi-

Nachtquartiere in historischen Gemäuern

Pousada bedeutet im Portugiesischen ›Ort der Ruhe‹ oder ›Ort der Sammlung‹. Hier finden die Gäste erholsame Gemütlichkeit und herzliche Gastfreundschaft, **individuelles Wohnen** und persönlichen Service. Kaum eine Pousada hat mehr als dreißig, dafür aber manche weniger als zehn Zimmer. Zu den spektakulären **Luxusherbergen**, die man buchen gehören beispielsweise ein **Jagdschloss** über dem Rio Caldo (Pousada de São Bento in Vieira do Minho), eine **Festungsanlage,** ehemals Residenz des Königs Dinis I. und seiner Frau, der hl. Isabel (Pousada de Rainha Santa Isabel in Estremoz), ein **Kloster** aus dem 15. Jh. gegenüber eines römischen Tempels (Pousadas dos Lóios in Évora) oder in einem **Fort** des spanischen Herrschers Philipp II. über der Sado-Mündung (Pousada de São Filipe in Setúbal). Informationen und Reservierungen: **Pousadas de Portugal**, Rua Soares de Passos 3, 1300-314 Lissabon, Tel. 218 442 000 www.pousadas.pt.

Hinter dichtem Grün verborgen – Pensão York House in Lissabon

nanzkrise besonders. Ein großes Entwicklungshemmnis ist die hohe Zahl von Analphabeten und der wenig effizient wirtschaftende Agrarsektor, der noch heute mehr als 15 % der Erwerbstätigen beschäftigt. Auch die Industrie, der zweite wichtige Arbeitgeber, ist unterentwickelt. Ausländische Investoren konzentrieren sich bisher auf arbeitsintensive Produktionszweige wie Schuh- und Textilindustrie, die ein Drittel des Gesamtexports ausmacht. Das Handelsbilanzdefizit wird vor allem durch steigende Einnahmen aus dem Tourismus gesenkt.

Unterkunft

Camping

In Portugal gibt es zahlreiche Campingplätze *(Parque de campismo)*. Wildes Campen ist nicht erlaubt. Die wichtigste Dachorganisation der portugiesischen Campingplatzbetreiber heißt *Orbitur* (www.orbitur.com), deren Plätze von guter Qualität, aber auch teuer sind.

Detaillierte Beschreibungen geprüfter Campingplätze bietet der jährlich erscheinende **ADAC Camping Caravaning Führer, Südeuropa**. Er ist in Buchform oder als CD-ROM im Buchhandel oder in allen ADAC-Geschäftsstellen erhältlich.

Ferien auf dem Land

Hier gibt es drei Kategorien:

Turismo de Habitação: architektonisch besonders reizvolle Herrenhäuser mit stilvoller Ausstattung.

Turismo Rural: rustikale Landhäuser im typischen Stil der Region.

Agroturismo: Urlaub in einem land- oder weinwirtschaftlichen Betrieb. Alle Häuser mit Frühstück.

Privetur – Associação Portuguesa de Turismo em Espaço Rural, Rua da Capela, 3850-365 Alquerubim, Tel. 258 74 39 23, www.turismorural.pt

Turihab – Associação de Turismo de Habitação, Praça da República, 4990-062 Ponte de Lima, Tel. 258 74 16 72, www.solaresdeportugal.pt

Hotels

Die offizielle Klassifizierung der Hotels reicht von der Luxuskategorie (*****L) mit fünf Sternen bis zum bescheidenen Ein-Sterne-Etablissement (*).

Estalagens (Gasthäuser mit vier und fünf Sternen) liegen meist außerhalb der Ortszentren und sind häufig in historischen Gemäuern untergebracht. *Albergarias* (Herbergen mit vier Sternen) sind private Gasthäuser mit persönlichem Service und familiärer Atmosphäre. Reizvoll ist auch ein Aufenthalt in den meist luxuriösen *Pousadas*. Unter dem Begriff *Turismo no Espaço Rural (TER)*, ›Ferien im Grünen‹, werden Privathäuser auf dem Land zur Miete angeboten. Das Angebot reicht von gemütlichen Bauernhöfen bis zu stattlichen Herrenhäusern.

Ein Verzeichnis erhält man beim Portugiesischen Fremdenverkehrsamt [s. S. 173]. Empfehlungen bieten die Praktischen Hinweise bei den jeweiligen Orten.

Jugendherbergen

Für den Aufenthalt in den portugiesischen Jugendherbergen *(Pousadas de Juventude)* ist vor allem im Juli und August eine Reservierung erforderlich. Informationen und Buchungen:

Pousadas de Juventude, Rua Lúcio de Azevedo 27, 1600-146 Lissabon, Tel. 217 23 21 00, www.pousadasjuventude.pt

Deutsches Jugendherbergswerk, Bismarckstr. 8, 32756 Detmold, Tel. 052 31/740 10, www.djh.de

Pousadas

Pousadas sind hotelähnliche Gasthäuser, häufig Luxusherbergen. Sie sind entweder in historischen Gebäuden (Klöster, Burgen, Schlösser) oder in landschaftlich besonders reizvollen Gebieten zu finden. Die Klassifizierung geht von B (einfach) über C und CH bis zum luxuriösen CHL.

Pousadas de Portugal, Rua Soares de Passos 3, 1300-314 Lissabon, Tel. 218 442 000 www.pousadas.pt

Laut und liebenswert – Lissabons nostalgische Standseilbahn

Verkehrsmittel im Land

Bahn

Das Schienennetz ist wenig ausgebaut. Zwischen Lissabon, Coimbra und Porto sowie zwischen Lissabon und Faro verkehren *Rápidos*, moderne Schnellzüge. Ansonsten ist Bahnfahren in Portugal recht langwierig. Viele Trassen führen durch landschaftlich reizvolle Gegenden. Lohnend ist eine Fahrt z. B. mit der historischen Douro-Bahn (*Comboio Histórico-Linha do Douro*). Außerdem kann man das Land mit der *Intra-Rail-Card* erkunden, die mit Altersbeschränkung (12–30 Jahre) drei oder zehn Tage gilt. Infos:

Comboios de Portugal (CP)
Tel. 808 20 82 08 (im Land),
Tel. 0351/218 54 52 12 (vom Ausland)
www.cp.pt

Bus

Die staatliche Gesellschaft **Rodoviária Nacional** (RN, Tel. 213 58 14 72, www.rede-expressos.pt) unterhält das größte Busnetz in Portugal und verbindet die meisten Orte miteinander. Auf Hauptstrecken, etwa zwischen Lissabon, Porto und anderne Großstädten verkehren komfortable Schnellbusse *(Expressos)*.

Der zentrale Busbahnhof in Lissabon ist der *Terminal rodoviário de Sete Rios*, Praça General Humberto Delgado/ Rua das Laranjeiras, 1500-423 Lisboa

Mietwagen

Die ADAC Autovermietung bietet Mitgliedern Mietwagen zu günstigen Konditionen. Buchungen in jeder ADAC Geschäftsstelle oder unter Tel. 018 05/31 81 81 (0,14 €/Anruf).

In Portugal kann man überall im Lande bei den *Automóveis de aluguer* ein Auto mieten, z.B. findet man Büros der großen Autovermieter in den Flughäfen. Günstiger ist es jedoch, bereits von zu Hause aus ein so genanntes Fly & Drive-Arrangement zu buchen.

Taxi

Taxifahren ist in Portugal relativ günstig. Taxistände gibt es an Flughäfen, Bahnhöfen sowie vor großen Hotels und Sehenswürdigkeiten. Bei Stadtfahrten gilt der Preis des Taxameters, außerhalb von Ortschaften wird nach Kilometern berechnet.

Sprachführer
Portugiesisch für die Reise

Das Wichtigste in Kürze

Ja/Nein	*Sim/Não*
Bitte/Danke	*Por favor/ Obrigado*
In Ordnung!/ Einverstanden!	*Está bem!/ De acordo!*
Entschuldigung!	*Desculpe!*
Wie bitte?	*Como?*
Ich verstehe Sie nicht.	*Não compreendo.*
Ich spreche nur wenig Portugiesisch.	*Falo apenas um pouco de português.*
Können Sie mir helfen?	*Poderia ajudar-me?*
Das gefällt mir (nicht).	*(Não) gosto disso.*
Ich möchte …	*Queria …*
Haben Sie …?	*Tem …?*
Gibt es …?	*Há …?*
Wie viel kostet das?	*Quanto custa (é) isso?*
Kann ich mit Kreditkarte bezahlen?	*Posso pagar com cartão de crédito?*
Wie viel Uhr ist es?	*Que horas são?*
Guten Morgen!	*Bom dia!*
Guten Tag!	*Boa tarde!*
Guten Abend!/ Gute Nacht!	*Boa noite!*
Hallo!	*Olá!*
Wie ist Ihr Name?	*Como se chama?*
Mein Name ist …	*O meu nome é/ Chamo-me …*
Ich bin Deutsche(r)	*Sou alemão/alemã.*
Ich komme aus Deutschland.	*Venho da Alemanha.*
Wie geht es Ihnen?	*Como vai?*
Auf Wiedersehen!/	*Adeus!*
Tschüs!	*Tschau!*
Bis bald!	*Até logo!*
Bis morgen!	*Até amanhã!*
gestern/heute/ morgen	*ontem/hoje/ amanhã*
am Vormittag/ am Nachmittag	*de manhã/ de tarde*
am Abend/ in der Nacht	*à tardinha à noite*
um 1 Uhr/2 Uhr …	*à uma hora/ às duas horas …*
um Viertel vor …	*às quinze para a(s) …*
um Viertel nach …	*à(s) … . e quinze*
um … Uhr 30	*à(s) … . e meia*
Minute(n)/Stunde(n)	*minuto(s)/hora(s)*
Tag(e)/Woche(n)	*dia(s)/semana(s)*
Monat(e)/Jahr(e)	*mês (meses)/ano(s)*

Zahlen

0	*zero*	20	*vinte*
1	*um, uma*	21	*vinte e um(a)*
2	*dois, duas*	22	*vinte e dois (duas)*
3	*três*	30	*trinta*
4	*quatro*	40	*quarenta*
5	*cinco*	50	*cinquenta*
6	*seis*	60	*sessenta*
7	*sete*	70	*setenta*
8	*oito*	80	*oitenta*
9	*nove*	90	*noventa*
10	*dez*	100	*cem*
11	*onze*	101	*cento e um(a)*
12	*doze*	200	*duzentos*
13	*treze*	1 000	*mil*
14	*catorze*	2 000	*dois mil*
15	*quinze*	10 000	*dez mil*
16	*dezasseis*	1 000 000	*um milhão*
17	*dezassete*	¼	*um quarto*
18	*dezoito*	½	*meio, meia*
19	*dezanove*		

Wochentage

Montag	*segunda-feira*
Dienstag	*terça-feira*
Mittwoch	*quarta-feira*
Donnerstag	*quinta-feira*
Freitag	*sexta-feira*
Samstag	*sábado*
Sonntag	*domingo*

Monate

Januar	*Janeiro*
Februar	*Fevereiro*
März	*Março*
April	*Abril*
Mai	*Maio*
Juni	*Junho*
Juli	*Julho*
August	*Agosto*
September	*Setembro*
Oktober	*Outubro*
November	*Novembro*
Dezember	*Dezembro*

Maße

Kilometer	*quilómetro(s)*
Meter	*metro(s)*
Zentimeter	*centímetro(s)*
Kilogramm	*quilo(s)*
Pfund	*libra(s)*
Gramm	*grama(s)*
Liter	*litro(s)*

Unterwegs

Nord/Süd/West/Ost	*Norte/Sul/Oeste/Este*
oben/unten	*em cima/em baixo*
geöffnet/geschlossen	*aberto/fechado*
geradeaus	*a direito (em frente)*
links/rechts	*à esquerda/à direita*
zurück	*para trás*
nah/weit	*perto/longe*
Wie weit ist das?	*Qual é a distância?*
Wo ist die Toilette?	*Onde é o quarto de banho (toilet)?*
Wo ist die (der) nächste Telefonzelle/ Bank/Polizei/ Geldautomat?	*Onde é o telefone público/o banco/ o posto de polícia/ a caixa mulitbanco/ mais próximo(- a)*
Wo ist ... der Bahnhof/	*Onde é (fica) ... a estação de camiho de ferro/*
der Busbahnhof/	*a estação rodoviária/*
der Fährhafen/ der Flughafen?	*a estação fluvial/ o aeroporto?*
Wo ist ... eine Bäckerei/ ein Kaufhaus/ ein Supermarkt den Markt?	*Onde é (fica) ... uma padaria / um armazém/ um supermercado/ o mercado/ a feira?*
Ist das die Straße nach ...?	*Esta é a rua/estrada para ...?*
Ich möchte ... mit dem Zug/ dem Schiff/ der Fähre/ dem Flugzeug nach ... fahren.	*Quero ir ... de comboio/ de navio/ de ferry-boat de avião para ...*
Gilt dieser Preis für Hin- und Rückfahrt?	*Este preço corresponde a ida e volta?*
Wo ist ... das Toursimusbüro/	*Onde é ... o posto de informação turística/*
ein Reisebüro?	*uma agência de viagens?*
Ich benötige eine Hotelunterkunft.	*Estou à procura de um hotel.*
Wo kann ich mein Gepäck lassen?	*Onde posso deixar a minha bagagem?*

Notfälle

Ich möchte eine Anzeige erstatten.	*Quero apresentar uma queixa.*
Man hat mir ... Geld/ die Tasche/ die Papiere/	*Roubaram ... o meu dinheiro / a minha bolsa/ os meus documentos/*
die Schlüssel/ den Fotoapparat/	*as minhas chaves/ a minha máquina fotográfica/*
den Koffer/ das Fahrrad gestohlen.	*a minha mala/ a minha bicicleta.*
Verständigen Sie bitte das Deutsche Konsulat.	*Informar por favor o Consulado Alemão.*

Freizeit

Ich möchte ein ... Fahrrad/ Mountainbike/ Motorrad/ Surfbrett/	*Queria alugar ... uma bicicleta/ uma BTT/ uma moto/ uma prancha de surf/*
Boot mieten.	*um barco.*
Gibt es ... einen Freizeitpark/	*Há por perto ... um parque de diversões/*
ein Freibad/ einen Golfplatz in der Nähe?	*uma piscina pública/ um campo de golfe?*
Wo ist die nächste Bademöglichkeit/ der nächste Strand?	*Onde é a zona de banho/ a praia mais próxima?*
Wann hat ... geöffnet?	*Quando abriu ...?*

Hinweise zur Aussprache

Im Portugiesischen werden Vokale vor Konsonanten meist nasaliert. Bei Doppellauten werden immer beide Vokale gesprochen, wobei der erste stärker betont wird (meu pai = *m é u p á i*, mein Vater). Die Betonung liegt meist auf der vorletzten Silbe, ansonsten liegt sie auf dem Akzent.

ã, õ	wie ›ang, ong‹, Bsp.: **São**
c	vor ›e, i‹ wie scharfes ›s‹, Bsp.: **c**erveja vor ›a, o‹ wie ›k‹, Bsp.: **f**aca
ch	wie ›sch‹, Bsp.: du**ch**e
ç	wie scharfes ›s‹, Bsp.: pre**ç**o
ção	wie ›saong‹, Bsp.: esta**ção**
é	wie lang gezogenes ›äh‹, Bsp.: cr**é**dito
g	vor ›a, o,u‹ wie ›g‹, Bsp.: **g**asolina vor ›e, i‹ wie weiches ›g‹ (Ra**g**e), Bsp.: lon**g**e
h	am Wortanfang stumm
j	wie weiches ›g‹(Ra**g**e), Bsp.: ho**j**e
nh	wie lang gezogenes ›nj‹, Bsp.: di**nh**eiro
o	am Wortende als kurzes ›u‹, Bsp.: zer**o**
qu	vor ›e, i‹ wie ›k‹, Bsp.: **qu**ero, **qu**ilo vor ›a, o‹ wie ›kw‹, Bsp.: **qu**arto
x	wie ›sch‹, Bsp.: quei**x**a
z	wie ›sch‹ am Wortende, Bsp.: fa**z** favor sonst wie ›s‹, Bsp.: on**z**e

Bank, Post, Telefon

Brauchen Sie …	*Precisa …*
meinen Ausweis/	*do meu documento de identificação/*
meinen Pass?	*do meu passaporte?*
Wie lautet die Vorwahl für …?	*Qual é o indicativo telefónico de …?*
Wo gibt es …	*Onde vende-se …*
Telefonkarten/	*cartões telefónicos/*
Briefmarken?	*selos?*

Tankstelle

Wo ist die nächste Tankstelle?	*Onde é o próximo posto de gasolina*
Ich möchte … Liter …	*Quero … litros de …*
Super/	*gasolina super/*
Diesel/	*gasóleo/*
bleifrei.	*gasolina sem chumbo.*
Volltanken, bitte!	*Encha o depósito, por favor!*
Bitte prüfen Sie …	*Por favor verifique …*
den Reifendruck/	*a pressão dos pneus/*
den Ölstand/	*o nível de óleo/*
den Wasserstand/	*o nível de água/*
die Batterie.	*a bateria.*
Würden Sie bitte …	*Por favor …*
den Ölwechsel vornehmen/	*substitua o óleo/*
den Radwechsel vornehmen/	*substitua o pneu/*
die Zündkerzen erneuern/	*substitua as velas/*
die Zündung nachstellen?	*ajuste a ignição.*

Panne

Ich habe eine Panne.	*Tenho uma avaria.*
Der Motor startet nicht.	*O motor não arranca.*
Ich habe die Schlüssel im Wagen gelassen.	*Deixei as chaves dentro do carro.*
Ich habe kein Benzin/ Diesel.	*Estou sem gasolina/ gasóleo.*
Gibt es hier in der Nähe eine Werkstatt?	*Há uma oficina aqui por perto?*
Können Sie mir einen Abschleppwagen schicken?	*Pode mandar um veículo pronto-socorro?*
Können Sie den Wagen reparieren?	*Pode reparar o carro?*
Bis wann?	*Até quando?*

Mietwagen

Ich möchte ein Auto mieten.	*Quero alugar um carro.*
Was kostet die Miete …	*Quanto é o aluguer …*
pro Tag/	*por dia/*
pro Woche/	*por semana/*
mit unbegrenzter km-Zahl/	*sem limite de quilometragem/*
mit Kasko-versicherung/	*com seguro contra todos os riscos/*
mit Kaution?	*com caução (depósito)?*
Wo kann ich den Wagen zurückgeben?	*Onde posso entregar o veículo?*

Unfall

Hilfe!	*Socorro!*
Achtung!/Vorsicht!	*Atenção!/Cuidado!*
Rufen Sie bitte …	*Por favor chame …*
Krankenwagen/	*uma ambulância/*
die Polizei/	*a polícia/*
die Feuerwehr.	*os bombeiros.*
Es war (nicht) meine Schuld.	*(Não) foi culpa minha.*
Geben Sie mir bitte Ihren Namen und Ihre Adresse.	*Por favor dê-me o seu nome e a sua marado.*
Ich brauche die Angaben zu Ihrer Autoversicherung.	*Preciso dos dados do seu seguro de automóvel.*

Krankheit

Können Sie mir einen guten Deutsch sprechenden Arzt/Zahnarzt empfehlen?	*Poderia me recomen-dar-me bom médico/dentista que fale alemão?*
Wann hat er Sprechstunde?	*Qual é o horário de consulta?*
Wo ist die nächste Apotheke?	*Onde é a farmácia mais próxima?*
Ich brauche ein Mittel gegen …	*Preciso de um medica-mento para …*
Durchfall/	*a diarreia /*
Halsschmerzen/	*as dores de garganta/*
Fieber/	*a febre/*
Insektenstiche/	*as picadas de mosquitos (insetos)/*
Verstopfung/	*a prisão de ventre (obstipação)/*
Zahnschmerzen.	*as dores de dentes.*

Hotel

Können Sie mir ein Hotel/eine Pension empfehlen?	*Poderia recomendar-me um hotel/ uma pensão?*
Ich habe hier ein Zimmer reserviert.	*Reservei um quarto aqui.*

Haben Sie … ein Einzel-/Doppelzimmer …	*Tem … um quarto individual/um quarto dupio (de duas camas)*
mit Bad/Dusche/	*com quarto de banho/chuveiro/*
für eine Nacht/	*para uma noite/*
für eine Woche/	*para uma semana/*
mit Blick aufs Meer?	*com vista para o mar?*
Was kostet das Zimmer …	*Quanto custa o quarto …*
mit Frühstück/	*com pequeno-almoço/*
mit Halbpension/	*com meia pensão/*
mit Vollpension?	*com pensão completa?*
Wie lange gibt es Frühstück?	*Até que horas servem o pequeno-almoço?*
Haben sie ein Fax/Internet?	*Tem … um fax/Internet?*
Ich möchte um … geweckt werden.	*Poderia acordar-me às … horas.*
Ich reise heute Abend/morgen früh ab.	*Vou partir hoje à tarde/amanhã de manhã.*
Kann ich mit Kreditkarte bezahlen?	*Posso pagar com cartão de crédito?*

Restaurant

Wo gibt es ein gutes/günstiges Restaurant?	*Onde encontro um restaurante bom/barato?*
Die Speisekarte/Getränkekarte, bitte.	*A ementa/a carta (lista) de bebidas, por favor.*
Ich möchte nur eine Kleinigkeit essen.	*Queria apenas um aperitivo.*
Welches Gericht empfehlen Sie?	*Que prato recomenda?*
Haben Sie typische Gerichte der Region?	*Tem pratos típicos da região?*
Haben Sie vegetarische Gerichte/	*Tem comida vegetariana?*
Haben Sie alkoholfreie Getränke?	*Tem bebidas sem álcool?*
Können Sie mir bitte … ein Messer/eine Gabel/einen Löffel geben?	*Pode-me trazer … uma faca/um garfo/uma colher, por favor?*
Das Essen war sehr gut.	*A comida estava excelente.*
Die Rechnung, bitte!	*A conta, por favor!*

Essen und Trinken

Aal	*enguia*
Abendessen	*jantar*
Apfel	*maçã*
Apfelsine	*laranja*
Aubergine	*beringela*
Bier	*cerveja*
Braten	*assado*
Brot/Brötchen	*pão/pãozinho*
Butter	*manteiga*
Ei	*ovo*
Eiscreme	*gelado*
Erdbeere	*morango*
Espresso	*café/bica*
Essig	*vinagre*
Fisch	*peixe*
Fischeintopf	*caldeirada*
Flasche	*garrafa*
Fleisch	*carne*
Forelle	*truta*
Fruchtsaft	*sumo*
Frühstück	*pequeno-almoço*
Gemüse	*legumes*
Glas	*copo*
Gurke	*pepino*
Hühnchen	*frango*
Hummer	*lagosta*
Kalb	*vitela*
Kartoffel	*batata*
Käse	*queijo*
Krug/Karaffe	*caneca/jarro*
Lachs	*salmão*
Meeresfrüchte	*mariscos*
Miesmuscheln	*mexilhãos*
Milch	*leite*
Milchkaffee	*café com leite*
Mineralwasser (mit/ohne Kohlensäure)	*água mineral (com/sem gás)*
Mittagessen	*almoço*
Nachspeisen	*sobremesas*
Neunauge	*lampreia*
Öl/Olivenöl	*óleo/azeite*
Oliven	*azeitonas*
Pfeffer	*pimenta*
Reis	*arroz*
Rindfleisch	*carne de vaca*
Rochen	*raia*
Salat	*salada*
Salz	*sal*
Sardine	*sardinha*
Schinken (roh)	*presunto*
Scholle	*solha*
Schweinefleisch	*carne de porco*
Seebarsch	*robalo*
Seezunge	*linguado*
Steinbutt	*pregado*
Stockfisch/Kabeljau	*bacalhau*
Suppe	*sopa*
Süßigkeiten	*doces*
Tee (mit Zitrone)	*chá (com limão)*
Thunfisch	*atum*
Vorspeisen	*entradas*
Wassermelone	*melancia*
Wein (Weiß-/Rot-/Rosé-)	*vinho … (branco/tinto/ rosé)*
Weintrauben	*uvas*
Zucker	*açúcar*

Mehr erleben, besser reisen!

	ADAC Reiseführer	ADAC Reiseführer plus	ADAC Reiseführer Audio
Ägypten	■	■	
Algarve	■	■	
Allgäu	■	■	
Alpen – Freizeitparadies	■		
Amsterdam	■	■	■
Andalusien	■	■	
Australien	■	■	
Bali & Lombok	■		
Baltikum	■	■	
Barcelona	■	■	■
Bayerischer Wald	■	■	
Berlin	■	■	■
Bodensee	■	■	
Brandenburg	■	■	
Brasilien	■		
Bretagne	■	■	
Budapest	■	■	■
Bulg. Schwarzmeerküste	■		
Burgund	■		
City Guide Germany	■		
Costa Brava und Costa Dorada	■		
Côte d'Azur	■	■	
Dänemark	■	■	
Deutschland – Die schönsten Autotouren		■	
Deutschland – Die schönsten Orte und Regionen	■		
Deutschland – Die schönsten Städtetouren	■		
Dominikanische Republik	■		
Dresden	■	■	■
Dubai, Vereinigte Arab. Emirate, Oman	■	■	
Elsass	■	■	
Emilia Romagna	■		
Florenz	■	■	■
Florida	■	■	
Franz. Atlantikküste	■	■	
Fuerteventura	■	■	
Gardasee	■	■	
Golf von Neapel	■	■	
Gran Canaria	■	■	
Hamburg	■	■	■
Harz	■	■	
Hongkong & Macau	■		
Ibiza & Formentera	■		
Irland	■	■	
Israel	■		
Istanbul	■	■	
Italien – Die schönsten Orte und Regionen	■		
Italienische Adria	■	■	
Italienische Riviera	■	■	
Jamaika	■		
Kalifornien	■	■	
Kanada – Der Osten	■	■	
Kanada – Der Westen	■	■	
Karibik	■	■	
Kenia	■	■	
Korfu & Ionische Inseln	■	■	
Kreta	■	■	
Kroatische Küste – Dalmatien	■	■	
Kroatische Küste – Istrien	■	■	
Kuba	■	■	
Kykladen	■		
Lanzarote	■	■	
Leipzig	■	■	■
Lissabon	■	■	■
London	■	■	■
Madeira	■	■	
Mallorca	■	■	
Malta	■	■	
Marokko	■	■	
Mauritius & Rodrigues	■		
Mecklenburg-Vorpommern	■	■	
Mexiko	■		
München	■	■	■
Neuengland	■	■	
Neuseeland	■	■	
New York	■	■	■
Niederlande	■	■	
Norwegen	■	■	
Oberbayern	■	■	
Österreich	■	■	
Paris	■	■	■
Peloponnes	■		
Piemont, Lombardei, Valle d'Aosta	■	■	
Polen	■	■	
Portugal	■	■	
Prag	■	■	■
Provence	■	■	
Rhodos	■	■	
Rom	■	■	■
Rügen, Hiddensee, Stralsund	■	■	
Salzburg	■	■	■
St. Petersburg	■	■	
Sardinien	■	■	
Schleswig-Holstein	■	■	
Schottland	■	■	
Schwarzwald	■	■	
Schweden	■	■	
Schweiz	■	■	
Sizilien	■	■	
Spanien	■	■	
Südafrika	■	■	
Südengland	■	■	
Südtirol	■	■	
Sylt	■	■	
Teneriffa	■	■	
Tessin	■	■	
Thailand	■	■	
Thüringen	■	■	
Toskana	■	■	
Trentino		■	
Türkei – Südküste	■	■	
Türkei – Westküste	■	■	
Tunesien	■	■	
Umbrien	■		
Ungarn	■	■	
USA – Südstaaten	■		
USA – Südwest	■	■	
Usedom	■	■	
Venedig	■	■	■
Venetien & Friaul	■	■	
Wien	■	■	■
Zypern	■	■	

■ **ADAC Reiseführer**
je Band 144 bzw. 192 Seiten

■ **ADAC Reiseführer plus**
(mit Extraplan)
je Band 144 bzw. 192 Seiten

■ **ADAC Reiseführer Audio**
(mit Extraplan und Audio-CD)
je Band 144 oder 192 Seiten

Mehr erleben, besser reisen ... mit ADAC Reiseführern!

Stand: 12/2009

Register

Impressum

Redaktionsleitung: Dr. Dagmar Walden
Lektorat und Bildredaktion: Carin Pawlak
Aktualisierung: Renate Nöldeke, München
Karten: Huber Kartographie, München (Umschlagkarten, Stadtpläne), Computerkartographie Carrle, München (Lagepläne)
Herstellung: Martina Baur
Druck, Bindung: Rasch Druckerei und Verlag, Bramsche
Printed in Germany

Ansprechpartner für den Anzeigenverkauf:
Kommunalverlag GmbH & Co KG,
MediaCenterMünchen, Tel. 089/92 80 96-44

ISBN 978-3-89905-492-7
ISBN 978-3-89905-548-1 Reiseführer Plus

Gedruckt auf chlorfrei gebleichtem Papier

Neu bearbeitete Auflage 2010
© ADAC Verlag GmbH, München

Das Werk einschließlich aller seiner Teile ist urheberrechtlich geschützt. Jede Verwendung ohne Zustimmung des Verlags ist unzulässig und strafbar. Das gilt insbesondere für Vervielfältigungen, Übersetzungen, Mikroverfilmungen und die Verarbeitung in elektronischen Systemen. Die Daten und Fakten für dieses Werk wurden mit äußerster Sorgfalt recherchiert und geprüft. Wir weisen jedoch darauf hin, dass diese Angaben häufig Veränderungen unterworfen sind und inhaltliche Fehler oder Auslassungen nicht völlig auszuschließen sind. Für eventuelle Fehler können die Autoren, der Verlag und seine Mitarbeiter keinerlei Verpflichtung und Haftung übernehmen.

Bildnachweis

Umschlag-Vorderseite: Strandfreuden an der Algarveküste bei Cornoeiro. Foto: Bildagentur Huber, Garmisch-Partenkirchen
Umschlag-Vorderseite Reiseführer Plus: Badespaß an der Praia da Dona Ana. Foto: Mauritius, Mittenwald (Hans-Peter Merten)

Titelseite
Oben: Bom Jesus do Monte (Wh. von S. 45)
Mitte: Palácio dos Marqueses de Fronteira in Lissabon. Foto: Bildagentur Huber, Garmisch-Partenkirchen (Giovanni Simeone)
Unten: Hafen von Faro (Wh. von S. 95)

Anzenberger, Wien: 27, 47 (Fausto Giaccone), 120 (Toni Anzenberger), 123, 128 (Giaccone) – AP Images, Frankfurt am Main: 160 (Murad Sezer) – Bavaria, Gauting: 148 (Bognar) – dpa Picture Alliance, Frankfurt: 98, 99 (Thomas P. Widmann), 124 (Uwe Gehrig), 144/145 (Lou Avers), 158 oben (Bildagentur Huber/Leimer) – Bildagentur Huber, Garmisch-Partenkirchen: 10 oben (Spila Riccardo), 11 unten (Giovanni Simeone), 23 (Ripani), 37 (F. Damm), 45, 66/67, 75 unten, 117, 168 oben, 170 (Simeone), 179 (Gräfenhain) – Bildarchiv Steffens, Mainz: 21, 115 (Ringlebe), 163 (Garcia) – Foto Schreyer-Löbl, Bad Tölz-Ellbach: 72, 73, 81, 89, 131 unten – Emanuel Gronau, Weilheim: 38/39, 59, 68 oben, 71 unten, 75 oben, 132, 153 – IFA-Bilderteam, München: 10/11 (Welsh), 16/17 (Marc), 49 (Madeleine), 62, 68 unten (TPC), 86 (Barnes), 142 (Arakaki), 154/155 (Panstock) – Gerold Jung, Ottobrunn: 6/7, 96, 97, 99, 103, 106/107, 107, 108 (2), 109, 111, 112, 112/113, 114 – János Kalmár, Wien: 35 – laif, Köln: 25 (Hemispheres), 122, 133 unten (Rolf Osang), 166/167 (Hemispheres), 178 (Rolf Osang), 182 (Miquel Gonzalez) – LOOK, München: 8 (Thomas P. Wiedmann), 8/9, 9, 24 (Raach), 28 (age fotostock), 31, 32/33 (Acquadro), 38 oben (Raach), 40 (Thomas P. Wiedmann), 41 (2) (age fotostock), 48, 56 oben, 60, 79, 80 unten, 83 (3), 85, 87, 90/91 oben, 91 unten, 93 (Raach), 125, 126 (age fotostock), 127, 136 oben, 146 (Raach) – Mauritius, Mittenwald: 7 (Rudolf Pigneter), 11 oben (Hans-Peter Merten), 18/19, 42/43, 53, 54/55 (Michael Howard), 64/65 (Bernhard Hambach), 95 (Susan), 116/117 world Pictures), 121 (Photononstop), 133 oben (Howard), 139 (Jose Fuste Raga), 156 (Rossenbach), 157 unten (Silvana Guilhermo) – Photo-Press, Stockdorf: 110 (Stein) – Hans-Georg Roth, Frankfurt: 29, 51, 56/57, 61, 63, 90 unten, 104/105, 131 oben, 152, 157 oben, 165, 168 unten – Gino Russo, Albisola Superiore (Savona): 30, 71 oben, 76, 77, 78, 80 oben, 101, 151, 161, 162, 164 – Werner Stuhler, Hergensweiler: 52, 65, 171 – Süddeutscher Verlag/Bilderdienst, München: 12, 13, 14 (2) – Martin Thomas, Aachen: 135, 136 unten, 138, 140, 177, 181 – Ullstein Bild, Berlin: 15 (Reuters)

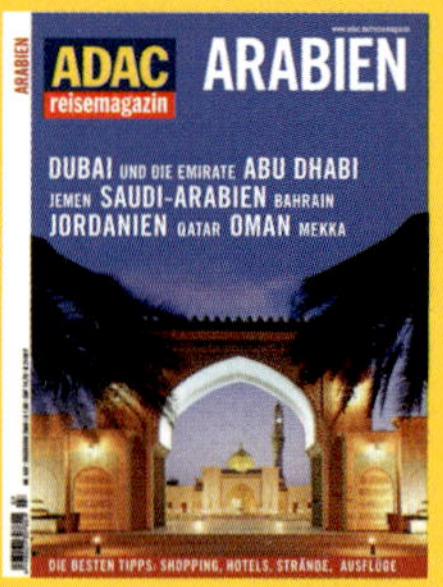

Für Ihren Urlaub: Die Reisemagazine vom ADAC.

Alle zwei Monate neu.

www.adac.de/shop